国家社科基金
GUOJIA SHEKE JIJIN HOUQI ZIZHU XIANGMU
后期资助项目

中国农村金融供给状况及制度创新

Financial Supply and Innovation in Chinese Countryside

张建波　著

中国财经出版传媒集团

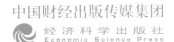

经济科学出版社
Economic Science Press

国家社科基金后期资助项目
出版说明

后期资助项目是国家社科基金设立的一类重要项目，旨在鼓励广大社科研究者潜心治学，支持基础研究多出优秀成果。它是经过严格评审，从接近完成的科研成果中遴选立项的。为扩大后期资助项目的影响，更好地推动学术发展，促进成果转化，全国哲学社会科学规划办公室按照"统一设计、统一标识、统一版式、形成系列"的总体要求，组织出版国家社科基金后期资助项目成果。

全国哲学社会科学规划办公室

目　录

第一章 导 论

第一节 研究的背景及研究意义

在金融已成为现代经济的核心、金融对经济促进作用举足轻重的背景下，金融已成为现代经济运行的关键枢纽。社会主义新农村建设战略的实施离不开金融的大力支持。我国"三农"问题的核心是农民收入增长慢的问题，而农民增收的关键在于农村经济发展，农村经济发展又离不开资金的支持。当前我国农村金融面临的最突出问题是金融服务滞后和资金供给不足，农村资金匮乏已成为困扰农村经济发展的主要障碍。此外，农村信贷资源"错配"也在很大程度上抑制了农业和农村经济的发展（陈雨露、马勇，2010）。据有关部门初步测算，到2020年，我国新农村建设需要新增资金15万亿~20万亿元。中国农村资金向城市倒流趋势比较明显，商业银行、邮政储蓄银行、农村信用社在农村吸储能力强，但这些存储资金主要向县级及县级以上城区金融机构转移，资金从农村抽离的现象明显。据统计，农村资金外流从1991年的250.18亿元到2012年的64324.73亿元，流失规模扩大了256倍，这其中与邮政储蓄经营模式的只存不贷、邮政储蓄银行和农村信用社不合理定位有很大关联①。正规金融机构陆续从农村金融市场收缩和撤离，这直接加剧了农村金融资源和资金的短缺及农村金融呈逐步被边缘化的趋势；农村非正规金融因缺乏有序运行而对农村经济发展的支持力度受到规模和范围的约束，农村非正规金融难以弥补正规金融机构收缩和撤离留下的金融缺口。新农村建设所需的巨量资金仅靠农村的自我资本积累是不现实的，必须借助外界的力量加大对农村的资金

---

① 丁汝俊、段亚威：《农村金融体系构建：加快我国城镇化发展的重要推动力》，载《财经科学》2014年第1期。

支持力度。近年来国家采取了一系列促进农村金融发展和增加农村金融供给的措施，但农村金融供求失衡的矛盾依然没有得到根本的解决。因此，加快农村金融改革、完善农村金融体系以不断满足建设社会主义新农村对金融的需求是我国新一轮农村金融改革的关键。

完善农村金融供给体系、解决农村金融服务供需矛盾、促进"三农"发展成为当前金融改革中难点之一。2002 年 2 月召开的第二次全国金融工作会议明确提出金融改革的一系列重大举措，并把农村信用社改革作为重要内容。此后国家更是高度重视农村金融领域的改革，2004 年以后历次中央一号文件均涉及农村金融问题。政府采取了一系列的农村金融改革措施：从农村利率市场化改革到放宽市场准入限制；从针对农村信用社的存量改革到新型农村金融机构的增量改革，从农业银行开展面向"三农"的体制机制改革到邮政储蓄银行成立，中央政府一直遵循着增加农村金融市场供给的改革思路，试图通过建立适度竞争、多层次的市场化农村金融体系来缓解农村地区的融资困境。2004～2008 年中央一号文件要求：适应农民和农村经济发展的多样化需求，大力发展小额贷款、信用贷款和联保贷款等。2009 年以后中央一号文件鼓励和支持金融机构创新农村金融产品和金融服务，积极扩大农村消费信贷市场，依法创新涉农抵押贷款和权利质押贷款品种，鼓励开发涉农保险产品、探索银保互动机制等。2010 年 1 月的中央一号文件《中共中央国务院关于加大统筹城乡发展力度、进一步夯实农业农村发展基础的若干意见》也涉及农村金融供给体系的建设。2012 年鼓励涉农企业开展直接融资、发展涉农租赁业务等[①]。农村金融供给改革取得初步成效，但农村地区微观经济主体的融资困境依然存在，我国农村仍面临着较为严重的金融供给不足和正规信贷配给（张龙耀、江春，2011）。

据中国人民银行 2013 年相关数据显示：农村金融供给仍远低于城市。截至 2012 年年底，全部金融机构本外币农村（县及县以下）贷款余额为14.5 万亿元，占各项贷款余额比重为 21.6%；农户贷款余额为 3.6 万亿元，占各项贷款余额比重为 5.4%；农林牧渔业贷款余额为 2.7 万亿元，占各项贷款余额比重为 4.1%；全口径涉农贷款余额为 17.6 万亿元，占各项贷款余额比重为 26.2%。所以，我国农村广大地区普遍存在金融供给严重不足、金融环境差、金融供求失衡等问题。因此，研究我国农村供给不足（尤其是农村信贷供给不足）以及信贷资金不足的原因、探索如何完善

---

① 乔瑞：《中央 14 个一号文件对农村金融的总体部署》，载《北京金融评论》2013 年第 2 期。

农村金融体系解决农村信贷不足问题等，已成为建设社会主义新农村中必须面对和解决的问题。增强农村金融服务机构的可持续发展问题是农村金融供给的一个关键，而农村金融的供给机制如何设置才能使供给和需求进入一种均衡状态这是农村金融改革的关键所在。

在资金短缺已成为农村经济发展和农民增收的"瓶颈"的背景下，农村金融资源长期匮乏、农民贷款难、农村资金外流严重等引起了理论界的广泛关注。国内外关于农村金融供给的研究成果很多，但是大量研究成果是着眼于农村金融供给的某一侧面进行研究，诸如农村信贷、农村金融机构等个别问题，缺乏对农村金融供给体系、供给模式、供给水平与效率等进行系统性的研究；近几年农村新型金融机构数量迅速膨胀（蔡则祥、刘骅，2013）①，对新型农村金融机构快速膨胀暴露的问题还缺乏深入研究；对农村金融抑制的成因更多的是从历史角度和经济角度分析（如经济落后、信用环境差、担保机制缺失），缺乏从政策与制度因素的深入探讨；对于农村金融体系的构建更多的是从金融机构的角度出发，缺乏从功能观念、全局观念和发展观念出发的成果；实证检验方面的研究成果主要是对农村金融与经济增长的关系计量分析，对农村居民收入、城乡差距与农村金融体系关系的分析较为匮乏。另外，多数关于农村金融供给的实际调研成果和研究结论缺乏有关金融理论的支撑。

农村金融供给是一个较为系统的概念和范畴，农村金融供给研究既涉及理论问题又涉及金融制度和金融体制的实践。因此，系统研究农村金融供给规律及我国农村金融供给状况等是十分必要的。农村金融供给研究包括农村金融供给体系和模式类型、农村金融供给效率、农村金融供求状况及原因分析、农村金融供给模式的完善等诸多内容，其核心内容是对农村金融供给模式的研究。农村金融的供给模式如何设置才能使农村金融供给和需求达到有效均衡状态是改善农村金融供给和农村金融改革的关键。只有了解农村信贷供给不足及结构不合理的内部深层次原因、把握农户和农村中小企业金融需求特点和规律、深入研究我国农村金融供求缺口的内生性机制，才能更好地反映我国农村金融改革的最根本要求。从金融服务的可获得性看，农村金融本身外部性强、风险高、利润低带来的道德风险和

---

① 截至2012年9月，全国已组建村镇银行、农村资金互助社等新型农村金融机构858家，其中村镇银行799家。此外，还建有小额贷款公司5629家、农民资金互助合作社数千家。新型农村金融机构对解决农村金融供给不足具有重要作用。但新型农村金融机构是新生事物、成立时间短、规模小，发展中遇到很多困难。如何在实践中寻找能够持续发展之路，是推动新型农村金融机构健康发展的最大难题。

逆向选择是导致农村金融普遍存在供给不足的根本原因①；另外，从金融机构的可持续性来看，如何使农村金融机构在风险高、利润低的环境下增强其可持续发展能力是农村金融供给的另一个关键点。因此，在准确测度农村金融供求缺口的基础上探索完善农村金融体系、创新农村金融供给模式、提高农村金融供给效率、增加农村金融供给显得尤为迫切。课题组研究了农村金融与农村经济发展的关系、适合我国农村经济发展的农村金融体系、农村金融服务供给模式、农村金融市场成长路径，以及如何增加我国农村金融的供给、提升农村金融服务的理论依据和政策建议。上述研究对于我国当前农村金融改革具有现实指导意义。

第二节　研究思路及研究框架

一、研究思路及有关概念的界定

（一）研究范畴的界定

农村金融供给：农村金融供给分为广义和狭义两个范畴，广义农村金融供给包括国家对农村资金流动的引导、农村融资媒介的创新和发展等；狭义的农村金融供给指当前所进行的农村信用社改革（周小川，2004）。本书界定的中国的农村金融供给是按照广义范畴。目前专门研究农村金融供给和金融发展进行系统性研究的文献尚不多见。本书旨在从农村金融供给规模和结构两个方面对农村金融供给状况作一个全面的透视，以期对我国农村金融供给现状、农村金融供给的绩效作出准确的评价，以及对我国农村金融供给模式改革提出建设性建议。

农村金融供给体系与农村金融供给模式：农村金融供给体系与农村金融供给模式是两个相互交叉、相互融合的范畴。农村金融供给体系是农村经济中资金流动的基本框架，它是资金流动的工具（金融资产）、市场参与者（中介机构）和交易方式（市场）等各农村金融要素构成的综合体。由于农村金融活动尤其是政策性金融活动具有很强的外部性，在一定程度上可以视为准公共产品。此外，政府的管制框架也是农村金融供给体系中一个密不可分的组成部分。农村金融供给体系包括几个相互关联的组成部

---

① 李喆：《城镇化进程中农村金融供需体系的博弈分析》，载《中央财经大学学报》2013年第4期。

分：农村金融部门、融资模式与农户等经济主体融资行为以及基本融资工具等；农村金融供给模式是由资金流动的工具（金融资产）、市场参与者（中介机构）和交易方式（市场）等各农村金融要素在某一具体方式的组合体。农村金融供给体系与模式都是为实现农村资金供给而由各农村金融要素构成的综合体，但不是上述要素的简单相加，而是相互适应与协调。因此，本书是将二者关系界定为包含关系，即农村金融供给体系涵盖不同的农村金融供给模式。

（二）研究思路

课题总体研究思路是：首先，从农村金融活动的特点和规律入手研究农村金融供给不足和金融供求失衡的理论机制，分析农村金融市场效率和政府干预农村金融的理论基础；在分析农村金融供给模式类型和农村经济增长模型的基础上研究农村金融供给对经济增长的影响机制，即农村金融供给水平、农村金融供给结构（主要是信贷结构）对农村经济的影响机制，并通过指标设计来量化信贷结构来实证检验了农村信贷结构对农村经济影响的效果，为优化农村供给结构与制定信贷政策提供参考。其次，研究农村正规金融供给不足和金融供求失衡的理论机制和现实原因、非正规金融存在的合理性及必要性。通过对山东省农村金融进行实地调研获得了农村正规金融和小额信贷供给的一手资料，了解山东省农村信用社等正规金融机构和小额信贷公司等新型金融机构在借贷方式、结构、规模、偏好、需求等方面的基本状况，分析了农民融资困难、亲友借款契约性弱、民间金融欠发达等问题的症结和成因；利用博弈论分析了农村信用社与农户信贷的博弈过程及农村信用社治理结构的效率，为农村正规金融改革与发展非正规金融、新型金融提供了理论依据和思路；研究了财政补贴或政府担保对农村金融供给（农村信贷和农村信用担保）的影响机制，在此基础上探索发挥公共财政杠杆作用引导商业性金融回流农村的机制和政策措施。最后，测度我国农村金融供求缺口、提出完善我国农村金融供给体系和模式的措施。在研究过程中，将运用制度经济学、经济增长理论、信息经济学、金融学、计量经济学有关内容理论和国内外农村金融制度的实践来研究我国农村金融体系现状、效率及改革。

二、研究框架

课题研究框架分为理论基础、实证研究和对策研究三大部分。第一，理论基础部分主要是运用信息经济学模型对农村金融活动及农村微观金融供求规律、信贷配给及农村信贷市场效率等进行分析研究，运用数理方法研究了农村保险及担保对农村信贷供给的影响机制，并运用微观经济学原理分析了政府介入农村金融供给的方式等。第二，实证研究部分主要包括：关于中国农村金融供给（包括农村金融供给水平、供给结构两方面）影响农村经济效果的实证分析；关于农村保险发展水平对农村信贷供给的实证研究等。另外，在调研基础上对不同农村金融供给主体及借款人的金融供给和需求状况进行了分析，以及对农村金融供求缺口成因进行了系统分析。第三，对策研究则是针对中国农村金融供给不足、供给结构不合理及金融效率低下等问题提出了相应的政策建议，其中重点是从制度创新角度分析了农村信用社和新型农村金融机构改革的趋势。

本书内容分为导论和正文两部分，具体内容如下：第一章，导论部分，首先对课题的研究背景与选题依据、研究意义进行了简单概述，接着界定了农村正规金融、非正规金融、农村金融供给等研究对象与范畴；随后重点阐述了研究的思路及结构框架，最后提出了课题的研究方法、创新点与不足之处。第二章，关于农村金融特点及金融供给规律等理论的研究。第三章，关于政府干预和介入农村金融活动的理论分析。从农村金融外部性、基于农村金融市场的政府干预、农村金融制度缺失与政府干预、农村金融供给中的政府定位四个方面研究了政府介入农村金融的理论问题。第四章，农村金融供给与农村经济增长关系和实证研究。在研究了农村金融供给在农村经济发展中的地位和农村金融供给影响经济增长机制的基础上，通过计量经济学模型实证检验了农村金融供给水平和金融供给结构影响农村经济的效果，得出农村金融发展对农村经济发展具有一定影响的结论。检验结论从实证角度揭示了中国农村金融供给（金融发展水平及金融结构两个方面）与农村经济发展的相互关系。第五章是关于农村金融供给模式的分析，首先分析了具有代表性国家的农村金融体系状况及模式特点，在分析农村金融供给模式类型及影响因素的基础上总结了农村金融供给模式的有关规律。第六章，关于中国农村金融供给状况分析，一是对中国农村金融供给缺口测度及其内生性的研究；二是中国农村金融供给水平和结构现状分析；三是关于中国农村信贷配给与农村金融供给、农村金融垄断供给与市场分割对利率的扭曲状况的研究。第七章，中国农村金融供给主体分析，主要从农村正规金融机构（以农村信用社为例）内部治理结构、经营效率角度研究了正规金融机构与农村金融供给状况，并分析了农村非正规金融的资金供给有效性及农村非正规金融的缺陷和定位问题。第八章，中国农村金融供给存在的问题，一是关于中国农村金融供给模式存在的问题；二是从当前中国农村金融供给的体制性因素分析了农村金融供给不足的制度缺陷。第九章，中国农村金融供给体系的完善及供给模式创新，给出了构建与完善中国农村金融供给体系的原则及完善农村金融供给体系的具体措施。

第三节　研究方法及创新

一、研究方法

（一）规范分析与实证分析相结合

研究农村金融供给的最终目的是为改善农村金融供给提出有效的政策建议，因此，研究方法涉及规范分析法。规范分析结论必须要以实证分析结果作为判断和决策依据，没有正确、科学、准确的实证分析就不可避免地会产生妄断。在研究金融影响农村经济增长的作用机制、农村保险和担保对农村金融供给的影响机理时，均采用实证研究的方法。在研究农村金融供给规模及农村金融结构促进农村经济增长的效果、中国农村金融供给的影响因素时，主要运用理论分析和实证检验的研究方法；运用规范分析方法研究了农村金融供给如何为农村经济发展服务、根据规范分析结果回答我国农村金融供给的理想模式框架，并提出农村金融供给体系相应的改革建议和对策措施、我国农村金融供给创新的途径。

（二）定量分析与定性分析相结合

关于农村金融供给的研究需要定量分析与定性分析相结合：定量分析需要定性分析为其提供分析框架或思路。对农村金融供给效率、金融供求缺口、农村信贷配给等问题的研究，首先需要从定性角度加以刻画，尤其是要深入研究中国农村金融供给缺口是否具有内生性和复杂性。但农村金融供给效率高低、金融供求缺口大小、信贷配给程度仅从定性角度分析是不够的，需要定量分析结果来支持。本书将构建计量模型来定量分析我国农村金融供给水平、农村金融结构等对农村经济的影响，定量研究了农村保险发展状况对农村信贷供给的影响效果。通过调研的方法对农村金融供求特点和供求状况进行研究并通过定量与定性相结合的方法加以分析，并对这些数据的分析加以验证并提出理论假设和研究结论。

（三）制度经济学与信息经济学分析方法相结合

农村金融供给问题既是理论问题也是现实的制度实践问题，需要在理论研究基础上给出完善农村金融供给制度的建议。既需要理论研究为制度设计提供依据，又需要将制度因素作为解释农村金融发展的内生与决定性变量研究农村金融供给问题；从农村金融与农村经济相适应角度和农村金融市场信息不对称角度，分析了我国农村正规金融供给不足的内生性与非正规金融存在的合理性，为更好地通过金融制度创新解决农村金融供给不足及发展滞后问题提供了理论依据；运用信息经济学构建博弈模型分析了农村信贷和担保过程中金融机构、农户、担保机构的经济行为及均衡机制，对该机制的研究能够为完善农村金融制度和金融合约设计提供参考与借鉴。

（四）历史分析与比较分析法

从历史回顾的角度研究了不同国家典型农村金融供给模式、中国农村金融体系演变的规律和演变路径，为更好地完善我国农村金融供给模式提供依据；通过对比分析不同国家农村金融模式找到影响金融模式选择的因素（经济发展水平、法律环境、社会条件等），在借鉴国外农村金融供给实践的成功经验与尊重我国国情相结合的基础上完善我国农村金融体系。

（五）理论研究与实地调研相结合

我国农村金融问题研究具有一定的复杂性。我国农村金融问题的复杂性不仅存在于区域和产业结构失衡的经济纽结中，还存在于政治和经济体制长期约束所造成的路径依赖中，甚至渗透于深受历史文化传统影响的某些特殊的经济行为中（陈雨露，2010）。因此，我国农村金融供给问题研究既需要完备的理论基础，又需要立足于现实的金融制度设计。本书在研究农村信贷供求缺口，运用信息不对称理论研究我国农村信贷市场失灵、信贷市场供给效率，以及农村信用社治理结构、农村金融供给与农村经济发展关系等问题时，笔者主要采取了理论研究方法。而关于农村金融需求、农村小额信贷等农村新型金融机构现状的研究则采用了实地调研的研究方法，研究时选择了两个问题进行了实地调研：一是对山东省威海市和章丘市农村地区农村金融机构和农户的借贷现状与问题进行实地调研；二是对山东省农村小额信贷状况进行了调研。

二、创　新　点

第一，通过实地调研获得农村金融供给和需求现状的一手资料。通过问卷调查和深度访谈等方法对山东省部分县市农村金融状况进行了实地调研，基本摸清了山东省农村信用社和小额信贷在借贷方式、结构、规模、偏好、需求等方面的具体情况，分析了农民融资困难、亲友借款契约性弱、民间金融欠发达等问题的症结和成因。为构建和完善我国农村"一体两翼两辅"型的农村发展金融支持体系提供具体改革措施。

第二，利用信息经济学和制度经济学原理分析了农村正规金融的供给和效率、非正规金融机构的存在合理性、农村信贷配给与信贷市场失灵、农村信贷市场效率以及农村信用社的治理结构等问题。为进一步深化农村正规金融改革与发展非正规金融、发展微型金融，通过技术和制度创新来克服农村金融信息不对称问题提供了理论支撑。

第三，运用外部性理论和数理方法分析研究了政策性金融供给、农村信用担保与和农业保险供给影响农村信贷供给的理论机制；关于农业信用担保供给模式的类型及模式选择分析。在此基础上探索了如何发挥政策性金融、以政府为主的农村信用担保及涉农保险的作用引导商业金融回归农村的机制和制度创新。

第四，研究了农村金融供给结构（一是农村信贷结构；二是农业保险与农业信贷关系结构）对农村经济的影响机理以及金融结构间的关系。实证检验了农村金融供给结构对农村经济影响的效果以及农业保险供给对农业信贷供给的影响效果，其实证结论为优化农村金融供给结构与调整信贷政策提供参考。

第二章　农村金融活动的特殊性及农村金融供给

第一节　农村金融活动的特殊性

一、农村金融活动的高风险性

相对于城市和工业而言，农村经济和农业存在的风险是十分广泛的，即包含不以人的意志为转移的外生性风险（自然灾害），也包括市场风险、价格风险、政策风险等经济系统内生性风险，还有一些与生产经营者直接相关的个体风险。因此，在全世界范围内，农业普遍存在弱质性、低收益、高风险特征。

首先，农业生产具有显著的区域性风险聚集特征，经营风险在时间和空间上具有高度的相关性，一旦发生重大自然灾害，农业生产将遭受毁灭性打击，给生产者带来重大经济损失。农业的这种自然依赖性也导致农村信贷风险较大。如与城市工商信贷相比，农业信贷除面临市场风险外，还必须面临自然风险。农业生产的季节性强、周期长、受自然资源和自然灾害的影响严重，农民收入总体水平低且波动性大，从而增加了融资风险。在农业保险机制不健全的条件下，自然风险对于生产者而言又常是不可抗力风险，因此会使信贷资金的偿还面临一种不可预期的状态。这种天然的高风险直接阻碍了农村金融的发展。

其次，农业生产的增长具有典型的有限性。尽管技术进步能够促进农业产量的上升，但是相对而言，农业产出不能像工业一样随着技术进步会出现革命性变化。农村金融作为一种社会经济资源，其量的累积和功能累积程度在很大限度上取决于农村社会财富的累积过程和累积规模，因此，农村经济增长提供财富的多寡成为农村金融资源存在和开发的初始条件，只有经济增长不断促进农村金融资源量的累积和功能累积，才能促进农村金融发展。但目前中国农村经济增长和农民财富积累无论绝对规模还是相对速度都十分有限，直接抑制了农村金融发展。在当前的生产方式下，以农业为主的农村经济比较利益低下，金融资本分享产业资本利润的空间也相应狭小，在利率被管制的环境下，以盈利性为原则的金融资本显然更为偏好城市经济主体。农村经济增长的有限性成为农村金融资源当前处于约束状态的直接原因，反过来农村金融供给抑制又进一步抑制了农村经济增长的选择空间，致使农村经济增长与农村金融发展相互制约，陷入低水平均衡的陷阱。

金融资源对农村领域的市场配置需要满足两个条件：一是农产品的销售收入必须高于农业生产的投入成本；二是农业投资的收益率要不低于全社会平均投资收益率。由于农业天然的弱质特性以及受自然与市场双重风险约束，农户收入与农业收益不稳定；农业又是一个社会效益明显的产业（社会效益高、环境污染少而经济效益低）。但是，农村经济的弱质性、农村城镇化水平滞后及城乡二元分割降低了农业的投资收益预期，加上缺乏相应的农村信贷补偿机制，农村金融机构对农业贷款和提供金融服务的积极性也就不高。

二、农村金融活动信息不对称严重且交易成本高

信息不对称是指信息在经济活动当事人之间呈现不均匀、不对称的分布状态。在完全竞争的金融市场上，贷款人或投资人无须金融中介就可以直接放款给借款人或筹资人，市场机制会使资源配置自动实现帕累托效率，但现实中由于信息不对称和交易成本不为零会导致"市场失灵"。当获取信息有成本时，与个体产权交易有关的各种行为导致了交易费用的产生。

农村地区存在大量的不对称信息，尤其是农村信贷机构（既包括正规金融机构也包括其他信贷发放机构，如非政府小额信贷）针对农户提供信贷服务时，这种非对称信息表现得更加突出。农户拥有相对信息优势，由于农村地区农户数量庞大，对农村信贷机构而言，要完全掌握农户的全面信息是非常困难的，需要付出高昂的信息搜寻成本，所以传统金融机构针对无担保的农户通常缺乏信贷意愿。这种非对称信息现状使农村地区长期以来一直处于信贷服务边缘。

交易费用包括搜寻和信息费用、谈判和决策费用以及政策和实施费用。在融资交易中，信息成本是影响交易能否顺利进行的主要因素。金融

活动整体上是一种跨期的交易行为，是当前的现金流量和未来一系列现金流量的交易。因此，交易中的不确定性因素越多，资金出借方所承担的风险也就越大。资金出借方欲减少金融交易中的不确定性以降低金融风险促进交易顺利进行而发生的交易成本也就要高得多。农村金融交易费用主要包括：信息费用、实施监督费用、界定和保护产权的费用、保险费用等，其中的信息费用是交易中获得和收集信息发生的费用；实施监督费用是金融交易双方防止对方机会主义行为而进行监督发生的费用；金融交易过程中存在产权交换的过程必然带来界定和保护产权的费用；保险费用是在金融交易双方为金融资产保值而要求对方支付保险费用。

农村金融交易的费用普遍要高于城市金融交易的费用，庞大的信息费用构成了融资合约中的巨大成本，当这种成本过高时农村金融交易活动将无法进行。农村金融市场特殊的信息状况和风险分布使得私人金融在扩展服务边界时面临越来越大的边际成本，这几乎抑制了绝大部分私人金融的发展规模和拓展市场的能力（马勇、陈雨露，2009）。信息不对称会导致信贷市场上的逆向选择问题。斯蒂格利茨曾对信贷市场的逆向选择问题做过分析：当交易双方存在着严重的信息不对称时，较高的信息成本导致贷款者很难将高风险的借款者和低风险的借款者区分开来，于是就极易出现逆向选择问题。贷款人为了避免过高的利率诱发的逆向选择问题而最终导致信贷配给，即只有一部分人获得贷款，或者借款要求只能是部分得到满足。逆向选择问题不仅会导致信贷配给从而降低信贷市场的效率，甚至会导致信贷市场的消失。当贷款者与借款者之间存在着严重的信息不对称还可能导致农村信贷市场上的道德风险，即借款者有可能将借款挪用于高风险的项目或有钱不还。资金安全性原则始终是金融机构经营的第一原则。当农户向金融机构提出借款申请时，金融机构为保证资金的安全就会让农户提供抵押或担保，在农户无力提供抵押和担保的情况下金融机构则会拒绝农户的贷款申请。

农村地区交通条件差、信息传递不便，交易双方信息不对称程度高，资金的供给和需求市场分割严重。农户的融资成本不仅包括显性的利息支出，还包括各种间接的交通运输成本、"菜单成本"和"关系成本"。此外，对于部分受教育程度低的农户而言，融资成本还包括填写同样复杂程度的表格面临不可忽略的"菜单成本"。值得注意的是，无论是正规金融机构的贷款还是私人借贷，借款农户都须支付价值不菲的"关系成本"，主要包括事前的请客送礼费用和事后的答谢费用等。在很多情况下，农户的贷款利息越低、所支付的间接成本越高。

农村经济一般以小规模农户家庭经营为基础，农村金融需求者通常有居住分散、收入水平低、生产有明显季节性、单笔存贷款规模小、生产项目的自然风险和市场风险比较大、缺乏必要的担保与抵押品等特点，这决定了农村信贷服务的风险较大。农村金融机构面对的是数量庞大的、高度分散的、经营规模狭小的、对贷款额度需求不大且缺乏担保和抵押品的农户，这就决定了现有正规金融机构给农户融资的交易费用相对较高。农村经济和借贷环境特点决定了农村信贷的成本要大大高于城市工商信贷；农村信贷活动交易成本高导致农村信贷交易难以实现规模效益。当一笔贷款的潜在交易成本超过其潜在收益时，金融机构最终将选择信贷配给，即减少贷款数量并对贷款进行分配，使得农村金融服务成为一小部分群体享用的"奢侈品"，从而导致了金融服务供给抑制。农业投资的长期性、高风险和低盈利性，与商业资金追求安全性、流动性和盈利性的"三性"要求相悖。

三、二元制经济结构与二元制金融结构并存

（一）农村金融的二元制金融结构

从金融体系的结构性特征来看：发展中国家普遍存在着正规金融（formal finance）和非正规金融（informal finance）并存的现象。对二元金融结构的解释有两种主流的基础理论：一是"金融抑制假说"，即政府实施的利率限制和其他管制政策导致了非正规金融的出现；二是"新结构主义学派"，主要从筛选、监督和合约成本等方面的差异来解释信贷市场的分割问题。

第一种假说的代表学者包括麦金农（1973）、弗雷（1983，1988）等，他们认为：政府的管制政策是导致发展中国家二元金融结构的主要原因，政府的过度干预导致了金融体系的抑制和非效率。一方面，政府实施的利率限制政策刺激了资金的需求并阻碍了资金的形成，而过度的资金需求则迫使金融机构采用非利率手段进行资金配给；另一方面，不受利率限制的非正规金融获得了发展空间，最终形成二元金融结构。在二元金融结构条件下，部分经济主体获得了廉价的政府补贴资金，而另一些经济主体则不得不求助于高成本的非正规金融（如高利贷）。第二种假说的代表学者包括斯蒂格利茨和韦斯（1981）、霍夫和斯蒂格利茨（1990）等。新结构主义学派的学者从信息不对称以及筛选、监督和合约实施成本差异出发重点研究了发展中国家二元金融结构形成的结构性、制度性特征后认为：信息不对称和合约实施高成本，以及由道德风险和逆向选择引起的市场失

灵会破坏金融市场的运行，导致利率水平影响金融资产组合的风险组成。纳入对风险因素的考量后，面临过度信贷需求的贷款人可能采取信贷配给策略而不是依靠提高利率。如此一来，在信息不对称的情况下，即使不存在利率限制，信贷配给也能作为市场均衡状态出现。

（二）二元制经济结构对农村金融的抑制

世界上许多发展中国家的二元化特征非常明显，即在有着大量农业人口的国家，在经济发展过程中必然会出现传统农业部门和现代工业部门并存的状况：传统农业部门生产率低，技术水平落后，存在着边际生产率为零甚至为负的大量剩余劳动力，他们在最低的工资水平下提供劳动。随着经济的不断发展，二元经济结构对长期经济发展的负面阻滞作用越来越显著。资本形成在二元经济的演变过程中发挥着重要作用，金融中介在资本的形成和配置过程中扮演着核心的角色（金、莱文，1993）。二元视野下农村资本匮乏背后隐含的问题必然包括金融资源配置上的扭曲。因此，二元经济的有效转化显然无法离开资本机制的推动。依据经典的哈罗德—多马模型：在假定不存在技术进步的前提下，资本是经济增长的关键因素。事实上，舒尔茨的传统农业模型也表明，改造传统农业主要是要通过资金、技术、制度等要素供给的增加来扩大农民和农户的收入来源。麦金农（1988）的金融抑制论亦表明：为了推进工业化进程，一些发展中国家往往对金融部门采取抑制政策，即利用行政力量人为地压低利率和实行信贷配给。这些措施将大量的中小企业、个体商人和农户排斥在金融市场之外，最终能够获得资金支持的只是那些政府主导或者意欲发展的现代部门、大中型企业或少数特权阶层的利益。金融抑制的直接结果是加剧了二元经济结构的进一步失衡。

二元经济结构下信贷资源的城市化倾向越来越明显。世界银行（2002）在总结全球农村金融发展成败经验的基础上提出："在许多发展中国家，农村发展的滞后主要是由于国家采取了偏向工业而忽视农业、重视城市部门而忽视农村部门的政策。这样的政策降低了农业和农村非农企业的盈利性并摧毁了农村金融市场。许多政策还偏袒富有的大农场主而不利于小的所有者和贫苦农民，这样就进一步恶化了农业和农村部门的收入分配。那些对农业采取了最为歧视政策的国家恰恰是经济增长率最低的国家。"竞争的金融市场是由价格信号引导的。因此，金融市场和产品市场的运行状况紧密相关，而产品市场价格信号的紊乱必然会导致金融市场资源的不合理配置。很多年以来，发展中国家通过一系列直接或间接对农业部门征收高额税收、向城市倾斜的政策和措施严重制约和影响了农业和农村非农企业的盈利性（世界银行，2002）。希夫和瓦尔德斯（1992）根据18个国家1960～1984年的数据统计显示：政府直接或间接的政策干预使得国内农业贸易额减少了30%，同时从农业转移出去的收入占到了农业部门国内生产总值的46%，这种对"农业的掠夺"是非常短视的，因为那些对农业采取歧视性政策的国家的经济增长率都非常低。

（三）中国二元经济结构下农村金融呈萎缩趋势

作为世界上最大的发展中国家，中国经济的二元化特征非常明显。随着中国经济的发展，二元经济结构对长期经济发展的负面阻滞作用越来越显著。尤其是农村市场落后已严重制约农村金融活动的开展，大量金融资源分配因市场机制缺失而呈现低效率，蔡（Tsai，2004）研究中国农村信贷市场时发现，正规银行提供的信贷资源大多被农村基层干部、金融机构的亲友等社会关系广泛的人士所占据①。由于中国长期未能摆脱二元经济结构的束缚，许多问题经过长期历史积淀逐渐演变为"慢性顽疾"，这不仅严重制约着制度变革的传导，而且直接影响着制度调整的空间（刘元春、罗玉波，2003）。在某种程度上，二元经济结构已成为影响中国经济发展的一个制约瓶颈，且成为困扰中国经济长期持续增长的主要难题之一。地方政府在追求GDP的强烈冲动下热衷于对金融资源进行集中控制（陈雨露，2010），从"三农"项目转移至地方政府偏好型项目的涉农资金往往用于大型项目。

尽管中国经济的二元结构在形成过程中夹杂着复杂的社会政治、经济和历史因素，但从经济角度来看，被压抑的农村金融以及由此导致的农村金融资源的持续外流也是二元经济结构不断得以强化的重要机制。针对二元经济结构下信贷资源的城市化倾向这一显著事实，林毅夫（2002）和章奇（2003）等学者也进行了一定研究。世界银行（2002）在总结全球农村金融发展成败经验的基础上指出："在许多发展中国家，农村发展的滞后主要是由于国家采取了偏向工业而忽视农业、重视城市部门而忽视农村部门的政策。这样的政策降低了农业和农村非农企业的盈利性并摧毁了农村金融市场。许多政策还偏袒富有的大农场主而不利于小的所有者和贫苦居民，这样就进一步恶化了农业和农村部门的收入分配状况。那些对农业采取了最为歧视政策的国家恰恰是经济增长率最低的国家"。舒尔茨所认定的传统农业普遍存在的资金、技术和制度等方面的短缺，在中国是客观

---

① 张龙耀、江春：《中国农村金融市场中非价格信贷配给的理论和实证分析》，载《金融研究》2011年第7期。

事实，而阻碍中国农村经济发展的主要问题是资本的高度稀缺。因此，中国传统的农村经济只有在解决资本高度稀缺问题的条件下才可能取得进步。

四、农村金融的生态环境较差

（一）农村金融市场机制发育不足和制度规范缺失

世界银行（1989）的研究指出，发展中国家的农村金融市场不能有效运行，普遍存在农村金融市场失败现象。多数发展中国家存在农村金融市场发育和制度规范的"双重缺失"。由于人口密度低、市场分割、风险难控等特点，加之季节性因素导致的收入波动和高交易成本，使得缺少传统抵押品的农村金融市场面临无法有效分散风险的困境。在这种情况下，以利润为导向的商业性金融机构只能望而却步。由于农村金融市场具有先天不足的缺陷，若简单放宽农村金融限制则农村金融机构的信贷分配容易发生失控或寻租现象，农村金融混乱及金融腐败严重时可能会使许多农村金融机构丧失清偿能力而面临破产威胁。

相对城市而言，农村信贷缺少传统意义上的抵押品，即城市和工商贷款中使用的抵押品在农村严重缺乏。一般来说，理想的贷款抵押品和担保品应该具备可处置性、可销售性、耐用性和交易成本属性等基本特征（罗默，1996）。一项财产越是能够具备以上特征，就越能成为易被金融机构所普遍接受的担保品。显然，农户拥有的各类资产多数难以满足上述特性，主要表现在：缺乏抵押品处置市场、处置成本高以及资产不易耐久保存等。在此情况下，一些抵押品的替代机制如社会资本、基于共同负债的小组借贷、互联交易等，往往成为缓解农户抵押品不足的主要制度安排。

当农村金融市场缺乏和金融制度不规范时，政府应当积极培育市场并为金融市场成长提供合理的政策环境和必要的法规、加强产权和市场约束。从目前情况来看，在农村金融监管法规滞后、监管基础薄弱以及监督约束机制缺失等现实因素的制约下，农村金融监管处于事实上的低效甚至无效状态。随着农村金融准入政策的放宽，村镇银行、贷款公司、农村资金互助社等新型农村金融机构大量涌现，但专门针对这些新型金融机构的监管法规（如合作金融法、社区银行法等监管条例）尚未明确，这使得农村金融加速发展过程中的监管真空成为农村金融稳定和持续发展的潜在隐忧①。尤其需要注意的是，当前政策导向下的农村金融发展将再一次引发

---

① 刘磊、韩晓天：《新型农村金融服务体现构建研究》，中国物资出版社2011年版。

以下的"金融政治经济学难题":由强势政府主导信贷资源配置的过程中,政府权力的分布可能会明显地决定信贷的发放过程和结果,并伴随出现大量权力租金,这可能给本就弱化的农村金融监管带来了新的难度。

(二) 中国农村金融环境存在的突出问题

健全的市场机制和金融生态环境是农村金融活动赖以生存的基础之一。中国建立市场经济机制是以城市为中心进行的,农村地区还未形成市场经济发展所必需的体制机制,如要素市场的建立以及基本生产要素的确权与自由流动。由于改革的不彻底,土地、劳动力和资金等生产要素在城乡之间的流动既不通畅也不对称,土地、劳动力和资金可以向城市集中,但是城市资源并不对农村开放。农村市场机制不健全主要表现在三个方面:一是土地产权残缺。随着宪法的修订和《物权法》的出台,私人财产权利得到了有效的保护,作为城市居民的主要私人财产——房屋产权得到了法律的保护。而农村居民的主要财产——土地和房屋的所有权改革一直未能得到圆满解决。现行土地产权制度实际上是土地的使用权和所有权分离:农民只拥有土地使用权而土地的所有权属于集体所有。集体所有制在法律上是一个模糊的概念,事实上代表这种所有权的主要是基层政府。这种土地产权制度是各种强势力量侵害农民利益的制度条件,所有权缺失使农民在强大的行政权力面前无力抗拒。有些农村基层政府通过强制手段从农民手中强行征用土地,在土地补偿和安置措施不到位情况下使得失地农民的正当权益得不到保障。在现有的产权制度下,农村土地市场发育缓慢及土地流转率低制约了农村经济适度规模的集约经营,农业小生产与规模效益之间的矛盾十分突出。同时农村小生产的低效率和分散经营导致了农业生产方式粗放、过度耕垦或者抛荒。农民对农业投入缺乏积极性,农户投资的短期化和非农化倾向十分明显。土地是农业生产者赖以生存和发展的重要基础,但土地却不能由农民完全自由支配。农村土地产权的残缺严重制约了农村市场经济机制的培育,使农村金融发展依赖的经济基础被动摇。二是农村抵押品市场缺乏和担保市场的缺失。与城镇工商业和居民家庭相比较,中国的农户缺乏正规金融机构所要求的抵押品和贷款担保,能够用于抵押的主要是房屋和土地,而农户拥有的只是土地的使用权,对于住房没有相应的房产证明,况且农户一般也不愿意拿土地和房屋去申请抵押借款。三是农村劳动力无法充分流动和转移。农村劳动力的充分流动是市场经济配置人力资源的基本要求,也是实现农村劳动力市场供求均衡、形成均衡价格的必要条件。国际经验表明:推进农业现代化和产业化、提高农业的比较收益必须降低农业人口比重和农业劳动力比重,缓解人口压力对现代农业要素投入和农村经济适度经营规模形成的制约。但是中国目前农村剩余劳动力市场很不充分且带有就业歧视性，为中国城市化做出重大贡献的农村劳动力无法分享城市化的发展成果。户籍制度是农村剩余劳动力转移的重大障碍，从制度上截断了城乡之间的双向流动，也迟滞了中国城市化的进程。

社会保障制度缺位也导致农村市场经济环境恶化。社会保障制是市场经济必要的组成部分，通过积累和国民收入再分配，能够为社会弱势群体提供有效保护，在制度上免除了劳动者和创业者积极参与竞争和承担风险的后顾之忧，体现了现代社会兼顾公平与效率协同发展。中国社会保障制度一直是由城乡两个相互独立的二元体系组成的，在现实中，城市社会保障制度已经较为充分。农村社会保障制度长期缺位，目前才刚刚起步，保障水平、低保障覆盖范围相对有限。在一个二元的社会保障制度下，以农民工身份进城务工的农村居民在苛刻的城市保障制度下，享有保障的权力再一次被剥夺。农村社会保障制度的落后与城乡分割的保障体系，使得农村经济和农村居民抗风险能力弱，直接影响了农村居民的收入，使农村经济增长长期在一个不稳定的低水平上徘徊，农村经济所能产生的金融量就比较小，制约了农村金融发展。

中国农村市场机制的残缺使农村金融发展缺乏必要的金融生态环境。金融生态环境是金融机构所处的外部环境，主要包括相关的法律、信用、担保体系以及金融机构之间的竞争协调机制，是金融业生存的基础。尽管目前中国农村金融生态环境有所改善，但由于基础差且起点低，尚不能满足金融业发展的要求。目前农村信贷市场既缺乏完善的法律法规保障，也缺乏个人、企业资信评估体系和信贷担保制度与担保机构，再加上农业保险和存款保险制度不健全，导致信贷难以分散风险。从担保体系看，由于农户普遍缺乏可变现的担保抵押物，同时也缺乏专门的担保基金或中介机构为农户提供担保，导致一方面金融机构存在大量的存贷差；另一方面农户实际的借贷需求却无法得到满足。从信用体系看，由于金融机构间缺乏信息共享与协调机制，加之借贷农户具有分布广、贷款额小以及私营个体企业财务制度不健全、不规范等原因，金融机构征信难、征信成本高，导致农村金融机构只能选择少放贷甚至退出农村金融市场；从法律设施看，虽然中国近年来陆续颁布实施了《中国人民银行法》、《商业银行法》、《保险法》、《合同法》、《银行业监督管理法》等法律法规，针对农村金融组织的立法相对滞后，现行法律体系中缺乏《农村金融法》或《合作金融法》等专门法律规范，阻碍了农村金融组织尤其是合作金融组织的发展。农村金融市场的非完备性与资本逐利性决定了政府干预是必要的与可行的①。

中国广大农村的金融信息环境恶化的主要表现为金融信息严重缺乏，农村信用社等正规金融机构很难获得农户的信息。农户拥有较多的关于自己风险和还款意愿等情况的私人信息，而农村信用社等正规金融在信息源的占有上处于明显的弱势地位。正规金融机构只能通过间接的渠道掌握农户资信及其投资项目的信息，金融机构因为离信息的源头较远，所以很难全面掌握农户的信息。农户作为信息的优势方为获取最大化的经济利益，在借贷交易中可能会有隐藏信息或向正规金融提供虚假信息动机。贷款合同签订前，农户可能会利用自己的信息优势对信息加以控制并隐匿不利于自己的信息。关于农户的资信、谨慎、努力工作等品质的因素，农村信用社等正规金融机构更是无法直接证实。农户违约不仅是因为农业的高风险性和弱质性特点的客观原因所导致，也可能是由农户的主观原因所造成。农户的主观原因是指没有能力按期还款，其信用观念较差而采取多种途径逃避债务。农户违约符合其理性的假设。在不考虑其他约束的条件下，农户具有较强的违约冲动，因为农户从追求自身利益最大化的动机出发，借钱后逃避、赖账或根本不还对它来说总归是好事。

五、农村金融具有外部性

舒尔茨所认定的传统农业普遍存在资金、技术和制度等方面的短缺，农村经济发展的主要问题是资本的高度稀缺。传统农村经济只有在解决资本高度稀缺问题的条件下，才可能有进步。麦金农（1988）的金融抑制论也表明，金融抑制的直接结果是加剧了二元经济结构的进一步失衡。资本形成在二元经济的演变过程中发挥着重要作用，二元经济的有效转化显然离不开资本机制的推动。根据哈罗德—多马模型，在假定不存在技术进步的前提下，资本是经济增长的关键因素。因此，改造传统农业就是要通过资金、技术、制度等方面的供给增加，扩大农业的收入来源。通过农村金融的发展和重构来引导经济走向更高水平的均衡增长，从而超越农村经济"发展陷阱"的桎梏，对于农村经济发展和二元经济结构的淡化具有至关重要的作用。作为同一问题的另一个侧面，农村金融支持农村经济的重要性还在于：当农村经济的发展长期得不到相应的金融支持时，甚至存在滑

---

① 任碧云、刘进军：《基于经济新常态视角下促进农村金融发展路径探讨》，载《经济问题》2015 年第 5 期。

入更低水平陷阱的危险。

农村金融活动赖以开展的金融基础设施的完善可以大大促进农村经济、金融发展潜力。农村金融基础设施既包括直接与金融交易相关联的法律规则、信息系统、制度体系和监管体系，也包括影响金融交易成本和便利性的通信网络和交通系统等。从大多数发展中国家的现状来看，农村金融基础设施不仅总体上是落后的，而且远远滞后于城市金融基础设施的发展速度，主要表现在以下几个方面：法律和规则的缺失使合同制定和执行的效率非常低下；产权不明晰带来的抵押担保和流转难题普遍存在；金融监管不仅在监督和促进既有金融机构方面相对无力，而且明显滞后于各种新型金融机构的发展速度；农村问题与政治因素彼此纠缠影响了农村市场信用的发育，并进一步衍生出贷款偿还等一系列问题。完善农村金融基础设施建设的重要性在于使整个农村金融体系受益，金融基础设施建设的完善并不是简单地扶持某个既有的金融组织，金融基础设施的整体完善比支持某个特定的金融机构更有意义（亚洲开发银行，2000）。因此，金融基础设施的完善比单纯地扶植个别农村金融机构发展具有更明显的正外部性。

农村政策性金融对农村金融活动的外部性则更加重要。当农村商业性金融机构无法使其业务成本与收益内在化时，就会出现农村金融市场的失灵。在外部性和公共品存在的情况下，市场上存在不能由私人交易获取的潜在利益。当金融机构没有充分的农村经济信息时，农村金融市场就不能有效运行。另外，由于存在与信息不充分有关的逆向选择和道德风险等问题，农村金融市场自然就存在市场失灵的特点。农村政策性金融能够在很大程度上内在化农村商业性金融机构社会成本和收益，因此有助于推动整体农村金融供给的增加。

六、农村金融的需求特征

（一）农业贷款需求具有较强的季节性、时效性、周期性

由于农业生产具有典型的季节性和周期性特征，因而作为农业生产融资需求的生产性借贷也表现出较强的季节性。调查数据显示，农户希望的贷款可获得性期间并不与自然年度一致，而是主要集中在当年的 3 ~ 5 月至次年的 3 ~ 5 月，这意味着一笔起始于自然年初的贷款需要达到 15 ~ 18 个月才能更好地和农业生产的周期性契合。当然，需要指出的是，越是单纯从事农业生产的农户，其贷款的季节性特征就越为明显。而随着农户开始兼营他业甚至脱离农业生产成为工商户时，其融资需求的季节性特征会明显减弱。换言之，在典型的传统农区，农户整体上的融资需求可能呈现

出稳定的季节性和周期性特征，而在那些市场化和城镇化趋势明显的非传统农区，农户融资需求的季节性和周期性特征则会大大降低。

涉农的资金需求大部分具有较强的时效性。大部分情况下，农户的融资需求具有较强的时效性特征，既和生产环节的周期性有关，也普遍存在于农户经济活动的各个环节。比如，成熟的瓜果蔬菜必须及时进入市场流通环节，一旦腐坏则价值就会消失殆尽；养肥的猪羊必须及时卖出，否则维持牲畜生存的任何物质和时间成本都将是不产生任何边际收入的额外净支出。因此，无论是生产环节还是流通环节，贷款所需要的等待时间对农户而言都具有很高的机会成本。对西部地区部分乡村的调研结果表明，正规金融机构较长的等待时间及烦琐的审贷、放贷程序是大部分农户对正规金融望而却步的重要原因。钱水土和陆会（2008）对温州农村地区的问卷调查发现：农户在正规金融机构贷款时最长等待的时间可以达到1个多月，90%以上的农户需要等待1~10天不等，仅8%的农户回答不需要等待。相比之下，农户从非正规渠道获得融资的等待时间基本为0，这主要与民间借贷主要发生在"熟人社会"范畴相关——在一个彼此"知根知底"熟人网络系统中，信息处于高度对称状态，从而绕过了不对称信息状态下对农户风险状况的技术性识别环节。

（二）借贷资金用途与经济基础密切相关

农户借贷资金的使用可以划分为生产性借款、生活型借款和非正常借款三大类型。其中生产性借款又可以进一步细分为农业生产借款和非农业生产借款。在西部较为落后的传统农区，从总量上的静态分布来看，目前农户的生活性借款比重仍然要超过生产性借款比重，但从发展趋势分析，借贷资金的使用与不同地区的经济基础和农户的人力资本水平密切相关。例如，钱水土和陆会（2008）的研究发现，温州地区农户的融资需求已经由过去传统农户"非生产性和应对自然风险"的主要融资目的开始向"生产性投资化"的融资目的转变，调查中的商业性融资行为（如经商办厂、购买房产或商铺等）占到了很大比重。此外，农户人力资本的影响也不容忽视。即使在相对落后的西部农区，调研也发现如下基本趋势：随着受教育程度的普遍提高，农户的生产性借款倾向明显增加。世界银行（2002）的研究也有类似发现：最贫困的客户把贷款用于降低风险的目的（如消费或低风险生产技术），多数不太贫困的客户（在贫困线以上的客户）则往往将借款用于诸如技术转移等高风险、高回报的投资项目上。上述事实说明，农户融资用途存在动态演变特征，这意味着研究发展趋势比任何一个时点的静态分布更重要。

（三）农村借贷需求的多层次性（见表2-1）

表2-1 不同类型农户的借贷需求特征和融资来源

农户分类	融资需求的特征	借款的基本来源
贫困农户	"维持型需求"：日常的生活性开支，小额的生产性借贷，突发性需求（疾病、瘟疫、自然灾害等）	民间借贷（包括高利贷），扶贫资金，小额信贷（偶尔的商业性小额贷款）
一般农户	"扩展性需求"：季节性的流动资金需要，小规模的种植业、养殖业借贷，部分商业性借贷（如农闲时做小生意），人力资本投资（子女教育），突发性需求（疾病、瘟疫、自然灾害等）	自有资金，民间借贷（部分为高利贷），金融机构贷款（主要信用社的小额信贷），少量的商业性贷款
市场化农户	"发展型需求"：工商业借贷，专业化、规模化的生产性借贷	自有资金，民间借贷（部分为高利贷），部分金融机构贷款，商业性借款

（四）中国农村金融需求特点

1. 农村贷款需求旺盛、有效需求不足

农村经济体制改革使农村经济释放出巨大的活力和增长潜力，广大农村经济主体的生产积极性得到充分调动。伴随着种植专业户、养殖专业户、运输专业户等的大量出现，农村经济迅速发展，快速发展的背后是对资金的旺盛需求，这既包括生产需求，也包括生活需求。中国社会主义新农村建设序幕的拉开，进一步带动了农村经济社会发展对资金的需求。唐双宁曾经表示：中国建设新农村迫切需要加大对农村的资金投入。据初步测算，到2020年，中国社会主义新农村建设需要新增资金15万亿~20万亿元人民币。在农村长期的分散化经营模式和社会结构下，农业收益率低、风险大导致农户还款能力较弱（陈雨露，2010）[1]。

与农村资金需求快速增长并存的是农村对信贷资金有效需求不足。根据2012年对山东省威海市、章丘、聊城调查发现：由于投资项目和机会的缺乏以及某种程度上的保守倾向，农户的信贷需求无法得到有效的释放和扩大。当前农村金融资源得不到高效配置的主要原因在于需求层面。因此，促进金融机构和农户的持续协调发展还必须关注和重视农户金融需求方面的抑制问题，金融机构要积极引导农户切实提高自我发展能力使农户

---

[1] 据相关测算，受市场风险和农资价格上涨等因素影响，在西部典型农区，农户从事种养殖业的年收益率约为11.7%，从事运输、工商的年收益率约为14.5%。如果遭遇比较大的自然灾害或者疫情，农户亏损难以想象。抽样调查显示，贷款年利率如果超出12%，农民的需求会明显下降；如果超出15%，农民几乎不敢贷款。

潜在的有效金融需求得到进一步释放。引导农户提高自身能力虽然具有典型的正外部性,但这部分支出不可能寄希望于商业化运作的金融供给主体。因此,在农村金融市场机制缺位的情况下,政府的介入就具有必要性和必然性。中国农户的保守思想影响着他们的行为,加上物质资本的匮乏,这使得农户采用新技术的动力和积极性受到非常严重的抑制——在不能确定采用新技术能否给自己带来收益之前,农民普遍采取的策略是等待和观察,而不是主动承担风险。在这种情况下,农户关于技术革新和生产转型所需借贷资本动力也显得不足。如果考虑到中国经济一直是强势政府主导下的经济,而农户也对政府权威怀有无限敬意并形成高度的信任,由政府出面建立相应的"示范——扩散"体系,引导和推动农户实现生产转型、提高自我发展能力就具有现实可行性并且成本较小。

2. 贷款需求的小额性与低利性

中国农村基于农户家庭所产生的借贷需求具有明显的小额性,这与农业作为弱质产业和农户家庭经营规模的小型化有着直接的联系。大规模资金量的单笔借贷在农户家庭中出现的比率还是比较低的。2012 年的数据表明,中国的耕地不到 1.3 亿公顷,平均每户农户经营 0.52 公顷,几乎是世界上经营规模最小的单位,这也表明作为单个农户对资金的需求是有限的。根据 2012 年笔者对山东省威海市、章丘、聊城 3 个市县 217 户农户的问卷调查结果显示:农户的每笔借贷数额平均为 9019.6 元;农户借款的用途中非生产性借款所占比重较高:子女教育(18.72%),种养殖业(14.76%),建房购房(12.78%),个体经商(11.52%),日常生活(9%),医疗救助(7.47%),婚丧嫁娶(7.11%),买车运输(6.75%),投资赚钱(5.85%),其他(6.03%)。这种情况意味着农户借款资源的配置主要是非生产性用途,而不是生产性投资。由此可以得到如下结论:农村借款人的偿付能力较弱、贷款的预期收益率较低。

3. 农村资金需求的长期性

农户的借贷需求在时间上与工商业贷款有很大的不同。工商业贷款的回收期一般都比较短,其短期的流动资金贷款期限往往只有 3~6 个月,长期的也不过是 3~5 年。但农户贷款的期限则普遍比较长,比如农民从事养殖业一般需要 1~3 年,农产品加工和储运业一般需要 1~4 年,林果业需要 3~5 年才能产生相应的效益。这就要求贷款期限与之相适应[1]。

---

① 王雨舟:《农村信贷供给与资金需求的差异性及整合建议》,载《金融理论与实践》2004 年第 12 期。

4. 贷款需求主体的多样性

随着中国农村经济的发展和农民生活水平日益提高，农民的金融需求也日益扩大。农村经济活动主体是农户和农村企业，在本书中，为了简化问题的讨论，我们仅考虑农户的需求行为。对于农户而言，根据收入和其他特征的不同，可将其简单分为三类，即富裕型农户、维持型农户和贫困型农户，每类型农户的金融需求形式和满足金融需求的手段都是不同的：（1）富裕型农户。富裕型农户的收入相对较高，其收入除了满足一般性的生活消费之外，还有部分剩余。但其自有资金并不能满足扩大生产的需要，因此需要借贷。对于贷款的需求一般大于维持型农户，但它们缺乏有效的承贷机制，缺乏商业贷款供给所要求的抵押担保品，因而难以从银行申请到贷款。有关研究还表明，仅20%的农户能够得到贷款，这部分贷款占农村金融机构借款量的80%①。（2）维持型农户。维持型农户已基本解决温饱问题，具有传统的负债观念和负债意识，一般较为讲求信誉。金融机构对维持型农户的小额放款是较为安全的，贷款回收率一般在90%左右，因此，金融机构对这部分农户的小额资金需求，一般均以信用放款方式发放。该农户群体也是农村信用社主要的贷款供给群体，所以，维持型农户的贷款需求，一般均能得到满足。但目前农村信用社资金实力普遍不足，难以最大限度地满足维持型农户的资金需求。（3）贫困农户。贫困农户是一种特殊的金融需求主体层次，其生产和生活资金均较短缺，它作为金融机构放款的承贷主体是不健全的，贷款风险较大。虽然它们对贷款也有需求，但是被排斥在正规金融组织的贷款供给范围之外，只能以较为特殊的方式满足资金需求，政策性金融的优惠贷款资金、民间渠道的小额贷款（如国际金融组织和国外 NGO 援助等）、政府财政性扶贫资金是贫困农户满足资金需求的重要方式。

第二节 信息及农村经济环境对农村金融供给的影响

一、信息透明度对农村信贷的影响

（一）完全信息下农村信贷合约的均衡分析

信息不对称是指市场参与者所占有的信息是不对称的。非对称信息理

---

① 何安耐、胡必亮：《农村金融与发展》，经济科学出版社 2000 年版，第 18 ~ 51 页。

论自 20 世纪 70 年代产生以来，其接近现实的特点导致非对称信息理论的应用范围越来越广。80 年代开始，非对称信息理论进入金融研究领域，在金融市场行为、金融中介职能等方面表现了其强大的解释能力。由于非对称信息的客观存在性，交易双方就会利用自身所具有的信息优势最大化自己的利益。

在信贷市场中，不对称信息阻碍了贷款人有效监督借款人的行为，借款人利用其信息优势最大化自身利益的同时损害了贷款人的利益，加大不良贷款产生的可能性，阻碍了信贷市场的发展。借款人比金融机构掌握了更多的投资项目信息，这种信息不对称性将会导致逆向选择风险，在信贷市场中逆向选择的含义是指较高的利率意味着较大的贷款风险，高风险项目驱逐低风险项目。从信息不对称角度看，当市场所有的信息没有被消费者和生产者了解时，资源的配置不一定是最有效的。金融机构对不同类型的借款人设计不同的信贷合约实现的信贷均衡为信贷合约的分类均衡，对所有借款人设计相同的信贷合约可以达到的信贷均衡为信贷合约的混合均衡，不同类型的信贷合约均衡具有不同的效率。西方商业银行信贷行为理论认为，信贷合约的设计包括三个操作变量：信贷利率、抵押要求和贷给概率。三个变量的不同搭配形成不同的信贷合约，通过借款人对信贷合约的选择，商业银行可以达到区分不同类型借款人的目的。

1. 农村信贷合约模型的基本假设

建立信贷合约模型时，将农村经济组织（主要包括农业种植户和农村乡镇企业）和农村金融机构（主要是农村信用社）作为信贷市场的借贷双方进行分析。农村信用社是农村金融机构的主力军，在农村信贷市场具有较高程度的垄断性。农村经济组织和农村金融机构都是以追求利润最大化、尽量规避风险为目标。为了方便模型建立及便于分析不同情况下的相应结果，现作如下假设：

（1）金融机构和农村经济组织都是理性经济主体，它们总是寻求自身利益的最大化；

（2）农村经济组织总是比金融机构拥有更多的投资项目信息，以及自己的一切情况，如收入状况、经营状况、偿债意愿、偿债能力等，而金融机构却无法直接观察到这些信息，只能凭借农村经济组织过去的信用状况及项目前景等判断贷款风险；

（3）在垄断型信贷市场中，农村金融机构呈风险中性：农村金融机构的资本成本为 $r_0(1+r_d)$，r_d 表示存款利率，资金来源不构成对需求的约束；R 表示 $1+r_c$（r_c 表示贷款利率），设 R 为常数（R 是既定常量），不是农村金融机构信贷合约设计的变量；资金可用于贷款，也可用于其他无风险投资（投资国库券等），其收益率为 t_0，t_0 表示为 $1 + r_f$（r_f 表示无风险投资收益率）；

（4）所有农村经济组织借款人呈风险中性，且具有相同的期初抵押价值 w（w 表示可供抵押的抵押品价值相当于多少个贷款单位）。投资者可以从农村金融机构借款 1 单位与 w 一起用于投资一个具有风险的项目，项目成功则产生回报率 r，项目失败则产生零回报（即投资者投资风险项目是没有机会成本的）。w 和 r 是农村金融机构和农村经济组织的共同信息；

（5）农户借款人包括两个基本类型，δt_1 和 δt_2 分别表示高风险借款人和低风险借款人两种类型投资的成功概率，$0 < \delta t_1 < \delta t_2 < 1$；每位借款人知道自己的风险类型，但是在信息非对称条件下，农村金融机构不能区分他们；农村金融机构仅知道高风险借款人和低风险借款人的比例分别是 γ 和 $1 - \gamma$；

（6）农村金融机构对农村经济组织贷款的期望收益目标函数。

在贷款利率属于外生变量，即 r_c 既定的情况下，农村金融机构的贷款合约设计主要针对贷给概率 π_i 和抵押要求 C_i（C_i 表示要求提供的抵押品价值相当于多少个贷款单位），$i \in \{1, 2\}$。因为清算抵押品时会发生交易费用，所以农村金融机构对抵押品有一个折扣 βC_i，$\beta \in [0, 1]$ 表示在清算抵押时发生的交易费用。这样，农村金融机构对农村经济组织贷款的期望收益目标函数为：

$$\gamma \pi_1 [\delta_1 R + (1 - \delta_1) \beta C_1] + (1 - \gamma) \pi_2 [\delta_2 R + (1 - \delta_2) \beta C_2]$$

2. 完全信息条件下农村信贷合约均衡

完全信息不符合农村经济组织信贷市场的特点，但完全信息可以作为一个效率基准。农村经济组织信贷市场的典型特征是信息不对称。但在不同的制度环境和不同的竞争结构下，信息不对称的程度是不同的。信息不对称程度的降低，有利于改善农村经济组织信息市场的效率，使有效率的信贷合约容易达成。

在完全信息条件下，农村金融机构掌握所有借款人的风险类型，上述问题就变得比较简单：

$$\max \pi_i [\delta_i R + (1 - \delta_i) \beta C_i] \tag{2.1}$$

$$\text{s. t. } \delta_i R + (1 - \delta_i) \beta C_i \geq t_0 \tag{2.2}$$

$$\pi_i [\delta_i (r - R) - (1 - \delta_i) c_i] \geq 0 \tag{2.3}$$

$$0 \leq \pi_i \leq 1 \quad i \in \{1, 2\}$$

$$0 \leqslant c_i \leqslant w_i \quad i \in \{1, 2\}$$

上述式（2.2）表示农村金融机构的信贷预期收益必须大于其机会成本；式（2.3）表示不同类型的信贷合约必须是各自合理的，即不同类型借款者是可以接受的。求解上述最优化问题的通解是十分困难的，但在能够保证特定条件 $\delta_i R + (1 - \delta_i)\beta C_i \geqslant t_0$，$i \in \{1, 2\}$ 成立时，有特解如下：

$$\pi_i = 1,\ \text{且}\ C_i = W\left(\text{若}\ W \leqslant \frac{\delta_1(r - R)}{1 - \delta_1}\right) \text{或}\ C_i = \frac{\delta_1(r - R)}{1 - \delta_1}$$

$$\left(\text{若}\ W \geqslant \frac{\delta_2(r - R)}{1 - \delta_2}\right)\ i \in \{1, 2\}$$

可见，在贷款利率水平既定的前提下，影响农村金融机构信贷合约的实际变量主要是抵押要求。农村金融机构只能通过提高抵押要求来增加其预期收益。

当 $W \leqslant \dfrac{\delta_1(r - R)}{1 - \delta_1}$ 时，即农村经济组织提供的抵押品较少时，农村金融机构将向不同类型的农村经济组织借款人要求相同的抵押品；而当 $W \geqslant \dfrac{\delta_2(r - R)}{1 - \delta_2}$ 时，即贷款抵押品较为充足时，由于 $\dfrac{\delta_1(r - R)}{1 - \delta_1} < \dfrac{\delta_2(r - R)}{1 - \delta_2}$，所以农村金融机构将向高风险的借款人要求较低的抵押，向低风险借款人要求较高的抵押，这在信贷合约理论上称为分类信贷合约均衡。

上述结果表明：在完全信息条件下，当高风险借款人和低风险借款人均可以为农村金融机构提供利润时，垄断型农村金融机构的信贷合约设计既要将高风险借款人留在信贷市场，又要攫取低风险借款人的利润，所以设计出不同抵押要求的信贷合约。因为信息完全是一种理想条件，且低风险借款人和高风险借款人都可以为农村金融机构带来预期利润也基本不符合实际，所以上述理论推论在现实中很少出现。

（二）非对称信息条件下农村经济组织信贷合约均衡

在利率水平既定与非对称信息条件下垄断信贷市场中，农村金融机构的信贷合约设计由一组向量 $\{C_i, \pi_i\}$ 组成，$i \in \{1, 2\}$：若类型为 i 的借款人获取了农村金融机构为类型 $j(i \neq j,\ j \in \{1, 2\})$ 的借款人设计的信贷合约，那么，其预期收益函数将变为 $\pi_j[\delta_i(r - R) - (1 - \delta_i)C_j]$。为了使借款者按自己的类型申请信贷合约（讲真话），农村金融机构的信贷方案必须满足下列激励相容的约束条件：讲真话的收益必须大于不讲真话的收益。

$$\pi_1[\delta_1(r-R)-(1-\delta_1)C_1] \geqslant \pi_2[\delta_1(r-R)-(1-\delta_1)C_2]$$

$$\pi_2[\delta_2(r-R)-(1-\delta_2)C_2] \geqslant \pi_1[\delta_2(r-R)-(1-\delta_2)C_1]$$

另外，不同类型的信贷合约必须满足不同类型的借款人理性约束条件：

$$\pi_i[\delta_i(r-R)-(1-\delta_i)C_i] \geqslant 0$$

因此，在贷款利率水平既定和非对称信息条件下，农村垄断型信贷市场上述问题变为：

$$\max \gamma\pi_1[\delta_1 R+(1-\delta_1)\beta C_1]+(1-\gamma)\pi_2[\delta_2 R+(1-\delta_2)\beta C_2] \quad (2.4)$$

$$\text{s. t. } \delta_i R+(1-\delta_i)\beta C_i \geqslant t_0 \quad (2.5)$$

$$\pi_1[\delta_1(r-R)-(1-\delta_1)C_1] \geqslant \pi_2[\delta_1(r-R)-(1-\delta_1)C_2] \quad (2.6)$$

$$\pi_2[\delta_2(r-R)-(1-\delta_2)C_2] \geqslant \pi_1[\delta_2(r-R)-(1-\delta_2)C_1] \quad (2.7)$$

$$\pi_i[\delta_i(r-R)-(1-\delta_i)C_i] \geqslant 0 \quad (2.8)$$

$$0 \leqslant \pi_i \leqslant 1 \quad i \in \{1,2\}$$

$$0 \leqslant C_i \leqslant w_i \quad i \in \{1,2\}$$

通过求解上述最优化问题便得到下面的结论，在能够保证条件 $\delta_i R+(1-\delta_i)\beta C_i \geqslant t_0$，$i \in \{1,2\}$ 成立时，有：

$$\pi_i=1, \text{ 且 } C_i=W\left(\text{若 } W \leqslant \frac{\delta_1(r-R)}{1-\delta_1}\right) \text{ 或 } C_i=\frac{\delta_1(r-R)}{1-\delta_1}$$

$$\left(\text{若 } W \geqslant \frac{\delta_1(r-R)}{1-\delta_1}\right) \quad i \in \{1,2\}$$

其中，当 $W \leqslant \dfrac{\delta_1(r-R)}{1-\delta_1}$ 时，$\pi_i=1$、$C_i=W$ 满足式（2.6）和式（2.7）构成的激励相容约束。其经济意义是：由于农村金融机构不能区分借款人的风险类型，当两类借款人的可抵押资产价值相同且比较低时，农村金融机构只能为两类借款人设计相同的信贷合约。任何一类借款人错误显示自己的类型都得不到更多的预期收益，因此没有冒充其他类型的动机。

而当 $W \geqslant \dfrac{\delta_1(r-R)}{1-\delta_1}$ 时，有 $\pi_i=1$，$C_1=C_2=\dfrac{\delta_1(r-R)}{1-\delta_1}$。

C_2 不能取 $\dfrac{\delta_2(r-R)}{1-\delta_2}$，这是因为：

若 $C_2=\dfrac{\delta_2(r-R)}{1-\delta_2}$，则式（2.7）$\pi_2[\delta_2(r-R)-(1-\delta_2)C_2] \geqslant \pi_1[\delta_2(r-R)-(1-\delta_2)C_1]$ 将无法成立，从而产生激励不相容的问题。

上述分析结果表明：如果对低风险借款人要求较高的抵押，低风险借款人会产生伪称高风险借款人的动机。再者，由于此时农村经济普遍比较景气，所以农村金融机构无意设计出分类信贷合约，以致迫使高风险农村经济组织退出信贷市场。这实际上表示了农村金融机构愿意为借款农村经济组织承担一部分预期风险，这种信贷方案仅在经济景气时为农村金融机构所普遍采用。

当高风险贷款项目的实际风险逐渐增大时，农村金融机构为了控制风险在设计信贷合约时会考虑借款人提供更多的抵押品。为此，农村金融机构便有了区分借款者风险类型的动机。此时，如果高风险项目还会为农村金融机构带来预期收益，那么，在能够保证条件 $\delta_i R + (1 - \delta_i)\beta C_i \geq t_0$，$i \in \{1, 2\}$ 成立时，有：

$$\pi_2 = 1$$

$$\pi_1 = \frac{\delta_2(r-R) - (1-\delta_2)C_2}{\delta_2(r-R) - \dfrac{1-\delta_2}{1-\delta_1}\delta_1(r-R)} \tag{2.9}$$

$$C_1 = \frac{\delta_1(r-R)}{1-\delta_1} \tag{2.10}$$

$$C_1 < C_2 < \frac{\delta_2(r-R)}{1-\delta_2} \tag{2.11}$$

上述结论的实际意义是：农村金融机构若要区分借款者的风险类型就必须同时降低对高风险借款者的贷给概率和提高对低风险借款者的抵押要求，满足式（2.9）和式（2.11）的任何一对 C_2 和 π_1 都可以满足式（2.4）和式（2.5）的激励相容约束条件。由于 $\pi_1 < 1$，于是，农村信贷不能满足客户的资金需求。

当高风险项目的实际风险过高，即高风险项目已不能为农村金融机构带来预期利润时，农村金融机构便有了迫使高风险借款人退出信贷市场的动机。当抵押价值较低时，在条件成立时农村金融机构将会对农村经济组织实行信贷紧缩。

$$\delta_1 R + (1 - \delta_1)\beta W \leq t_0$$

$$\delta_2 R + (1 - \delta_2)\beta W \geq t_0$$

$$W < \frac{\delta_1(r-R)}{1-\delta_1}$$

上述命题结论表明，当农村经济组织抵押价值较低$\left(W < \dfrac{\delta_1(r-R)}{1-\delta_1}\right)$时，农村金融机构若要求 $C_1 = C_2 = W$，那么风险不同的两类借款人都具有借款动机，农村金融机构不能通过合约设计将两类风险不同的借款人自动区分开来。因为农村金融机构只能从低风险借款人处获得预期利润而排斥高

风险借款人，高风险借款人将具有伪称低风险借款人的动机。但双方信息不对称使得农村金融机构无法分辨借款人类型的真伪，信贷合约设计于是陷入困境。农村金融机构就只有减少借款总量，从而对农村经济组织信贷融资产生不利影响。而且 R 越低，则 $r-R$ 越高，农村信贷合约设计陷入困境的抵押价值临界水平就越高，农村信贷合约设计越容易陷入困境。

如果借款人具有较高的抵押价值，那么，农村金融机构可以设计出合适的农村信贷合约，迫使高风险借款人退出农村信贷市场。即在以下条件成立时：

$$\delta_1 R + (1-\delta_1)\beta W \leq t_0$$
$$\delta_2 R + (1-\delta_2)\beta W \geq t_0$$
$$W > \frac{\delta_1(r-R)}{1-\delta_1}$$

有 $\pi_i = 1$，且 $C_i = W$（若 $W \leq \frac{\delta_2(r-R)}{1-\delta_2}$）或 $C_i = \frac{\delta_2(r-R)}{1-\delta_2}$

（若 $W > \frac{\delta_2(r-R)}{1-\delta_2}$） $i \in \{1, 2\}$

关于上述式子的研究结论表明：对于农村高风险借款人 δ_1 而言，农村高风险借款人 δ_1 会自动退出农村信贷市场，农村高风险借款人不具有伪称低风险借款人 δ_2 的动机。

上述分析的经济含义：农村经济组织与金融机构之间的非对称信息、农村经济组织抵押品价值较低、农村经济组织贷款利率敏感性迟钝等导致了农村金融机构信贷合约设计的困难。从理论上讲，农村金融机构可以将信贷利率与抵押设计成减函数关系，由此来达到分类式信贷合约均衡而不会发生信贷合约激励不相容问题。因此，通过建立高质量的农村经济组织信息中介机构和完善的抵押品市场将有助于解决农村金融机构信贷合约设计难题。

二、信息不对称与农村信贷市场失灵

农村信贷市场的不对称信息阻碍了农村信贷市场中贷款人有效监督借款人的行为，借款人利用其信息优势最大化自身利益的同时损害了贷款人的利益。贷款人不能有效监督借款人的行为加大不良贷款产生的可能性，并阻碍了农村信贷市场的发展。借款人比金融机构掌握了更多的投资项目信息，这种信息不对称性将会导致农村信贷市场逆向选择风险，在信贷市场中逆向选择的含义是指较高的利率意味着较大的贷款风险、高风险项目驱逐低风险项目。市场失灵（Market Failure）是指市场经济体制下的低效率，即市场本身不可克服的局限性使市场机制不可能实现资源配置的"帕累托最优"。从信息不对称角度看，当农村信贷市场所有的信息没有被农村金融机构和农村借款人了解时，农村信贷资源的配置不一定是最有效的。

（一）农村信贷市场的逆向选择

1. 基本假设

在信息经济学的对策论中一般将拥有私信息的参与人称为"代理人"（Agent），不拥有私信息的参与人称为"委托人"（Principal）。在该模型中将涉农经济组织（主要包括农业种植户和农村乡镇企业）作为代理人。以农村信用社为主的农村金融机构是农村金融供给的主力军，将农村金融机构作为博弈模型的委托人。农村经济组织和农村金融机构均以追求利润最大化、尽量规避风险为目标。在涉农经济组织贷款融资过程中，信息不对称表现在涉农经济组织（代理人）总是比金融机构（委托人）拥有更多的投资项目信息及自己的一切情况（如收入状况、经营状况、偿债意愿、偿债能力等），而农村金融机构却无法直接观察到这些信息，只能凭借涉农经济组织提供的财务报表等资料判断贷款风险。为了便于模型建立，在不影响研究结果的前提下现作如下假设：

（1）农村金融机构（委托方）是风险中性的，涉农经济组织（代理方）是风险规避的。

（2）农村金融机构和涉农经济组织都是理性经济人，它们总是寻求自身利益的最大化。

（3）每个借款涉农经济组织的投资项目的选择有两种：低风险低收益项目——G 项目，高风险高收益项目——B 项目。每种投资项目的可能结果是成功或失败两种结果。项目成功时农户愿意且有能力偿还贷款，项目失败时农户会被迫逃债或赖账。

（4）在整个农村信贷市场中，G 类项目所占比例是 λ，B 类项目所占比例为 $1 - \lambda$。

假设涉农经济组织需要向农村金融机构贷款金额为 L，贷款利率水平为 r，G 类项目用此项贷款投资，在借款人成功的情况下得到的收益是 R_G；B 类项目用此项贷款投资，在成功的情况下借款人得到的收益是 R_B。由于 B 类项目为高风险涉农经济组织，因此它对此投资项目会要求更高的报酬率，所以 $R_B > R_G$。u_0 是两类项目的保留效用。r_0 是农村金融机构的无风险收益率。G 类项目投资成功的概率为 p_G，B 类项目投资成功的概率为 p_B，显然有 $p_G > p_B$ 成立。这里假设 $R_B p_B > R_G p_G$ 成立。

2. 农村信贷市场逆向选择的形成

（1）农村金融机构贷款行为分析。农村金融机构贷款利率水平为 r 时，农村经济组织借款后投资 G 类项目期望收益为：$EV_G = p_G [R_G - L(1+r)] + (1-p_G)[-L(1+R)] = R_G P_G - L(1+r)$。

农村经济组织投资 B 类项目期望收益：

$$EV_B = p_B [R_B - L(1+r)] + (1-p_B)[-L(1+R)] = R_B P_B - L(1+r)$$

农村经济组织只有在贷款后取得的项目收益大于保留效用 U_0 时才会考虑向农村金融机构借款，农村经济组织取得保留效用时的利率水平叫作贷款项目最高可接受利率。

农村经济组织投资 G 类项目时期望收益要满足贷款后取得的收益大于保留效用 U_0，即：$R_G p_G - L(1+r_G) \geqslant U_0$，得到 $r_G \leqslant \dfrac{(R_G p_G - U_0 - L)}{L}$，即 G 类项目的最高可接受利率 $r_G = \dfrac{(R_G p_G - U_0 - L)}{L}$。

农村经济组织投资 B 类项目时期望收益要满足贷款后取得的收益大于保留效用 U_0，即：$R_B p_B - L(1+r_B) \geqslant U_0$，得到 $r_B \leqslant \dfrac{(R_B p_B - U_0 - L)}{L}$，对于 B 类项目来说最高可接受利率为 $r_B = \dfrac{(R_B p_B - U_0 - L)}{L}$。

根据上述假设和 r_G、r_B 的表达式可得到：$r_G < r_B$，即 B 类项目的最高可接受利率高于 G 型项目的最高可接受利率。这样农村金融机构会以 r_G 的利率向 G 类项目发放贷款，以 r_B 的利率向 B 类项目发放贷款。$r_G < r_B$ 是由于 B 类项目为风险高的项目，它利用贷款获得的收益高于低风险的项目，因此 B 类项目借款人会愿意接受比 G 类项目更高的贷款利率。同样由于农村金融机构贷款给 B 类项目会增加 B 类项目借款人的投资风险，因此也会向 B 类项目要求更高的回报以弥补它的高风险。

在借贷双方信息对称的前提下，农村金融机构如果能够区分开项目类型，则可以分别提供相应利率的贷款合约。在此利率水平下农户会得到保留效用以上的收益，农村金融机构也会得到最优的收益水平。因此，在借贷双方信息对称条件下竞争均衡合约能够达到帕累托有效，即农村金融机构能够分辨高风险项目和低风险项目并根据不同贷款项目的风险水平来分别制定不同的贷款利率水平，r_G、r_B 分别是农村金融机构向低风险项目和高风险项目发放贷款时的利率水平。

（2）信息不对称与信贷市场逆向选择的形成。农村金融机构期望收益为 $pL(1+r)+(1-p)(-L)$。农村经济组织投资于 G 类项目的情况下，则农村金融机构的期望收益为：

$$\max\{p_GL(1+r_G)+(1-p_G)(-L)\}$$

约束条件：$R_Gp_G-L(1+r_G)\geqslant U_0$

农村经济组织分别投资于 B 类项目的情况下，农村金融机构的期望收益为：

$$\max\{p_BL(1+r_B)+(1-p_B)(-L)\}$$

约束条件：$R_Bp_B-L(1+r_B)\geqslant U_0$

借贷双方信息不对称情况下，农村金融机构在信贷活动中处于信息劣势地位，因此缺少项目的私有信息不能分辨出贷款项目的类型。农村金融机构仅知道 G 类项目和 B 类项目所占比例分别是 λ、$1-\lambda$，农村金融机构期望收益为：

$$\begin{aligned}EU(r)&=\lambda[p_GL(1+r)+(1-p_G)(-L)]+(1-\lambda)\\&\quad[p_BL(1+r)+(1-p_B)(-L)]\\&=\lambda L(2+r)(p_G-p_B)+p_BL(2+r)-L\end{aligned}\tag{2.12}$$

农村金融机构投资无风险项目的收益是 $L(1+r_0)$，农村金融机构只有在提供贷款得到的收益大于 $L(1+r_0)$ 时才愿意向农村经济组织发放贷款，即

$$\lambda L(2+r)(p_G-p_B)+p_BL(2+r)-L>L(1+r_0)\tag{2.13}$$

由式（2.13）可得到：$\lambda>\dfrac{2+r_0-(2+r)p_B}{(p_G-p_B)(2+r)}$ $\tag{2.14}$

由式（2.13）可知，只有当 λ 增大到一定程度时式（2.14）才能成立。也就是说，在农村信贷市场上，只有当风险低的 G 类项目所占的比例达到一定程度时，农村金融机构的预期收益才会超过它的保留效用，这时农村金融机构才会愿意提供贷款。

在发放贷款时，农村金融机构因不能分辨出贷款项目的类型只能制定单一的利率水平，假如农村金融机构开始制定一个比较低的利率 r'，且 $r'<r_G$。由于农村金融机构制定的贷款利率低于两种类型项目的最高可接受利率，两种类型项目都会申请贷款，这时的农村金融机构并不会达到它的最大收益，农村金融机构会通过提高贷款利率增加收益。在信贷市场中现有两种项目的情况下，农村金融机构只有将利率提高到 r_G、r_B 之间的一个值 r'' 时才会达到它的收益最大。但由于 G 类项目的最高可接受利率小于

贷款利率 r''，G 类项目就会退出信贷市场。这样申请贷款的就只剩下 B 类项目了，信贷市场上的逆向选择就出现了。

（3）引入贷款抵押物后的信贷市场逆向选择分析。假设农村经济组织在申请贷款时必须提供抵押物（抵押物价值为 C），农村金融机构会在农户或乡镇企业无力偿还贷款时处置抵押物。在有抵押物的情况下，农村金融机构的期望收益函数如下：

$$EU(r) = \lambda \left[p_G L(1+r) + (1-p_G)(-L+C) \right] + (1-\lambda)$$
$$\left[p_B L(1+r) + (1-p_B)(-L+C) \right]$$

G 类项目期望收益：$EV_G = p_G \left[R_G - L(1+r) \right] + (1-p_G) \left[-L(1+r) - C \right]$

B 类项目期望收益：$EV_B = p_B \left[R_B - L(1+r) \right] + (1-p_B) \left[-L(1+r) - C \right]$

接下来可以分别求出 G 类项目和 B 类项目的最高可接受利率，它们由下式决定：

$$p_G \left[R_G - L(1+r'_G) \right] + (1-p_G) \left[-L(1+r'_G) - C \right] = U_0$$
$$p_B \left[R_B - L(1+r'_B) \right] + (1-p_B) \left[-L(1+r'_B) - C \right] = U_0$$

求得结果为

$$r'_G = \frac{(R_G p_G - (1-p_G)C - U_0 - L)}{L} \qquad r'_B = \frac{(R_B p_B - (1-p_B)C - U_0 - L)}{L}$$

显然，$r'_G < r_G$，$r'_B < r_B$。可见两类投资项目在有抵押物的情况下，最高可接受利率都有所下降，进而说明逆向选择问题有所缓解。

当 $r'_G = r'_B$ 时，$\dfrac{(R_G p_G - (1-p_G)C - U_0 - L)}{L} = \dfrac{(R_B p_B - (1-p_B)C - U_0 - L)}{L}$

求出 $C' = \dfrac{(r_B p_B - r_G p_G)}{p_G - p_B}$，当抵押物价值达到 C' 或更大时，农村信贷市场的逆向选择现象则会消失。

（二）农村信贷市场的道德风险

所有不对称信息问题都可以被纳入到委托—代理分析框架之中进行分析，其中不掌握私人信息的一方被称为委托人，掌握私人信息的一方是代理人。委托—代理理论可以用来研究事后信息不对称所导致的道德风险问题。委托代理人从事某项工作，由于委托人无法直接观察代理人的行动，代理人在受雇后可能会选择不利于委托人的行动。接下来将委托—代理模型应用到农村金融风险的研究中。在此模型中，农村金融机构并不清楚农户在拿到贷款后是否会真的用于事先约定的项目、是否会努力工作、努力促成项目的成功，从而到期可以偿还金融机构的贷款，而这些都是农户的私人信息，金融机构并不掌握这些私人信息；农户在拿到贷款后，只有他自己清楚如何使用贷款，他是会真的用于约定的项目还是会挪作他用、不打算归还贷款，这是农户的私人信息。在这里，委托人是农村的金融机构，代理人就是获得了贷款的农户。但代理人行动的无法观察只是导致道德风险问题存在的一个必要而非充分条件。可以想象，如果委托人想要代理人做的，也正是代理人自己希望去做的，那么即使代理人的行动不可观察，委托人也不用担心。只有当委托人与代理人的目标不一致时，委托人才会因为代理人行动的不可观察而担忧。在农村金融市场上，如果农户就是按照之前与农村金融机构签订的协议去行动，努力工作，则农村金融机构所面临的信贷风险就会较小；而如果农户在拿到贷款后改变主意，用于其他生活需要或投入更高风险的项目，而由于监督成本太高，农村金融机构没法知道，这样农村金融机构就面临着较大的信贷违约风险。在银行将贷款交给农户时，如果农户的活动不能被银行有效的观察，那么道德风险问题就会产生。

在以前章节中讨论了信息不对称而导致的逆向选择问题及其解决机制。逆向选择问题是合同订立前由于信息不对称而导致的问题。还有一类信息不对称问题属于"事后"信息不对称问题，即在合同订立之后也可能发生由于信息不对称而导致的问题，把这一类信息不对称问题称为道德风险。道德风险所针对的是代理人行动的不可观察，如农户拿到贷款后违背银行意愿，从事高风险的项目，不再付出努力等情况。

道德风险又分为事前道德风险和事后道德风险两大类。事前道德风险主要是指，在贷款发放到实际投资发生的这段时期中，借款人的行为可能对实际的项目收益产生影响。假定借款人获得贷款后可以选择努力工作并获得确定的收益 R，如果借款人不努力工作将只有成功概率为 $p < 1$ 的收益 R，c 为借款人努力工作的成本，放贷人可以接受的利率为 i，$i > k$，k 为放贷人的成本。借款人的期望收益为：努力工作时为 $(R - i) - c$，不努力工作时为 $p(R - i)$，借款人选择努力工作只能在 $(R - i) - c > p(R - i)$，此时的利率为：$i < R - [c/1 - p]$，即如果利率高于 $R - [c/1 - p]$，借款人将不再努力工作，项目成功的概率变小，借款人违约的可能性变大。如果放款人（农村金融机构）想降低风险，那么他就要选择降低利率，因为金融机构无法监控借款人努力工作，这与分析逆向选择的时候，金融结构提高利率会加大其的风险、收益可能会降低的结论是一致的。

事后道德风险通常又被称为"执行问题"，其发生在实际投资发生之后，即放贷人（农村金融机构）在向项目投资者（借款人）提供贷款后，面临项目投资者不偿还的道德风险。我们假设借款人为获得贷款需提供抵

押品 C，借款人瞒报投资收益的行为，被发现的概率为 ε。现在我们来分析借款人的选择，如果选择还款，借款人的预期收益为 $R-i+C$；而不还款的预期收益为 $(1-\varepsilon)(R+c)+\varepsilon R$[①]，因此只有满足以下条件时，借款人才会选择还款：$R-i+C>(1-\varepsilon)(R+c)+\varepsilon R$。

整理可得：$i<\varepsilon C$，即金融机构所收取利息的高低取决于其对借款人的监控能力和借款人抵押品的价值高低：收取利息越高，金融机构面临的风险越大；反之，则有助于金融机构控制风险。如果在无抵押品的情况下或是金融机构对借款人的监控能力为零的情况下，借款行为将不能发生。

（三）消除和缓解农村金融失灵的市场约束机制

1. 农户的信誉对农户的隐性激励

农村金融市场上存在的一个突出问题就是信息不对称，借贷双方的信息不对称直接导致了信贷市场的逆向选择和道德风险并影响金融资源的优化配置，从而增加了农村贷款机构贷款供给损失的可能。由信息不对称所导致的道德风险与逆向选择也是农村金融供给不足的重要原因。农村金融市场上逆向选择的解决办法是建立有效的信号发送机制，如可靠的担保与抵押物等；道德风险的防范则靠同伴监督、隐性激励、有效奖惩等方法来解决。这为研究农村金融供给创新机制提供了一个很好的思路。另外，大部分农村经济组织具有较强的机会主义行为动机，农村经济组织为追求高额投资回报往往更加青睐于高风险项目的投资，这样一旦高风险项目成功就会取得十分高的收益率。因此在信贷和投资过程中，农村经济组织呈现出极强的机会主义行为，这种机会主义行为具有显著的扩散效应。

根据前文的分析，防范农户道德风险问题的机制可以通过农村金融市场约束农户行为。其中，很重要的内容之一就是农户的信誉对农户的隐性激励。农户的能力和行为是其私人信息，所有的农村金融机构都可以通过可被观察的农户的经营业绩和还款率来不断更新对农户能力的判断。于是，农户凭借良好的信誉就能够在今后获得优惠的报酬（更宽松的贷款条件等），而失信于农村金融机构的记录则会给农户在以后的贷款获得上带来十分不利的影响。因此，考虑到这种来自于市场的隐性激励，农户的行为也就会更加符合金融机构的要求。农村金融机构可根据不同的客户提供不同的贷款合同，合同中标明的贷款条件也会有所不同。对于资信好且能

---

① 借款人不还款的预期收益，第一项 $(1-\varepsilon)(R+c)$ 指借款人欺骗成功的收益，既获得投资收益，又保全了抵押品，其成功的概率为 $1-\varepsilon$。这两项则为其欺骗失败后的收益，借款人能保全投资收益，但抵押品 C 被金融机构没收。

够按时按量还款的客户，农村金融机构提供贷款合同的条件就会相对的宽松一些；而对于资信较差的客户，农村金融机构提供的贷款合同贷款条件会较为苛刻一些。对于较为宽松的贷款合同，客户可能会得到更优惠的贷款利率、更灵活的还款方式、更多的信用额度以及被要求更少的抵押品，这些都可以看作是农村金融机构对努力程度高、资信水平好的客户的一种奖赏。

在农村信贷市场上，农村金融机构会将对农户的奖赏与农户的努力程度相挂钩。尽管农村金融机构不能够直接观察到农户的行为，但能够观察到农户的经营成果。只要农户的经营成果能够部分的取决于农户的努力程度和贷款投向，那么将对农户的奖赏与农户的经营成果相挂钩就可能使得农户的行为符合农村金融机构的利益。在实际中，这类机制可能是给予农户更优惠的利率、要求更少的抵押品、提供更多的信贷额度等方面。除了对于努力的奖励外，对不努力进行惩罚也能够起到相同的作用。例如，农村金融机构可以花费一定的监督成本加强对农户的监督，强化监督能够在一定程度上观察农户的投入（努力程度）。农户一旦被发现有偷懒或者偏离之前约定的行为，则可能受到惩罚甚至会被终止贷款；另外，设计不同的信贷合约有助于提高信贷均衡的效率，信贷合约设计的目的是通过适当的制度和合约设计避免无效的均衡、实现有效的均衡。垄断条件下农村信贷市场上的信息不对称使得农村信用社难以对所有借款人设计相同的信贷合约以实现信贷均衡。农村经济组织融资成本高和融资难已成为制约农村经济发展的"瓶颈"。消除信贷市场上借贷双方之间的信息不对称有助于消除信贷合约的分类均衡和提高融资效率。

2. 同伴监督可以缓解农户的道德风险问题

同伴监督机制：要求与借款人居住在同一村镇的其他人监督借款人行为，如果借款人破产则监督人需要支付一定罚金的一种机制。因为负责监督的同伴与借款人住在同一个村庄，他们组成小组，这些小组由若干的组员组成，这些组员要一起为偿还贷款而负责。若小组中任何成员不遵守银行的规定，该农村金融机构就会剥夺小组其他成员贷款的机会。事实上，同伴监督是有成本的，借款小组这种形式是人为地在小组成员之间制造了相互依赖的关系导致他们各自承担了更多的风险。

高风险项目会给借款人带来额外的风险，同时也会给借款人带来较高的回报作为补偿，而发放贷款的农村金融机构没有这样的补偿。高风险项目成功的概率更低，因此，农村金融机构获得偿还的概率也更低。如果农村金融机构能够直接控制借款人的行为，它就会具体规定借款人投资较为安全的项目。但借贷双方信息的不对称制约了农村金融机构对借款人冒险行为的约束。所以，农村金融机构就需要通过控制借款合同的条款以诱导借款人实施安全的项目。

同伴监督合同的模式设计：假设每一个借款农户都有另一个借款农户为小组成员，他们各自项目的成功与否是相互独立的，两个农户可以相互监督。农村金融机构希望他们各自报告同组借款成员是否实施了高风险的项目。农村金融机构要创造一种条件，使得每个借款农户监督同伴并报告同伴的任何欺骗行为是对自己有利的。农村金融机构提供的借贷合同约定：如果联合签署的贷款被违约时则其他没有违约的组员要支付相应罚金。联合签署小组成员的贷款合同会使农户承担额外的风险。如果两个借款人都成功了，他们的收入和效用会更高，但是如果其中一个成功另一借款人失败了，则成功的农户的收入和效用会更低。

同伴监督合同的模式设计成功的关键是联合小组成员必须要有动力监督其他成员的行为。因为借款小组是合作型的，某个借款成员比其他成员更倾向于违约他就会相当于获得了补贴；当借款小组成员都一样时则没有补贴。所以，风险相似的农户有很大的动力去组成小组，即当农户意识到他们组成小组后的共同利益时，同类型（相同风险类型）的农户会自动组合在一起。另外，违约风险高的人愿意加入违约风险低的小组当中。农户在贷款的事后监督方面、在借贷信息方面均比正式的信贷机构有明显优势，因此同伴监督机制会增强农村信贷市场的有效性。同伴监督合同的模式也不是完美的，同样存在局限性：如在中国的农村金融市场上，对村庄以外的放贷方很难对借贷行为实施监督。另外，借款小组成员也可能一起决定将贷款资金投资于安全项目还是高风险项目，而且如果他们实施了高风险项目则可能达成一致且不向农村金融机构报告。

3. 联保贷款制度与道德风险问题

联保贷款是农村经济组织（主要指农户）在向金融机构借款时，借款人相互提供担保的一种借款方式，联保贷款能够有效地降低农村借贷活动的信息不对称程度。虽然正规农村金融机构不能很好地掌握农户的信用情况和资金使用的风险情况，但是邻里之间的长期朝夕相处，使得信用状况不好或者资金使用风险很大的农户难以找到联合担保人。这样联保贷款便可以甄别贷款群体，有效地排除高风险的借款者。当然也可能出现多个农户联合起来欺骗金融机构的行为，但总的来说这种现象是极少数，所以联保贷款就大大地降低了高风险借款者的比例；联保贷款实质上起到一种变相抵押效果，部分弥补农户抵押品不足的问题。从博弈论的角度来讲，逆向选择是信息不对称及既定博弈规则安排下金融机构做出的最佳选择，缓解信贷市场逆向选择的方法除改进博弈规则以外还包括抵押担保等制度创新。因此，推行联保贷款制度与完善的农村抵押市场有助于解决农户的道德风险问题，可以缓解或消除农村信贷市场逆向选择问题。目前，农村借款人借款时，农村金融机构可接受的抵押品种类较为有限、抵押手续烦琐、费用高、抵押品处理难度大。所以，通过提高抵押办理效率和抵押物品处理的司法效率，以及降低经济组织在申请贷款时的各项非利息成本费用有助于缓解农村信贷市场逆向选择和道德风险问题。

三、分割性的农村经济环境对农村信贷市场的影响

发展中国家尤其是二元经济特征较为明显的国家，其经济结构具有割裂特征，即大量的经济主体彼此隔绝。不同经济主体面临的生产要素及产品价格各不相同、技术条件差异较大、资产报酬率不等，而且缺乏有效的市场机制使之趋于一致。上述各种类型的不完全市场在农村经济生活中更为普遍，包括不同地区的农村金融领域及不同的金融部门：当不同的农村金融部门面临分割的金融市场状态时，每个金融机构和金融部门每一单位货币资本所面临的借贷信息成本、投资机会以及交易费用都是不相同的，因此作为农村信贷市场价格的借贷利率水平也不同。

在现代化农业背景下，当农村分割经济面临投资的不可分割性时，处于低效率状态的简单生产就难以获得外部融资。内部积累如果无法满足经济体较大规模的投资需要时，农村经济就会出现一定程度上的低效率均衡状态，无法实现融资的经济体经常会陷入一种较低水平的均衡陷阱。除了一少部分较高收入的群体以外，农村创业性经济活动及农业技术创新将因此受到一定的限制，即消费约束和有限的资金将生产者封闭在较低级农业技术活动之中。

为了将上述观点模型化以用于解释农村信用和农村信贷市场，假定农村借款人面临不同的投资机会：（1）简单农业生产 I_1；（2）扩大的农业再生产 I_2；（3）规模化或者专业化的生产投资 I_3。简单农业生产的含义是指维系已有基本的农业生产规模、质量和生产方法从事的农业生产活动，由于这些生产活动已为大众所熟悉并被普遍采用，因而基于最初始的资本量和原有的生产技术就可以实现，不需要额外的资本（包括土地和人力资本）投入就可以重复进行。当然，这种生产不具有比较优势，也难以获得超越一般简单农业生产的平均收益率。扩大的农业再生产是指通过逐渐扩大原有生产规模或者采用改进技术所从事的农业生产，这种生产的预期收

益率高于简单农业生产的收益率（否则农村借款人不会选择扩大生产或者改进技术），因此也需要较大规模的资本投入（包括土地、人力资本等）以支持这种农业生产活动。规模化或者专业化的生产投资是指传统农户已经从较低的资本（包括土地、人力资本）拥有量的约束中解脱出来，能够根据资本边际收益分布状况安排生产和经营，并在任何边际成本低于边际收益的条件下扩大生产规模以实现规模化的生产经营活动。因此，该类投资具有明显高于前两种投资机会的边际收益率和平均收益率，但同时需要巨大的原始资本投入量。

据上述基本设定，农村借款人面临的三个投资机会 I_1、I_2 和 I_3 的投资平均收益率递增（$R_1 < R_2 < R_3$），但所需要的资本投入量也是递增的（见图 2-1），I_1 所需的资本量不超过 OA，I_2 所需的资本量至少大于 OA，I_3 所需的资本量至少大于 OB。给定投资的不可分割性，资本拥有量小于 OA 的农村借款人将只能从事简单农业生产 I_1，资本拥有量大于 OA 但低于 OB 的农村借款人将有机会进行扩大的农业在生产 I_2，但无法从事规模化或者专业化的生产投资 I_3。由此可见，随着农村借款人资本拥有量的上升，其资本边际收益曲线呈现出"先递减、后递增并在临界点 B 处发生断裂后再次递减"的基本特征；如图 2-1 所示，资本拥有量低于 OA 的农村借款人，在 OA 范围内，拥有资本量的小量增加不足以形成对 I_2 的投资，因而生产行为只能在原有的 I_1 性质内简单重复，资本的边际报酬必然递减；随着农村借款人的资本拥有量大于 OA（仍小于 OB），在 AB 范围内农村借款人可以从事的农业生产，由于 I_2 型农业生产被假定为 I_1 基础上更为有利可图的投资机会，资本边际报酬于是出现递增（好的技术在更高的利润刺激下不断被采用，任何在边际意义上可以实现更高收益的扩大再生产也将不断进行）；投资行为质变发生在 B 处，一旦农村借款人的资本拥有量超过了 OB，农村借款人将利用该笔无法分割的资本从事规模化生产或者专业化投资 I_3，由于 I_3 代表着符合现代生产规律、摆脱了传统农业生产束缚、较高收益水平的投资机会。因此，资本拥有量超过 OB 的农村借款人面临明显上升的边际收益曲线（边际收益曲线 MR 分为 MR_1 和 MR_2 两个部分，在临界点 B 处发生断裂）。由于 MR_2 代表着完全不同于 MR_1 的高级生产方式，因此，MR_2 拥有远远高于 MR_1 的平均收益水平（$R_3 > R_2 > R_1$），并在更高的平均和边际收益水平上呈现出递减特征（符合一般现代生产的边际报酬递减规律）。

根据上述分析，农村投资不可分割性所导致的具有断裂特征的资本边际报酬曲线可以进一步解释农户的"贫困陷阱"是如何产生、维持或者突破的。一般来说，正常的农村商业性信贷市场存在一个最低的平均资本边际回报率（假定为 R_2），即任何低于该回报率（R_2）的投资项目将无法从农村信贷市场获得常规性的商业贷款和信贷资金。在图 2-1 中，整条资本边际收益曲线的 MR_1 部分均位于 R_2 下方，这意味着该区域（即横轴上整个 OB 以左的区域）的农村借款人无法得到外部常规的商业性融资。尤其是在 U 形 MR_1 曲线的左半部分（即 MR_1 递减的部分），资本存量的小幅增加只能够促成简单的重复再生产，而难以带来边际收益率的上升。因此，R_2R_1CE 所代表的区域实际上定义了农户面临的"贫困陷阱"：由于资本存量和可资获得的资本增量都严重不足，农户被迫自我束缚在简单和重复的低级生产状态中（即只能从事 I_1 类型农业生产）而面临递减的边际收益曲线，农村借款人即使获得了少量生产盈余，也会将其其"转移"出生产领域（比如存款、消费等）而不会用于低效的重复生产——只要可资获得的资本量低于 OA 水平，这种低水平的均衡状态将一直持续下去。

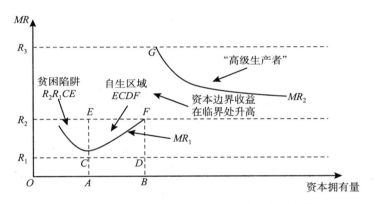

图 2-1　不可分割的投资和断裂的资本收益曲线

　　在 U 形 MR_1 曲线的右半部分（即 MR_1 递增的部分）的经济含义是：资本存量的逐渐增加会使不断利用新技术提高生产效率成为可能，面临上升的边际收益曲线，一些积累了一定资本存量的农村借款人可以利用各种形式的借贷以及实现的盈余积累进行 I_2 项目的投资，从而逐渐摆脱 R_2R_1CE 所代表的"贫困陷阱"区域。但是，虽然在 $ECDF$ 区域，资本存量的扩大和收益的提高同时成为可能，但此时的边际收益依然低于 R_2，这意味着该区域的农户依然无法通过常规的商业信贷市场实现融资，大量的融资途径主要建立在盈余积累、民间借贷（包括亲朋借贷、高利贷等）和非商业性贷款（如政策性的国家农贷）基础上。因此，可以将此区域称为农户的"自生区域"：当资本拥有量超过 OA 时，边际报酬递增的资本收益曲线将激励农户逐渐摆脱低水平均衡的贫困陷阱，实现自我发展。随着上述自我积累和资本可获得量的不断发展，某些农户可能突破 B 处的资本"瓶颈"束缚，最终发展成为按资本报酬规律生产的高级生产者（即从事 I_3 性质的生产）。不仅如此，一旦农村借款人成为 I_3 的投资者，其边际和平均的收益水平将一直维持在 R_2 之上，这意味着，在 R_3 所代表的生产区域内，常规的商业信贷也将自动进入，低收益、低资本存量的低水平均衡将不复存在，农村借款人将彻底摆脱"贫困陷阱"。分割经济与投资的不可分割性导致农村信贷市场只能是"贫困陷阱"下的低效率均衡。

第三章 政府介入农村金融的理论分析

第一节 农村金融的外部性：外部性与拓荒成本

20 世纪 80 年代以前的传统农村金融理论认为，由于农业的产业特性和收入的不确定性、投资的长期性、低收益性等，农业不可能成为以利润为目标的商业银行的融资对象。为此，有必要从农村外部注入政策性资金，并建立非营利性的专门金融机构来进行资金分配，以增加农业生产投入和缓解农村贫困。为缩小农业与其他产业之间的收入差距，对农业的融资利率必须较其他产业的利率要低。同时，考虑到非正规金融使得农户更加贫困并阻碍了农业生产的发展，为促使高利贷消亡，需要通过银行在农村的分支机构和信用合作组织，为农村注入大量低利的政策性资金。根据这一理论，发展中国家广泛实行相应的农村金融政策，扩大了向农村部门的融资、促进了农业生产增长。但由于储蓄动员不力，过分依赖外部资金、资金回收率低下、偏好向中上层融资等方面的问题十分严重，许多国家同时也陷入严重的困境。总体来看，单纯地从这一理论出发，很难构建一个有效率、自立的农村金融体系。

斯蒂格利茨（1996）首先研究认为外部性问题对发展金融中介的阻碍作用。作为公共产品的信息存在明显的外部性特征，这大大影响了竞争在农村金融市场发展初期的作用。激励金融机构积极拓展金融服务需要有某种程度的准入限制或有租金存在。对于农村金融机构而言，由于农村金融市场发育初期存在巨大的外部性问题。因此，农村金融市场可能长期陷于某种锁定状态而无法有效启动：在对大部分借款人风险状况、借款投向和收益、抵押担保等信息不甚清楚的情况下，金融机构在进行信贷投放之前，需要对客户进行筛选并提供额外的金融教育服务（如对客户进行金融制度和规则的培训、开发新型贷款产品等），这就是所谓的拓荒过程。只有当拓荒成功后，金融服务的边界才能得到有效的扩展，但此时先行拓荒的金融机构会发现，随着竞争者的自由加入，它们前期拓荒的成本支出成为"沉没成本"，即后来的竞争者可以在不支出任何成本的情况下免费获得拓荒成功带来的正外部性效应。因此，拓荒者的成本和收益很难内部化。一旦后进的竞争者可以无成本地使用拓荒者花费巨大时间和物质成本获取的客户信息时，金融机构先期进入尚待开发的农村金融市场并主动进行拓荒的激励就会大大降低。休姆和莫斯利（1996）通过对印度尼西亚、玻利维亚、肯尼亚、斯里兰卡等国的调查研究发现，私人部门确实很不愿意拓宽金融服务的边界，因为这需要对涉及借款人信息的各方面进行前期投资。

农村金融外部性效应的存在以及拓荒过程本身无法通过市场化运作使得发育初期的农村金融市场成为金融机构不愿涉足的领域。对此，亨德森（1995）认为，在农村金融市场的早期发展阶段，垄断和高利率的商业化运作方式无法真正解决农村金融市场的问题，可行的替代方案是政府主动介入农村金融活动并提供适当的财政补贴。在外部性极强的农村金融市场中，财政补贴具有两个基本作用：一是对参与拓荒的金融机构和私人金融组织给予风险和成本补偿以增加对其主动拓荒的激励；二是使贷款利率维持在农业收益率可以承受的水平上，真正发挥贷款对农业生产促进功能并减少高利率机制带来的农村信贷市场逆向选择和道德风险问题。

总体而言，在外部性和公共品存在的情况下，市场上存在不能由私人交易获取的潜在利益。当农村金融机构无法使其业务成本与收益内在化时，就会出现农村金融市场的失效。格林沃尔德和斯蒂格利茨（1986）认为，政府和私人部门同样面临农村信贷市场信息不足的问题，但政府能够采取措施来增加其福利，因为政府部门能够内在化其社会成本和收益。没有充分的信息农村金融市场就无法有效运行，所以与信息有关的外部性和激励问题（如道德风险等）自然导致农村金融市场失灵甚至失败。正如贝斯利（1994）所指出的，"如果每个人都在等待别人先去尝试某项活动，那么这种行为就是无效的。一些农业技术推广缓慢，主要就是因为人们都不愿做第一个尝试者。因此，政府这时的干预措施显然应该是给勇于创新者以补贴。像孟加拉乡村银行这样的制度创新试验应该成为政府优先补贴的对象，但这种观点只是支持对新生事物的补贴，随着它们的发展，应逐步取消补贴。"

第二节　基于农村金融市场的政府干预

　　20 世纪 80 年代以后，农村金融市场理论逐渐替代了农业信贷补贴论。农村金融市场理论完全依赖市场机制，极力反对政策性金融对市场的扭曲。农村金融市场论是在对农业信贷补贴论的批判基础上产生的，该理论强调市场机制的作用，其主要理论前提与农业信贷补贴论完全相反：首先，农村居民以及贫困阶层是有储蓄能力的，没有必要从外部向农村注入资金；其次，低息政策妨碍人们向金融机构存款并抑制了农村金融发展；再其次，农村金融机构运作资金的外部依存度过高是导致贷款回收率降低的重要因素；最后，由于农村资金拥有较高的机会成本，农村非正规金融索取高利率是理所当然的。农村金融的改革是十分重要的，农村内部的金融中介在农村金融中发挥重要作用的关键是积极动员储蓄；为实现储蓄动员、平衡资金供求状态，农村借贷利率必须由农村金融市场来决定；农村金融成功与否应根据金融机构的成果与经营的自立性和持续性来判断；没有必要实行为特定利益集团服务的目标贷款制度；农村非正规金融具有存在的合理性，不仅不应无理取消而且应当将农村正规金融市场与农村非正规金融市场结合起来。

　　20 世纪 90 年代后，人们认识到培育有效率的农村金融市场仍需要一些社会性的、制度性的、非市场的要素去支持其发展，其中合理的政府干预对于稳定农村金融市场非常重要。另外，关于农村金融的理论也发生了一些新的变化，理论学者认识到要培育稳定的有效率的金融市场和减少金融风险，仍需必要、合理的政府干预。不完全竞争市场论为这种认识提供了一定的理论支持。其基本框架是：发展中国家的金融市场不是一个完全竞争的市场，尤其是放款一方（金融机构）对于借款人的情况根本无法充分掌握（不完全信息），如果完全依靠市场机制就可能无法培育出一个社会所需的金融市场。为此，有必要采取诸如政府适当介入金融市场以及借款人的组织化等非市场措施。其主要政策建议有：一是金融市场发展的前提条件是低通胀率等宏观经济稳定；二是在金融市场发育到一定程度之前，更应当注意将实际存款利率保持在正数范围内、并同时抑制存贷款利率的增长，而非是实现利率自由化。若因此而产生信用分配和过度信用需求问题，可由政府在不损害金融机构储蓄动员动机的同时从外部供给资金；三是在不损害金融机构最基本利润的范围内，政策性金融面向特定部门的低息融资是有效的；四是政府应鼓励并利用借款人联保小组以及组织借款人互助合作形式以避免农村金融市场存在的不完全信息所导致的贷款回收率低下的问题；五是利用担保融资、使用权担保以及互助储金会等办法是有效的，以改善信息的非对称性；六是融资与实物买卖（肥料、作物等）相结合的方法是有效的，以确保贷款的回收；七是为促进金融机构的发展，应给予其一定的特殊政策，如限制新参与者等保护措施；八是非正规金融市场一般效率较低，可以依靠通过政府的适当介入来加以改善。

一、农村信贷配给及政府干预

信贷配给是信贷市场上存在的一种典型现象，它包括两种情况：一种情况是，在所有贷款申请人中只有一部分人得到贷款，另一部分申请人即使愿意支付更高的利息也不能得到贷款；另一种情况是，给定申请人的借款要求只能被部分地满足（例如，100万元的贷款申请只能贷到50万元）。

对信贷配给的研究最早可追溯到亚当·斯密（1776）的《国富论》，他在论述高利贷的最高数额时曾扼要地探讨过信贷配给："法定利息率若低于最低市场利息率，其结果将无异于全然禁止放贷取利的结果。如果所取得的报酬少于货币使用之所值，则债权人便不肯借钱出去，所以债务人要为债权人冒险接受货币使用之全值而支付一笔费用。"虽然他没使用"信贷配给"一词，但说明了利率受到抑制时信贷的非价格配置。1930年凯恩斯在其《货币论》中已经指出信贷配给现象的存在，但没能给予充分的解释。在20世纪50年代，卢萨等人提出了信用可获性理论，强调信贷配给现象是某些制度上的制约所导致的长期非均衡现象；霍奇曼（Hodgman，1960）最早研究了信贷配给的微观基础，在《信贷风险和信贷配给》中解释了信贷额配给的存在原因：商业银行面对一群收入概率分布固定的借款者时，由于存在借款者项目失败而不能还款的信用风险，银行会预期到违约损失。银行的预期损失是贷款规模的增函数，即信贷额越大、预期违约损失也越大，银行为了控制信用风险就对借款人实行一定数量的贷款配额；贾菲（Jaffee，1976）和鲁塞尔（Russlle）通过构建模型证明了不完全信息和不确定性会导致借贷市场的配给：单合约均衡（对所有借款者的贷款条件都相同时的均衡）条件下会有信贷配给产生；斯蒂格利茨（Stiglitz，1981）和韦斯（Weiss）以贾菲和鲁塞尔的理论为基础，进一步研究发现逆向选择效应和逆向激励效应是信贷配给产生的两个基本原因。

巴尔滕施佩格（1974，1978）将信贷配给分为广义和狭义两类，前者为均衡信贷配给，是由非对称信息造成的以调整利率方式进行；后者为动态信贷配给，它是由非价格因素产生的，其认为非利率条件与利率都是决定贷款价格的因素。从此，新凯恩斯经济学家从隐性合同与不对称信息方面对信贷配给进行了分析，发展了凯恩斯非市场出清假说。隐性合同理论研究的是不同的局限条件下如何以彼此默契的复杂合同的方式来实现劳动市场的均衡，以解决当事人之间分享投资的价值与效用的不确定性问题。弗雷德和豪伊特（1980）认为，银企在不完全信息条件下签订隐性合同，不仅降低风险，而且可从涉及不确定的未来交易量、交易价格的隐性合约关系中获得利益好处。加尔（1985）认为最优贷款合约是附带破产条件的标准债务合约，对客户贷款数量实行信贷配给。信息经济学的发展使得经济学家贾菲尔和鲁塞尔（1976）、基顿（1979）、斯蒂格利茨和韦斯（1981）、伯斯特（1985）等人将不完全信息和合约理论运用到信贷市场中，打破新古典假设，建立逆向选择模型（又称隐藏信息模型）与道德风险模型（又称隐藏行动模型），提出信贷配给的主要原因是金融市场信息不对称和代理成本的存在，认为银行从利润最大化出发，在不完全信息条件下通过非价格手段对利率的自行控制以实现银企之间的激励相容，来消除作为信贷风险根源的逆向选择和道德风险，优化信贷资产配置效率，从而将信贷配给理论发展、模型与实证研究信贷配给理论推向一个新的高度，逐步形成了目前最为流行的信贷配给理论。尤其是威廉姆森（1986，1987）从事后信息不对称的角度进一步拓展了信贷配给理论，提出了信贷分配和金融崩溃理论，认为即使不存在逆向选择和道德风险，只要存在信息不对称和监督成本，就会产生信贷配给。斯蒂芬·威廉姆森（Stephen，D. Williamson）的研究结论是，即便不存在逆向选择和道德风险，如果贷款人监控借款人要支付较高成本的话，信贷配给现象也会出现，他的模型和结论基于事后贷款成本的存在所引起的非对称信息。

在斯蒂格利茨（Stiglitz）和韦斯（Weiss）之前，信贷配给被解释为一种市场外生因素作用下的暂时非均衡。在信贷配给状况下，贷款利率是银行优化决策的变量，信贷市场非出清并不是以价格刚性为前提的，它是利率充分调整后的结果；斯蒂格利茨和韦斯则认为，信息不对称约束下的信贷市场必然存在借款行为人的逆向选择和道德风险，贷款人对利益和风险的均衡选择导致了信贷配给。

莫尔主要分析了在竞争性市场和垄断性市场上信贷配给的差别；韦伯（1999，2000）从企业家隐藏质量类型和隐藏行动等方面论证了信贷配给。阿德利（1999）还认为低质量项目的借款人比高质量项目的借款人的信贷条件要差，容易受到信贷配给。赫尔曼和斯蒂格利茨（2000）探讨了信贷配给与股票市场上的权益配给是可以单独存在的也是可以共存的。也有学者认为，即使在信息对称的条件下，只要破产成本不为零，信贷配给也可能会产生。

由于农村金融信息不对称和合约实施高成本导致道德风险及逆向选择，进而引起农村市场失灵。利率水平影响金融资产组合的风险组成，纳入对风险因素的考量后，面临过度信贷需求的贷款人可能采取信贷配给策略而不是依靠提高利率。如此一来，在信息不对称的情况下，即使不存在利率限制，信贷配给也能作为市场均衡状态出现。在存在信贷配给的信贷市场均衡状态下，政府应从社会福利最大化出发，利用信贷补贴、担保等手段干预信贷市场以消除或缓解农村信贷配给；另外，罗伯特·伦辛克（2002）将实物期权理论运用到信贷市场分析中，认为金融制度创新借款者可以通过选择投资时间来实现利润最大化、避免出现信贷配给；伯斯特（Bester，1985）认为通过不同贷款利率和抵押品数量的组合条款，银行可以诱使企业根据项目风险来进行自我选择，低风险企业比高风险企业更愿意提供较多数量的抵押品来换取较低的贷款利率，从而把两类不同风险水平的企业分开进而消除信贷配给现象。

二、中国农村金融市场结构的"双重不平衡"与政府干预

中国农村金融市场内在结构的"双重不平衡"主要表现在两个方面：一是宏观上的区域不平衡性。在中国广大的农村地区，有的农村地区发展较快甚至已经接近城市化水平，其产业结构也已经脱离传统的小农生产范畴，随着生产水平的提高和经济效益的提升，对金融资源的吸引力显著提升；有的农村地区则发展滞后并长期陷于落后状态，由于传统生产方式的低效率和低效益，这些区域不仅对外来金融资源缺乏吸引力，而且还出现了大量金融资源外流的现象。二是微观上存在不同的金融需求主体。在经济较为落后的农村地区，也存在相对的高收入群体和低收入群体、先进生产方式和落后生产方式的差别，这些差别明显决定了两类显著不同的金融需求群体。

建立在不同金融需求群体基础之上的金融供给的性质和方式也必然有所不同。具体来说，中国农村金融市场内在结构的不平衡实际上定义了两类不同性质的金融合约，即商业性合约和非商业性合约。在较高经济发展水平和自我持续能力环境中，商业性合约可以在市场的自发调节下完成金融资源的有效配给，而非商业性合约因为无法满足商业性金融合约的"风

险—收益"匹配关系而无法通过市场自动完成缔约关系。所以，针对较高发展水平的农村地区和农村中的高收入群体，商业化运作的金融机构可以自发地成为商业性金融合约供给者；面对较低发展水平的农村地区和农村中的低收入群体，则需要发展政府主导的金融机构来提供具有扶贫和开发功能的非商业性合同，并成为非商业性金融合约的供给者。

如果从宏观角度来看，非商业性金融合约实际上属于政策性金融的范畴，因而具有部分公共物品的性质。考虑到中国长期经济发展的宏观风险之一是转型过程中二元结构下的非持续性问题，为了保持国家对转型风险的控制力，通过政府的力量纠正农村金融中不平衡现象所带来的富者愈富、穷者愈穷的"马太效应"就成了一个重要、现实而紧迫的课题。因此，政府介入落后农村地区和低收入群体的非商业金融领域就具有合理性。同时，政府介入此类金融合约供给的收益还不能简单按照市场化的逻辑进行评判，因为除了经济成本的衡量之外，诸如控制转型风险、促进均衡发展、维持社会稳定等因素也是内含于政府效用函数之中的，甚至在一定条件下占有比当期经济社会效益更大的比重。此外，如果再考虑到"追赶效应"的存在，政府介入此类金融供给的长期经济收益未必就是低下的，因为对于长期处于低收入状态、资本严重不足的农村而言，金融资源的进入可能在短期内使其摆脱内部积累不足的"瓶颈"制约，迅速获得生产转型或扩大生产的机会，从而在短期内实现低收入基础上的快速增长。当农村借款人收入的增速高于城镇居民的收入增速时，城乡差距就会呈现缩小和收敛趋势。

第三节　农村金融制度缺失与政府干预

一、农村正规金融制度缺失及非正规金融制度的不规范性

金融制度指金融交易、组织安排、监督管理及其创新的一系列在社会上通行或被社会采纳的习惯、道德、戒律、法规等构成的规则集合。金融制度是约束参与金融交易的组织或个人的行为，其实质是调节人际关系，因而金融制度是金融领域的行为规则；金融制度约束组织或个人的行为选择空间，降低金融交易费用和竞争中不确定性所引致的金融风险，进而保护债权债务关系和其他有关当事人的利益。金融制度具有二重性，既可以成为推动金融进步和经济发展的工具，也可以成为阻碍金融进步、阻碍经

济发展的工具。

农村金融制度理论是制度经济学的一个分支,是运用新制度经济学和货币金融学的有关工具和理论体系来认证农村金融制度及其结构的演变。农村金融制度是农村金融体系中的特殊层次,一般而言,它是指在一定历史条件下形成的农村金融体系,包括属于"正式约束"范畴的农村金融法规、农村金融组织体系、农村金融政策以及属于"非正式约束"范畴的农村金融文化、金融职业道德等要素。按制度理论构成可将农村金融制度分为社会认可的正规金融制度、非正规金融制度、制度实施机制(即金融企业制度)三部分。正规金融制度是金融管理当局制定的一系列契约、政策法规及其组织形式,它界定金融组织可以做什么、不可以做什么的规则。正规金融制度一般具有可见性、可统计性、可控制性。非正规金融制度是人们在长期交往当中无意识形成的具有持久的生命力的,并构成代代相传的文化的一部分,如价值观念、道德伦理、风俗习惯和意识形态文化等。非正规金融制度具有隐蔽性、不可统计性和难控性。金融企业制度是确保制度真正实施的配套机制,离开了金融企业制度,任何制度尤其是正式制度将形同虚设,检验实施机制是否有效,主要看违约成本的高低。

从供求角度看,金融制度可分为供求均衡型金融制度与供求非均衡金融制度。所谓均衡型金融制度,是指人们对既定制度安排和制度结构的一种满足状态,因为无意义也无力改变现行金融制度。从供求关系看,制度均衡是指在影响人们的制度需求和制度供给的因素一定时,制度的供给适应了制度的需求。然而生活中更多是制度非均衡状态。所谓制度非均衡就是人们对现行的金融制度安排的一种不满意,或其不适应金融制度的发展,欲改变而尚未改变的状态。从供求关系看,制度非均衡就是指制度供给没有适应制度需求时的状态。制度创新或变迁实际上是对制度非均衡的一种反应。

就农村金融制度本身的特点来说,自从 17 世纪中叶德国在世界上率先建立农村金融制度(主要是土地抵押金融制度)以来,世界各国的农村金融体系,一般都是政府推动的结果,而并非自发形成的。这一方面说明农业产业本身是弱质产业,需要外力扶持;另一方面也体现政府对农业的高度重视。农村金融不仅为农村经济发展提供交换媒介,而且还为农村经济的发展动员和分配社会资本,分散和转移风险,以及通过金融政策制度促进国民经济的发展。以诺斯为代表的西方新制度经济学派把制度变迁模式分为两种:一种是诱致性制度变迁模式;另一种是强制性制度变迁模式。诱致性制度变迁是指现行制度安排的变更、替代或者是新制度安排的创造由个人或一群人在响应获利机会时自发倡导、组织和实行。与此相反，强制性制度变迁模式是在政府对制度变迁的目标模式具有理性认识的基础上，由政府通过法律和行政命令而实现的制度变迁。诱致性制度变迁必须由某种在原有制度安排下无法得到的获利机会引起。然而，强制性制度变迁可以纯粹因在不同选民集团之间对现有收入进行再分配而发生。另外，还可从制度供给与需求角度把制度变迁分为供给主导型制度变迁和需求诱致型制度变迁；从制度变迁中政府的地位角度又可把制度变迁方式分为政府主导型和非政府主导型制度变迁。

二、政策性金融对农村金融供给的影响

假定农村信贷市场面临相对稳定的信贷需求曲线 D，而金融机构面临的供给曲线为 S，那么，信贷配给状态下的利率将定于 R_1 水平，此时存在高达 CA 的信贷缺口无法被满足。

农村金融在农村资本的形成和配置过程中扮演着核心的角色。因此，在农业发展严重不足的情况下，增加农村金融供给具有较强的正外部效应。增加农村金融供给既可以提高农村借款人的收入水平，还能够通过鼓励农村经济的规模化、专业化和创新化生产，有效支持农村借款人（如农村个体工商户、农场化的种养专业户、农村新型合作组织等）的生产转型。正是因为农村金融供给的这种正外部性具有公共性和长期性特征，因此，由社会福利最大化代表的政府介入农村金融活动，形成风险补偿的第三方主体，在理论上就具有必要性和现实性。

一般而言，有两个基本途径可以增加农村信贷市场的金融供给：政府直接建立政策性金融机构提供低息贷款或者补贴信贷，或者通过引入第三方补偿使商业性金融机构的贷款边界扩张。前者在商业性金融暂时无法进入的领域是可行的，而后者可以在已有商业金融供给的基础上形成新的增量供给。无论采用哪一种方法，其经济功能都在于：使那些收益率低于市场必要收益率、面临融资约束但同时又具有明显正外部效应的农业项目得到充足的贷款。

从补偿主体来看，政府应该是农贷市场中政策性金融和第三方补偿的主要供给者。由于财政资金不宜直接实施操作，因此可建立政策性金融机构在非营利原则下提供政策性贷款，或者以商业性金融机构为代理主体来通过财政补贴的杠杆作用引导其增加信贷投放。考虑到当前农业发展的市场化进程和农村金融发展的长期可持续性，可设想通过引入第三方补偿使商业性金融机构的贷款边界得到有效扩张应作为未来政府介入农村金融创

新的主导模式。在这种模式下，既可以通过财政资金的杠杆作用来完善农业保险、农业担保基金以及对金融机构支农贴息来撬动商业性金融加大对农业的投入，也可通过税收政策引导商业性金融机构把一定比例的信贷资金用于支持农业和农村经济，最终使农村金融的供给得到有效改善。如图3-1所示，政府积极介入以后的农村信贷市场资金供给曲线从初始状态的 S_1 上升至 S_2，信贷缺口从 CA 迅速降低为 DB。在此基础上，通过引入第三方补偿（既可以是风险补偿也可以是价格补偿）可使农村金融机构的信贷边界向右扩展，供给点进一步从 B 移至 E。在 E 点上，农村信贷市场的资金供给和需求达到均衡，信贷配给不复存在。

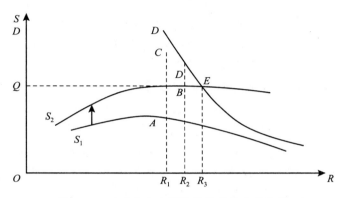

图 3-1 政府介入在缓解信贷配给上的作用

上面对政府介入在农村金融供给和发展中的作用方式和效果进行了简要的理论描述，而要准确定位政府介入农村金融活动中的作用途径，还需要对农村金融市场的内在特征进行深入研究。鉴于农村金融市场的特殊性，政府在农村金融中的介入时机、介入方式和介入程度都区别于一般市场条件下的均衡关系。

三、农村政策性信用担保与农村金融供给

（一）信用担保影响信贷供给的机制

1. 农村信用担保的准公共产品特性

农村信用担保是解决农村借款人融资"瓶颈"的有效途径，也是世界各国扶持农户发展的通行办法。农户信用担保的正外部效应或外部性、担保的收益与所承担的风险不对称性及局部排他性，决定了农户信用担保应该属于准公共产品的范畴，该属性使得私人部门一般不愿介入或只是有限

介入，导致农村信用担保市场自身无法达到最有效的供给。农户信用担保的准公共产品属性决定的由政府参与、引导和动员私人资本共同供给的模式是有效的。

2. 农户信用担保的作用

第一，信用担保有助于融资农户投资项目成功率的提高。假设融资农户没有自有资金，项目投资所需资金完全通过农村金融机构贷款来满足，借款利率为 i，$0 < i < 1$。项目成功概率为 p，$0 < p < 1$，项目成功时收益为 R，项目失败则收益为 0。为便于分析，假设融资农户借款额为 1 个单位。融资农户需要提供抵押 C，如果 $C = 1$，则农村金融机构不会发生损失。但假设农户抵押物不足，即 $C < 1$。这样的假定也有利于农村金融机构和担保机构提高风险识别水平。在没有担保机构参与的情况下，农村信贷市场上只有农村金融机构和融资农户两方，则双方支付函数分别为：

农村金融机构：$\pi_b = p(1 + i) + (1 - p)C$

融资农户：$\pi_e = p[(1 + R) - (1 + i)] - (1 - p)C$

如果农村金融机构要保持正的收益，则，$\pi_b > 1$，农村金融机构选择项目的成功概率：$p_b > \dfrac{1 - C}{1 + i - C}$

担保机构介入农村信贷活动以后，担保机构会收取一部分担保费 θ_i，则借贷各方支付函数为：

农村金融机构：$\pi_b = 1 + i$；担保机构：$\pi_g = pi\theta + (1 - p)[C - (1 + i)]$；

融资农户：$\pi_e = p[(1 + R) - (1 + ri + i\theta)] + (1 - p)C$

如果担保机构要保持正的收益，则担保机构选择项目的成功概率要满足：$\pi_g > 0$，即 $pi\theta r + (1 - p)[C - (1 + i)] > 0$，当 $\theta < 1 + \dfrac{i}{1 - C}$ 时，解得：$p_g > \dfrac{(1 + i) - C}{(1 + i + i\theta) - C}$，显然 $p_g > p_b$。所以，通过引入担保机构，选择的项目成功概率大于没有担保机构参与情况下农村金融机构选择的项目平均成功概率。由此可以确定，担保机构的介入信贷活动有益于农村金融机构对农户贷款质量的改善，融资农户选择项目的平均成功概率较之前有所提高。

第二，信用担保对农户信贷市场信号的修正。从信息经济学的角度，信息非对称问题的实质是一种市场失灵。在农村信贷市场上，借贷利率不再仅仅反映资源的稀缺程度。为了实现社会总体福利的最大化就不能仅仅依赖价格机制来配置信贷资源，而有必要引入第三方来弥补农村信贷市场的缺陷。农户与农村金融机构之间信息的严重不对称往往会导致农村金融机构发放贷款时的逆向选择，为了避免逆向选择问题发生，农村金融机构不得不寻求次优选择——信贷配给。抵押和担保既有利于解决农村金融机构面临的逆向选择问题，也有利于借款人避免农村金融机构的信贷配给。米什金（1995）总结了解决由于信息不对称造成信贷市场逆向选择和道德风险问题的基本方法，其中包括发展信用担保等金融中介机构。农户既不能依靠自身资产寻求贷款，又不能凭借本身的优质财务信息和信用记录直接获取贷款。所以，信用担保对农户融资显得尤为重要，信用担保机构正是以信息资源作为其经营对象的，而其产品正是信用供给。

在信用担保介入农村信贷市场后，农村金融机构与农户的信贷交易能够完成取决于两个条件：一是农村金融机构与担保机构之间的信息对称；二是担保机构与农户之间的信息对称。首先，农村金融机构与信用担保机构之间的信息对称问题。农村金融机构认可信用担保机构的资质出于两点考虑：目前大多数农户信用担保机构是由政府出资成立的或政府支持；信用担保机构都有信用担保基金，农村金融机构会要求信用担保机构将基金存入金融机构，并以存款数额确定信用担保机构的放大倍数。农村金融机构通过对基金存款的实际控制，确认信用担保机构的资质和能力，从而实现了银行与信用担保机构的信息对称。其次，基于信用担保机构对农户履约能力有着深入的了解、信用担保机构本身运转机制灵活的特点联系，使得信用担保机构较银行直接面对农户具有许多信息方面的优势，这是农户信用担保在风险处置上的优势所决定的。农户信用担保机构通过信用担保为农户的债务履约风险提供保证，有效解决了金融交易中农户信用不足而产生的金融阻塞问题，完善了农户信贷市场的信号机制，一定程度上缓解了市场的信息不对称状态，补充了农户信用不足。同时也通过信用供给降低农户融资的整体风险水平。

第三，信用担保有助于实现信贷市场由局部均衡向总体福利均衡收敛。根据信贷市场供求平衡理论，农村金融机构贷款作为金融业的一项业务，是以市场为导向运作的。农户作为资金需求方是根据自己的需要决定是否从银行借款，如图 3 – 2 中，D 代表农户资金需求曲线，S_1 表示银行的贷款供给曲线，均衡点为 A，利率 i_1 表示农村金融机构在市场均衡条件下的贷款利率，贷款数量为 L_1。农户通过信贷市场融得自己需要的一定数量（L_1）和利率（i_1）的资金。由于农户相对而言更可能提供虚假信息或违背信用，农村金融机构往往会对其缩小放贷规模，于是贷款供给曲线左移至 S_3。S_3 在贷款需求不变的情况下，与贷款需求曲线 X 在 C 点相交，即市场由于虚假信息的干扰而在 C 点达到均衡，此时农村金融机构的放贷规模为 $L_3(L_3 < L_1)$，贷款利率水平为 $i_3(i_3 > i_1)$，农户获得贷款的难度大大增加。

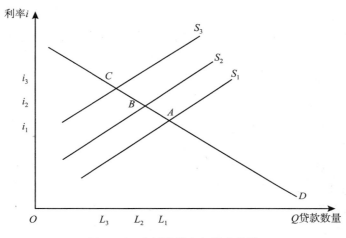

图 3 - 2　农村信贷市场供求曲线

抵押担保往往是回避农户自身信用不足的一个有效途径。农户一般规模小、资产少，普遍存在抵押品不足的问题，而信用担保则弥补了农户信用不足的缺陷，回避了农户的信用困境。农户信用担保机构的介入，降低了农户向金融机构贷款的交易成本，分散了金融机构由于信息不对称所带来的贷款风险，贷款供给必将增加供给。曲线将从 S_3 右移到 S_2，在 B 点达到均衡，此时的均衡利率为 $i_2(i_1 < i_2 < i_3)$，贷款量为 $L_2(L_1 < L_2 < L_3)$，虽然仍然不能达到理想状态，但与存在信息不对称条件下的均衡相比，效率已经大大提高。不仅金融机构扩大了放贷规模，实现了规模扩张和收益增加，农户也因贷款利率下降而降低了贷款成本，资金筹集难度明显降低。从整体社会福利视角，信贷配给的局部均衡是偏离帕累托效率的，农户信用担保机构的介入使得由信贷配给的局部均衡向社会总体福利均衡收敛，提高了农村信贷市场资源配置的效率。

（二）农村信用担保市场失灵及政策性担保供给

农村信用担保市场失灵。农村或农户信用担保行业是国际上公认的专业性极强的高风险行业，这主要源于因农户财务制度不完善而引致的信用担保市场的"逆向选择"和"道德风险"问题。信用担保在一定程度上缓解了信贷市场的信息不对称状态，但担保机构和农户之间依然存在着某种程度的信息不对称。

在农村信用担保市场中，农村信用担保机构承担着双重的"逆向选择"风险，主要表现：在金融交易中，农村信用担保机构事实上扮演着风险承担者的角色，而风险的减少或消除则直接增加了资金供求双方机会主义行为的可能性。那些愿意负担较高农村信用担保条件的农户往往具有较高的风险程度，它们愿意支付较高的担保条件是因为它们觉察到它们能够还款的可能性较低。高风险农户驱赶低风险的农户，较高的担保费率和担保比例意味着较大的违约风险。因此，当担保条件提高时，农户的平均风险程度上升，这可能降低农村信用担保机构的收益。因为担保条件的提高会降低项目成功时的收益，担保条件越高农户越倾向于投资那些低成功率但成功时收益较高的项目。当担保条件提高到一定程度时，担保机构的期望报酬会下降。担保机构的期望报酬最大化的担保条件称为最优的担保条件，而此时担保的需求超过了供给，即使农户愿意负担更高的担保条件，担保机构也不愿意提供担保。此时的信贷市场为"农村信用担保配给"均衡。在农村信用担保市场均衡状态下，仍有一些农户得不到农村信用担保，出现"农村信用担保配给"现象。在担保市场上，农村信用担保机构承担着双重的"道德风险"，主要表现在：农户和农村企业在获得所需资金后，由于有担保机构担保，其还款压力和努力程度会降低，同时金融机构相应的监管积极性和监管力度也会降低。在农户与农村信用担保机构之间的委托—代理关系中面临的道德风险主要是融资农户在获得融资后将资金投资在成功率小，但是一旦成功受益巨大的投资项目上，这种情况相当于融资农户以贷款、抵押品和担保费用为最大的损失去从事高风险的投资活动。这些活动是担保机构所不愿意见到的。

农户信用担保的供给方式及效率：（1）农户信用担保的市场供给及效率。农户是根据担保价格（担保费率、反担保条件等因素）来决定担保需求。根据图 3-3，D_G 为农村信用担保的需求曲线，MU 为社会边际效用曲线（代表社会对农村信用担保这种准公共产品的价值估价，由于存在外部收益，MU 在 D_G 的上方）。农村信用担保的供给曲线为 S_G，它是由农村信用担保的生产成本决定的。在正常情况下，供给曲线 S_G 与需求曲线 D_G 相交于 E，这时的供求均衡价格为 P，数量为 Q_1。但由于农村信用担保具有外部收益，这就存在着农户低估收益的问题。而按社会合理的供求状况，农村信用担保的社会边际效用曲线应为 MU，最佳均衡点应当是 E_1，最佳消费量应为 Q_2。与之相比，产生效率损失为阴影部分，即三角形 $\triangle GE_1E$ 的面积。这一损失是由外部收益所引起的。

这一分析说明农村信用担保采取市场供给会带来效率损失，损失了全社会的社会福利。（2）财政补贴后农村信用担保供给及效率。如果能够准确地估计出实现社会福利最大化时的农户信用担保供求水平，政府可以采用对农村信用担保机构进行补贴的方式来鼓励担保供给，使供给量达到最佳供给水平（见图3-4）。与图3-3相比，该农村信用担保需求曲线 D 和社会边际效用曲线 MU 并未发生变化。但政府补贴后，农村信用担保机构因成本降低致使其担保供给曲线由 S_1 下移至 S_2，相应地，担保价格水平由 P_1 降至 P_3，需求量由 Q_1 增至 Q_3。这表明农户对担保需求量更接近理想状态的 Q_2 水平。因此，政府对农村信用担保机构的补贴有利于扩大社会对农村信用担保的供给和需求。

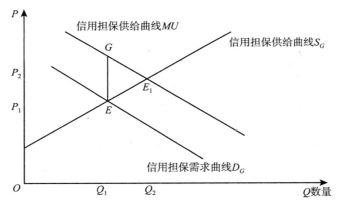

图3-3 农村信用担保产品市场提供效率

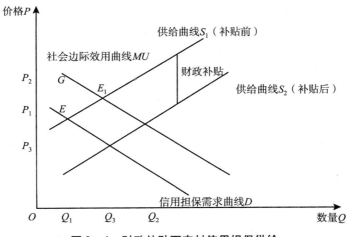

图3-4 财政补贴下农村信用担保供给

农村信用担保现实供给模式。农村信用担保的正外部效应、担保的收益与所承担的风险不对称性及局部排他性（申请担保的农户之间存在竞争），决定了农村信用担保属于准公共品范畴，使得私人部门一般不愿介入或只是有限介入，导致农村信用担保市场自身无法达到最有效的供给。农村信用担保准公共品性质为政府出资成立政策性农村信用担保机构和补贴商业性农村信用担保机构提供了理论依据。政策性信用担保机构承担政府部分信用资源有效配置责任的定位，决定了它不同于一般以盈利为目的的企业，也不同于纯公共品的分配功能。政策性信用担保机构是在政策的指导下，运用市场机制选择更有利于社会经济发展的目标配置信用资源。农村信用担保的准公共产品性质决定了民间资本进入农村信用担保市场的可行性，民间资本进入农村信用担保市场既可弥补政策性担保对信用担保的供给不足，又可通过竞争的方式提高政策性担保机构的运作效率。所以，农村信用担保体系以政策性信用担保机构为主，同时并不排斥政策支持下运行的商业性的农村信用担保机构，属于政策性担保机构的有效补充。对于农村信用担保这种准公共产品，单纯的市场供给效率损失情况很大程度取决于农村信用担保产品的外部效益大小。如果农村信用担保的内部效益较小、外部效益较大，市场提供的效率损失就很大，而公共供给效率损失就会相对小些。反之，则由市场供给效率的损失会较小。因此，对于农村信用担保的供给方式的选择关键在于农村信用担保的外部效益大小。

四、农村保险对农村信贷供给的影响

（一）农村保险对农村信贷活动的作用

影响农村金融供给的原因包括借贷抵押物短缺、信贷市场信息不对称、农业的脆弱性和高风险性等。保险的本质是在参与平均分担损失补偿的单位或个人之间形成的一种分配关系，其目标是建立一个能够维护社会再生产连续进行的损失补偿制度。农业保险是一种信誉证明和资产责任保证结合在一起的金融活动。对信用借贷活动而言，农业保险发挥着类似抵押及担保品的作用。农业保险通过降低农村信贷机构的经营风险、提高农业生产经营者的融资能力对农村信贷具有正向作用，农村保险机构通过农村吸收资金和资金配置功能将对信贷发展具有替代效应。实践和实证研究表明：农业保险通过缓解农村信贷市场信息不对称及融资抵押功能要大于其替代效应。完善农业保险体系和农业保险构建模式可以有效缓解我国目前的农村信贷市场的困境。保险产品不仅通过风险转移和补偿对农村经济

发展产生正向作用，也发挥着收集和投放资金、配置资本资源的农村金融中介作用。保险的风险转移和补偿作用及金融中介功能决定了其对其他金融行业的影响作用。

（二）农业保险促进农村信贷供给的机理

1. 农业保险影响信贷规模的利率效应

农业保险影响信贷规模渠道之一是保险引致贷款利率下降、进而刺激涉农经济体的贷款需求。首先分析不存在农业保险时农村信贷机构对涉农经济主体涉农经济主体的贷款利率水平。

假设农村金融机构对涉农经济主体投资项目平均贷款额为 L，投资项目平均成功概率为 p，农村金融机构贷款利率为 r，同期的无风险利率为 r_f。则农村金融机构贷款的预期收入为：$U = Lp(1 + r)$，农村金融机构贷款的无风险收益为：$L(1 + r_f)$。

当且仅当 $Lp(1 + r) \geqslant L(1 + r_f)$，即农村金融机构向涉农经济主体贷款的预期收益大于等于无风险收益时，才会选择向涉农经济主体提供贷款。可得无保险条件下农村金融机构向涉农经济主体提供贷款的利率：

$$r_a = \frac{1 + r_f}{p} - 1 \tag{3.1}$$

再分析有了农业保险以后的农村金融机构贷款利率利率水平。如果农村金融机构与保险机构的风险承担比例为 λ 和 $1 - \lambda$，其他假设如前。则：农村金融机构的预期收入为：$U = L[p(1 + r) + (1 - p)(1 - p)]$，农村金融机构贷款的无风险收益为：$L(1 + r_f)$。当且仅当 $U = L[p(1 + r) + (1 - p)(1 - p)] \geqslant L(1 + r_f)$ 时，农村金融机构才会选择向涉农经济主体贷款。可求得有农业保险介入下农村金融机构向涉农经济主体提供贷款的利率

$$r_b = \frac{1 + r_f - (1 - p)(1 - \lambda)}{p} - 1 \tag{3.2}$$

通过比较式（3.1）与式（3.2），可以看出 $r_a \geqslant r_b$，即农村保险机构的介入分担了一部分农村金融机构贷款风险，导致了农村金融机构贷款利率水平的下降，同时涉农经济主体能更加顺利获得贷款，农村信贷规模扩大。因此，无论对于涉农经济主体还是对农村金融机构来说，借贷双方的福利水平都得到了提高，农村保险介入农村信贷活动属于帕累托改进。

2. 农业保险对农村借款人信用等级的影响

借贷利率不能成为农村信贷活动中约束借贷人行为的唯一条件，这意味着利率并非农村信贷市场唯一的均衡解。要提高农村信贷合约的履约水平，可以在信贷合约中加入其他的约束条件（如抵押、质押、担保以及信

贷配给等非价格机制）从而使农村信贷市场达到均衡。农业保险在某种特定自然灾害发生时提供的赔偿可以用于偿还贷款，从而降低农村金融机构的损失、提高其预期收益；另外，农业保险也改变了农业投资收益的概率分布，降低了借款农户违约的概率。农业保险具有抵押品的替代功能，是因为农业保险既能提高农业生产者的禀赋，又可以增加农村信贷机构对农业信贷的偏好，从而实现农业信贷资源的帕累托改进（林杰，2008）。因此，农业保险的确可以在一定程度上产生与抵押物相同的功效：降低借款人的违约概率，提高贷款人的预期收益，把潜在的借款人转化为实际借款人或提高现有借款人的贷款规模。

3. 农业保险对农村信贷市场的影响

农村信贷市场效率低下的根本原因在于借贷双方的信息不对称，农村信贷配给现象也是借贷双方信息不对称的结果。农业保险有助于缓解涉农信贷市场上的逆向选择问题。根据斯蒂格利茨和韦斯（1981）的"不完全信息市场信贷配给模型"，农村金融机构与涉农经济主体之间的信息严重不对称使农村金融机构为避免借款人的"逆向选择"和"道德风险"而选择信贷配给，农村金融机构的信贷配给行为则加剧了涉农经济主体的融资困境。农业保险通过专业化地搜集与处理投保农户的信息并与其他农村金融机构共享，则有助于减少借款人（农户）和金融机构之间的信息障碍、可以降低信贷合约的违约风险。随着农业信贷风险的降低，农村金融机构就能在保持适度利润水平的情况下降低贷款利率，并通过申请借款农户的风险特征将好的借款申请者与较差的借款申请者区分开来。农业保险类似的抵押功能在一定程度上不但能够解决农村信贷市场的道德风险问题，而且可以解决农村信贷市场的逆向选择问题。国际经验和我国部分地区的实践经验表明，构建以服务涉农经济主体发展为目的的农业保险体系能够发挥在参与金融交易的金融机构和涉农经济主体之间引入一个传递信号的作用，可以在一定程度上解决农村借贷活动中担保品缺乏的问题。

4. 农业保险影响农业信贷的综合效应

农业保险对农业信贷的影响取决于两种不同的影响效应：一是农业保险促进农业信贷的正向作用。该效应有助于降低信贷机构的融资风险、提高农业生产经营者的融资能力。通过农业保险或是通过农村信贷机构与农业保险机构的合作，农村信贷机构可以将自身的部分贷款风险转移给保险机构从而降低农村信贷机构的经营风险。农业保险的风险转移和补偿作用对农村信贷具有正向作用。另外，农业保险使农民在遇到风险损失时，通过从保险机构获得一定的补偿，因此刺激了农民对信贷等金融产品的需求欲望。二是农村保险机构在农村吸收资金和资金配置功能将减少农村信贷机构在资金市场的市场份额，从而对信贷发展具有负向作用，农业保险对农业信贷业务产生了一定的替代效应。整个农业保险市场对农村信贷的累积作用取决于正向和负向作用的效应对比状况。

（三）农业保险影响农村信贷市场的实证检验

1. 研究方法及变量选取

（1）研究方法。关于农业保险影响农村信贷市场的实证检验所使用的方法是以协整理论作为基础的计量经济模型。为了避免时间序列模型出现伪回归现象，首先利用 ADF 单位根检验法检验各时间序列变量的平稳性。对于非平稳性变量进行差分处理使分析平稳时间序列的阶数。其次是对变量关系进行协整检验。如果两个或两个以上的时间序列变量是非平稳的，但它们的某种线性组合却表现出平稳性，则这些变量之间存在长期稳定关系即协整关系。在经济学意义上，这种协整关系的存在便可以通过其他变量的变化来影响另一变量水平值的变化。若变量间没有协整关系，则不存在通过其他变量来影响另一变量的基础。该研究将采用约翰森提出的方法进行协整检验。最后是格兰杰因果检验。格兰杰因果检验主要用于存在协整关系的变量之间是否存在因果关系。在时间序列存在协整关系情形下，若在包含了变量 X、Y 的过去信息的条件下，对 Y 的预测效果要好于只单独由 Y 的过去信息的预测，即变量 X 有助于解释变量 Y 的将来变化，则认为变量 X 引致变量 Y，两者之间存在因果关系。

（2）变量选取说明及数据来源与处理。从农业保险发展水平角度分析我国农业保险对农村信贷活动的影响程度：第一，采用农业保险保费收入作为衡量我国农业保险发展水平，农业保险发展水平用 IN 表示；第二，以农业贷款余额作为衡量我国农村信贷发展水平，农村信贷发展水平用 $LOAN$ 来表示；第三，考虑到农村经济发展水平和财政支农资金支出（财政资金对涉农贷款贴息等）对农业贷款具有直接或间接影响。因此，在实证过程中加入农村经济发展水平和财政支农资金支出作为控制变量，分别用 $RGDP$ 和 FIS 表示农村经济发展水平和财政支农力度。

农业保险收入、农业贷款余额、农村经济发展水平和财政支农资金支出等数据分别来源于历年《中国金融年鉴》、《中国保险年鉴》、《中国统计年鉴》。变量选取的样本区间为 1985～2012 年共 28 组数据。为了消除通胀水平对样本数据的影响，以 1985 年为基期采用居民消费价格指数对原数据进行修正，以便得到真实的农业保费收入、真实贷款余额、农村经济发展水平和财政支农资金支出。为消除样本中的指数增长特征和消除异方差，本节对各个变量取对数得到对数化之后的时间序列数据，因为对数据取对数可以消除其异方差性，且不改变时序数据的性质和它们之间的协整关系。模型中所有的实证分析借助于 EViews5.1 完成。

2. 实证检验

（1）ADF 单位根检验（平稳性检验）。对各变量样本序列进行 ADF 检验的结果如表 3-1 所示。通过 ADF 检验发现，IN、LOAN、RGDP、FIS 均为 I(1) 时间序列，可以进行协整检验。

表 3-1   变量的单位根检验

变量	检验类型（c, t, k）	ADF 检验值	显著性 5% 水平下临界值	是否显著
LOAN	(c, t, 0)	-1.795142	-3.574244	否
DLOAN	(c, 0, 0)	-5.679062	-2.971853	是
IN	(c, 0, 2)	-0.413932	-2.976263	否
DIN	(c, 0, 1)	-3.346483	-2.967767	是
RGDP	(c, t, 0)	-1.532417	-3.574244	否
DRGDP、FIS	(c, 0, 0)	-4.844643	-2.971853	是
FIS	(c, 0, 0)	-2.646074	-2.971853	否
DFIS	(c, 0, 0)	-5.515087	-2.971853	是

注：（1）检验类型中的 c 和 t 表示常数项和趋势项，k 表示所采用的滞后阶数；（2）表中的临界值是在 5% 显著性水平下得到的 Machinnon 值；（3）D 表示序列的一阶差分。

`

（2）协整检验。利用 Johansen 协整检验判断变量间是否存在协整关系。Johansen 协整检验是一种基于 VAR 模型的检验方法，选择带有截距项并带有趋势项的 VAR 模型进行 Johansen 协整检验，协整检验结果如表 3-2所示。

表 3-2   农村保险与农村信贷协整检验结果

协整向量个数的原假设	特征值	Max-egin 统计量	5% 临界值	P 值
0	0.67938	59.27039	47.85613	0.0030
至多一个	0.43945	26.58215	29.79707	0.1123
至多两个	0.31132	10.32547	15.49471	0.2565
至多三个	0.01708	0.202565	3.841466	0.6527

检验结果表明：在 5% 的显著水平下，变量之间存在一个协整关系。运用 EViews5.1 对 LOAN、IN、RGDP、FIS 进行回归处理得到协整方程如下：

$$LOAN = -0.8723 + 0.16IN + 3.52RGDP + 2.19FIS \qquad (3.3)$$
$$(1.032) \quad (6.305) \quad (2.01)$$

由式（3.3）可以得出：农村保险业发展与农村信贷资金规模呈正相关关系，农村保险业变动 1% 能带动农村信贷资金增长 0.16%（协整方程下面小括号内为回归方程系数的 t 值，IN 的系数并未通过 t 检验）；农村经济发展水平对农村信贷规模增长则具有更加明显的促进作用，财政支农资金支出对农村贷款规模也具有明显的正向促进作用。

（3）格兰杰（Granger）因果检验。在变量间存在协整关系的基础上进一步进行格兰杰（Granger）因果关系检验以进一步考察农业保险与农村信贷之间的关系。由表 3-3 可知，在最优滞后期内，农村保险发展不是农村金融机构信贷资金投放的格兰杰（Granger）原因；农村金融机构信贷资金投放成为农村保险发展的格兰杰（Granger）原因。

表 3-3　　农业保险与农村信贷的格兰杰（Granger）因果分析

原假设	滞后期	样本数	F 统计值	概率
IN 不是 $LOAN$ 的 Granger 原因	1	29	1.75832	0.12043
$LOAN$ 不是 IN 的 Granger 原因			11.1768	0.00252
$RGDP$ 不是 $LOAN$ 的 Granger 原因	1	29	2.08535	0.16066
$LOAN$ 不是 $RGDP$ 的 Granger 原因			1.46386	0.23665
FIS 不是 $LOAN$ 的 Granger 原因	1	29	16.3684	0.00041
$LOAN$ 不是 FIS 的 Granger 原因			8.71939	0.00660

3. 实证结果分析

（1）农业保险对农村信贷规模的影响。从协整方程和格兰杰（Granger）因果检验来看：以农业保险保费收入作为指标衡量的农业保险发展水平与农村信贷规模呈现正相关关系，即农业保险发展在一定程度上促进了农村信贷规模增长。但是相对于农村经济发展和财政支农资金支出对农村贷款规模的影响而言，农业保险对农村信贷规模的作用要弱得多：农业保险业变动 1% 能带动 0.16% 的农村信贷资金增长，而且协整方程中 IN 系数也未能通过 t 检验；格兰杰因果检验表明：农村信贷规模是农业保险发展的格兰杰原因，而农业保险发展则不是农村信贷规模变化的格兰杰原因。农业保险对农村信贷规模不具有显著影响的主要原因是农业保险发展严重滞后。虽然 20 世纪 90 年代以来我国保险市场取得了质的飞跃，但相对于信贷市场的发展水平保险市场依然相对落后，农业保险相对于城镇保险而言则更加落后。当前我国农业保险与农村信贷之间相互作用弱化而且不稳定，致使农业保险与农村借贷之间的金融协同效应难以最大化。因此，为最大规模实现农村信贷与保险的金融协同效应，有必要全面推动农业保险市场的快速发展、不断创新保险与信贷耦合产品以及推行加强保险与信贷合作的相关政策。

（2）农业保险对农业信贷作用弱化的原因。一是农业的高风险性和脆弱性导致农村保险供给不足。在没有建立农业巨灾风险相应转移体系的情况下，农业巨灾带来损失的补偿主要是靠国家财政和社会捐款。巨大风险的客观存在使一定区域投保农户的风险呈现高度相关性，从而不满足"大数定律"，形成农业保险的高风险性和高赔付率，影响保险公司在农业保险市场的供给行为进而造成农业保险市场供给失衡。农村保险供给不足表现为农业保险覆盖面窄、保险产品不丰富。截至 2011 年年底，我国农业保险保费规模已上升至全球第二位，居亚洲第一位。但相对于我国疆域辽阔而言，农业保险的覆盖面不是很大。2012 年年底，中国农作物承保面积约 1500 万公顷，而全国农作物种植面积则超过 1.5 亿公顷。农村保险产品不丰富直接导致农民参与农业保险程度较低。目前，中国的农业保险主要集中在农作物保险和养殖业保险。二是信息不对称导致农村市场失灵和供给不足。与普通商业保险相比，农业保险的信息不对称问题更加突出。由于农业保险各参与方掌握的信息的不对称，农业保险市场容易产生道德风险和逆向选择，而且这种道德风险是双向的。农户为了得到保险赔偿可能会虚报投保标的物的信息，而保险公司则可能会利用自己的信息优势模糊解释有关条款内容。农业自身的特殊性决定了查勘理赔的复杂性。三是农业保险理赔环节复杂影响了保险公司及农民参与农业保险的积极性。由于农业保险涉及点多面广，一旦出现灾情，保险公司不可能一家一户进行核灾定损，目前只能采取镇村干部及相关部门出面层层把关审核，保险公司抽样查勘等方式，于是很容易出现造假、滥报和虚报等情况。而农民则对保险机构的理赔存在的诸多问题表示不满，如认为保险机构存在"事前对合同解释不清"、"理赔速度有点慢"、"理赔程序太复杂"等问题。四是农业再保险和巨灾损失补偿制度的缺失影响了农业保险供给。农业灾害风险多发，且经常呈现集中性、巨灾性和突发性的特点，很容易形成农业巨灾损失。一旦大面积农业巨灾损失发生，单纯的商业性保险机构则很难独立承担与消化。米兰达和格劳贝尔（1997）曾运用统计模型计算出美国最大 10 家农业保险人和一般保险人的赔款支出变异系数百分数得出的结论是：一般保险人的加权平均变异系数百分数为 8.6%，而农业保险人的则为 84%，农业保险人所面临的系统性风险差不多达到一般保险人的 10 倍。如果把这些风险全部转嫁给农业保险人，很可能使保险人难以承受并最终退出市场。

从理论和实证研究两个方面来看，通过完善以政策性农业保险为主的保险体系有助于增加农村金融信贷供给。鉴于农业保险的外部性特征和农业自身的弱质性，坚持政策性农业保险为主、商业性保险为辅原则构建我国农业保险体系有助于增加我国农业保险供给。从世界各国农业保险的发展历程来看，农业保险的属性和特征决定了主要是政策性保险，即农业保险主要由政府提供一定的激励来改变涉农保险产品的成本收益之比才能达到农业保险市场的均衡状态。纯粹依靠商业性保险机构是无法满足农业保险需求的，这在我国农业保险的发展历程中已得到证实。在实行政策性农业保险后，农业保险则呈现良好的发展态势，充分证明我国农业保险供给的基本趋势是以政策性农业保险为主。在农业现代化水平和产业化水平不断提高的基础上支持商业性保险的发展。

第四节　农村微型金融供给及政府干预

一、微型金融产生与存在的理论基础

（一）农村微型金融的定位及发展

农村微型金融是为解决农村金融发展滞后、广大农民特别是贫困农户难以获得金融服务问题而兴起的金融形式。根据世界银行的定义，微型金融是指对低收入人口提供的小额金融服务；世界银行扶贫咨询委员会的观点，微型金融是指为贫困人口提供的贷款、储蓄和其他基本金融服务；联合国则使用"普惠金融体系"来解释微型金融，将微型金融界定为能有效、全方位地为社会所有阶层和群体提供服务的金融体系，尤其是能够为目前金融体系未能覆盖的社会人群提供有效服务。微型金融是一个非常宽泛的概念，它是以小额信贷为主的一种金融形态，还包括存款、保险及汇兑等金融服务，只要是以低收入群体为目标的各种类型的金融服务，无论其性质、规模和发起人如何，都应该算作是微型金融业务。因此，微型金融既包括正规金融机构（如商业银行）所开展的微型金融，也包括非正规机构和个人所开展的微型金融服务，既包括商业化的、以盈利为目的微型金融，也包括非商业化的微型金融项目，如国家发起的针对穷人的扶贫贷款项目。在微型金融的概念最早被引入中国时，有关学者将其译作了小额信贷，这实际上是一种与中国的社会现实紧密结合的译法①。小额信贷与微型金融的内涵和所反映的理念具有一定的差异：小额信贷只强调为低收入者提供贷款服务，其隐含假设是贷款是低收入者最缺乏也是最需要的金融服务；而微型金融的内涵则更为广泛，既包括发放贷款，也包括储蓄、汇款、转账、保险等一系列的金融服务，其隐含假设是低收入者需要的是全面的金融服务，其他的服务品种对他们来说也同样重要。

虽然微型金融的发展只有二三十年的历史，但其发展势头和发展速度却是惊人的。1976 年，尤纳斯教授在孟加拉成立了世界上第一个专门为穷人提供贷款的组织，后来该组织很快发展壮大为一家全国性乡村银行，也就是后来的格莱珉银行（Grameen Bank）。乡村银行是世界上运作最成功的微型金融机构之一，在很多国家设有分支机构，其小组贷款模式也被许多国家先后效仿、借鉴和实践。尤纳斯教授因为在微型金融方面的突出贡献获得了 2006 年诺贝尔奖。据统计，2007 年，微型金融机构向全世界 6400 多万穷人提供了 300 多亿美元的贷款服务，其中在亚洲和拉丁美洲等地区发展最为成熟，如孟加拉、玻利维亚、印度尼西亚等。"微型金融"已经成为联合国、世界银行、国际货币基金组织等国际组织扶贫规划的主流金融组织形式。

（二）农村微型金融存在与产生的理论基础

1. 金融抑制理论

美国经济学家爱德华·肖和罗纳德·麦金农几乎同时提出了"金融抑制（Financial Repression）"论和"金融深化（Financial Deepening）"论。金融抑制是指政府通过利率、汇率等金融政策和工具对金融进行过度干预抑制了金融体系的发展，而金融体系的落后又反过来抑制了经济的发展，从而导致恶性循环。金融深化可以理解为在解决金融抑制方面的不断推进。目前，我国依旧存在着严重的金融抑制现象，以银行为主的商业性金融机构通过受限制的利率获得公众存款后将信贷资源集中投放到大企业，而农户和农村中小企业则无法获取银行资金，严重制约着我国农村经济的创新与可持续发展。作为对现有农村金融体系的一种补充农村微型金融、小额信贷能够很好地为不能获取农村正规金融机构贷款的农户和农村中小企业提供有效的资金支持，也是实现农村金融深化的一种有效方式。

---

① 赵冬青、王康康：《微型金融的历史与发展综述》，载《金融发展研究》2009 年第 1 期，第 77~79 页。

2. 信息不对称及交易成本理论

在信贷过程中，借款人掌握着相对较为充分的信息而贷款人所掌握的信息则相对贫乏。金融机构为了降低风险要在贷款前和贷款后花费大量的人力、物力去保证贷款投放的安全，放贷交易成本的上升导致金融机构出于利润和风险的考虑不得不限制甚至放弃交易成本偏高的小额信贷。科斯在《企业的性质》中首次提出交易费用理论，该理论指出任何的经济活动都会产生交易费用，交易费用直接影响经济活动的成本进而影响经济活动参与者的决策。在农村金融交易费用普遍要高于城市金融活动的背景下，交易费用理论的产生为正规金融机构不愿向贷款额度小、居住分散的农户等低收入群体发放贷款提供了理论依据，这也是农户等低收入群体宁愿支付更高的利息向附近的高利贷借款，也不愿意花大量的时间和费用去赶路、排队等待和办理烦琐的手续从而获得不一定能借到的小额贷款的经济动因。在社会存在巨大小额信贷需求而传统金融理论失效的背景下，小额信贷和小额信贷机构以不同于传统金融机构业务的形式出现有助于降低金融交易成本问题。在微型金融过程中，交易的双方都存在交易费用。一方面小额信贷的借款者大多为中小企业和贫困人群（具有贷款额度小且收入少等特征），导致金融机构在小额信贷的发放过程中的交易成本相对较高、风险相对较大；另一方面，农村信用社、银行等正规金融机构在贷款发放过程中要求的手续比较烦琐，需要借款者花费大量的时间、精力和相关费用，从而增加借款者的交易费用，一定程度上导致小额信贷的借款者不愿向农村信用社、银行等正规金融机构申请贷款。交易费用理论为正规金融机构拒绝对贫困群体提供信贷支持和小额信贷的借款者不愿接受正规金融机构贷款提供了理论依据，同时也为微型金融提供了理论支持。微型金融能够根据其特点提供专业化的更贴近借款者的金融服务，能够通过有效的简化程序和较低交易的成本满足借款者的信贷需求。

3. 信贷配给理论

1981 年，斯蒂格利茨和韦斯在《美国经济评论》发表《不完全信息市场的信贷配给理论》一文中提出了信贷配给理论。两位经济学家对不完全信息条件下逆向选择导致信贷配给做了详细的证明。1987 年，本斯特和赫尔维格在斯蒂格利茨和韦斯的基础上对道德风险造成的信贷配给现象作了进一步的分析。信贷过程中的信息不对称会引起道德风险和逆向选择，金融机构为了降低交易和监管成本并防止道德风险和逆向选择的发生，在相同的条件下会进行信贷配给，而导致一部分借款者获得贷款，另一部分借款者不能得到或只能得到部分贷款。在信贷配给条件下，金融机构一般会将信贷资源投向大企业，而忽略中小企业以及贫困群体。微型金融能够通过自身的信息优势有效的解决信贷配给问题，所以微型金融、小额贷款公司作为规范的民间金融的代表有其存在的客观性和必要性。

4. 贫困循环理论

1953 年，罗格纳·纳克斯在《不发达国家的资本形成》中提出了贫困恶性循环理论。他认为资本形成不足是造成发展中国家贫困循环的根源，而且强调了资产资源对于反贫困的重要性。"贫困恶性循环"包括供给和需求两个方面且二者相互影响和制约。供给方面："低收入→低储蓄能力→低资本形成→低生产率→低产出→低收入"；需求方面："低收入→低购买力→投资引诱不足→低资本形成→低生产率→低产出→低收入"。金融资源配置的扭曲在需求和供给两方面使贫困地区和人群陷入了"金融资源配置扭曲—贫困—金融资源配置扭曲"的"恶性循环圈"。我国的农村中小企业和涉农经济组织获取较少的信贷支持，一直处于金融资源配置扭曲的恶性循环中。所以，欲打破农村中小企业和涉农经济组织的恶性循环，必须建立良好的金融服务体系以加大对农村信贷支持力度。微型金融和小额信贷公司作为一种专为中小企业和"三农"服务的金融机构，必将有效缓解中小企业和"三农"的融资"瓶颈"，打破其"恶性循环圈"以帮助"三农"和中小企业实现健康快速发展。

5. 阿玛蒂亚·森（Amartya Sen）关于支持小额信贷理论的观点

阿玛蒂亚·森认为，一个人所拥有的能力主要表现为他或她享有自己所珍视的生活这种基本自由的能力。支持以能力界定贫困的理由有三点：贫困可能是以能力被剥夺为特点的，因为能力从本质上来讲是重要的，而低收入只有手段上的意义；低收入不是对能力剥夺的唯一影响；收入对能力的影响因社区、家庭和个人的差异而有所不同。与传统意义上的贫困概念有所不同，阿玛蒂亚·森指的人类贫困包括失去或者被剥夺享受人类发展最基本福利的机会和选择权，而一般贫困概念往往从收入和人的基本需要来定义贫困，即缺乏必要的收入来满足人的基本需要的状况。随着对贫困的理解不断深入，人们逐步发现在探讨贫困时不能仅仅考虑人类的物质福利方面的需求而忽视作为社会人的其他非物质方面的需求，于是产生了新的人类贫困概念。人类发展最基本的福利不仅包括基本物质满足，而且更重要的是能过上长寿、健康且享受体面的生活，具有自由和自尊且受他人尊重。阿玛蒂亚·森在其一系列著作中提出生活是由一系列相关功能组成的，如获取足够的物质条件、拥有健康与幸福。商品是用来满足人们物质需求的物品，它可以帮助人们实现各种功能，但人的能力将是获得福利的机会。随后，他还提出了以追求人的自由为核心并强调社会公平的新的发展理论，即发展不是狭隘意义上的 GDP 的增长、个人收入的提高、社会现代化等。发展的目的在于人本身，是使人有可行能力去追求他们自己认为是有价值的生活。以物质财富增长为核心的发展观最终只具有工具性价值，是为人的发展和人的福祉服务的。因此，许多学者和小额信贷的实践者把小额信贷视为一种扶贫方式，因为它不仅能直接赋予穷人获得资金的机会和途径，而且在获得资金的过程中间接改善穷人获得其他财产的机会和能力。小额信贷是否真能使穷人受益？该问题在于如何定义贫困以及小额信贷在穷人与贫困做斗争中能为他们带来什么样的帮助。从对贫困的多角度的定义出发，阿玛蒂亚·森的理论认为小额信贷能否为穷人做点什么，主要依赖于穷人利用小额信贷服务的能力。

许多国家的小额信贷为穷人获得借款和储蓄等金融服务提供了机会的窗口，这种金融服务还包括提供有组织的帮助、培训、安全网、赋权，以及金融和其他一些当人们处于危机时的救助。小额信贷机构可以缓解流动性限制、稳定消费，提高穷人的收入和消费水平，从而改善了穷人的福利状况。贫困家庭从小额信贷机构借款从事经营是一种自助行为，小额信贷满足了资源型贫困家庭被剥夺的资金需求。当然，这种经营能否成功依赖于经营者的技术、企业家才能和当地的经济状况。许多穷人由于缺乏有关技能而从小额信贷中得到的收益甚微。另外，由于经济增长缓慢也是许多农村地区贫困的原因，所以小额信贷的借款者能否成功也会受到当地经济状况的制约。

二、政府介入微型金融活动的依据

(一) 客户定位与"使命漂移"的矛盾

微型金融发展的初衷旨在为处于"金融排斥"状态的低收入群体提供金融服务，即定位于低端金融市场的"草根金融"。然而在实际发展过程中，尤其是在拉美国家在推动微型金融商业化的过程中出现了为追逐经济效益而只服务于低端市场上富裕群体的现象。这种服务目标定位的偏差直接背离了微型金融的初始使命，即出现了"使命漂移"（mission drift）现象。我国微型金融发展也面临同样的定位偏差：一些微型金融机构在资本逐利及自身可持续发展内在要求下，不愿意投资于"高风险、高成本、低收益"的农业领域，不愿意投资于可以通过小额信贷技术实现信用增强的农村低收入群体，而将目标客户定位于贷款金额比较大的小型企业主和村镇富裕人群以及区域内非农产业企业。这与村镇银行、小额贷款公司等微型金融机构设置的初衷是相违背的。

（二）微型金融覆盖力与可持续的矛盾

微型金融机构设立的初衷是为更多的低收入群体提供金融服务、扩大服务覆盖范围、强化服务深度，但盈利是微型金融维持自身可持续的重要前提之一。虽然扩大农村金融覆盖面意味着将更多的农村低收入群体纳入金融服务范畴，从而降低微型金融的资本回报率、削弱了可持续发展能力。在理论上金融覆盖面的拓展和可持续性二者也具有兼容性，可以实现平衡，即只有从事微型金融业务的金融机构实现可持续性和盈利性，才可能被不断地复制、推广和不断延伸金融服务的范围与深度；只有扩大农村金融服务范围，微型金融机构才能形成规模经济、增强盈利能力、提高可持续性。但在目前的实践中，微型金融同时共存的多重目标很难有效实现。微型金融处于初期实验阶段并未形成规模经济且服务成本较高，一些微型金融信贷项目的利率远高于同期商业银行的利率。高利率不仅不符合已经通过社会资本达到信用增强的合理定价水平，同时也将迫切需要金融服务且有一定偿还能力的低收入群体拒之门外，从而背离了"草根金融"的服务宗旨。

因为缺乏网点和信誉积累不足、客户认同度低、农村经济发展水平落后等原因，各国农村微型金融机构普遍面临资本金不足、融资能力受限、不能吸收储蓄存款等问题，资金来源受限一直制约着农村微型金融业务的发展。因此，在农村微型金融功能异化成为服务农村高收入群体和企业的背景下，政府要给微型金融机构各种税费减免和贴息等政策，给予农村公益性的微型金融机构政策上的倾斜以鼓励微型金融机构发展。除此以外，要积极营造农村微型金融运营的金融环境、法制环境和经济环境，如加快农业政策性保险制度建设。农业和农村的灾害频率较高，通常农民无力承受，需要建立包括巨灾保险在内的农业政策性保险体系来规避系统性风险，为微型金融发展提供保障。合理定位农村微型金融，将其定位于一种普惠性金融组织而非商业性金融机构；采用不同于一般金融机构的评价方式和监管手段。制定适合农村微型金融组织的社会评价标准和监管法律，建立专门的监管体制以形成正向激励和逆向惩戒机制来保障农村微型金融组织履行社会责任。

第五节 农村金融供给中的政府定位

一、亚洲开发银行的三叉理论

亚洲开发银行围绕政府在农村金融中的作用，提出了三叉理论，核心主要包括建立良好的政策环境、完善金融基础设施、促进金融机构的发展三个基本支柱。

三叉理论的第一个支柱是建立良好的政策环境。促进农村金融的发展，首先要为农村金融的发育建立一个良好的、可持续的政策环境，这意味着过去普遍推行的金融抑制政策，如利率限制、准入管制、业务配给和竞争抑制等都需要有所改变。更大范围的农村和农业市场政策，如农产品价格管制、不合理的进口补贴、失衡的汇率政策和贸易条件等，也将对农村金融的发展产生不利影响，因为这些扭曲的政策导致了农村金融环境的恶化和农村金融发展的不可持续性。因此，麦金农和肖（1973）曾指出，在过去很长时间里，扭曲的政策始终困扰着农村金融中介，导致这些中介无法通过多种途径覆盖边缘的客户，而农村金融交易的复杂性也远远超出人们对市场内生困难的预期。亚洲开发银行（2000）的研究报告也指出，包括利率限制在内的金融抑制政策使金融机构无法收取足以补偿贷款成本的利率，高储备要求不利于储蓄动员，而对新设的金融机构和金融机构分支机构扩展的限制进一步抑制了农村金融组织的竞争性。因此，保持宏观经济的稳定要求，建立有利于农村金融持续发展的政策环境。

三叉理论的第二个支柱是完善金融基础设施。农村金融基础设施包括直接与金融交易相关联的法律规则、信息系统、制度体系和监管体系，也包括影响金融交易成本和便利性的通信网络和交通系统等。从大多数发展中国家的现状来看，农村金融基础设施不仅总体上是落后的，而且远远滞后于城市金融基础设施的发展速度，主要表现在：金融法律和规则的缺失降低了合同制定和执行的效率；农村产权不完整带来的抵押担保和流转难题普遍存在；农村金融监管不仅在监督和促进既有金融机构方面是无力的，而且明显滞后于各种新型金融机构的发展速度；农村问题与政治因素彼此纠缠、市场信用的发育迟缓等进一步衍生出贷款偿还问题。亚洲开发银行（2000）认为，完善金融基础设施建设的重要性在于使整个金融体系受益，而不是简单地扶持某个既有的组织，金融基础设施建设的完善比支持某个特定的金融机构更有意义，因为前者的生产具有更明显的正外部性。

三叉理论的第三个支柱是促进金融机构的发展。在政策环境和基础设施基本到位的情况下，金融机构作为微观经营的市场主体的可持续发展依然无法达到自我实现。尤其是在市场化发展初期，在资本（包括人力资本）和资金双重匮乏的情况下，农村金融机构缺乏进行创新型试验的能力、途径和积极性，金融服务的边界无法实现有效的扩展，最终造成金融供给的严重不足。因为信息、技术、产品的试验和创新均具有典型的外部性特征，所以市场自动的供给在初期很难达到社会期望（社会福利最大化）的水平。此时，政府作为公共产品的提供者介入并承担相应的前期成本就具有合理性。考虑到这些前期投入可能带来的巨大的正外部性效果，通过提供信息、技术、资本和人力支持，促进金融机构的发育和金融服务边界的扩展，从长期来看是符合社会和政府效用最大化目标函数的。

二、俄亥俄学派关于政府支持农村金融的批判

在探讨金融如何促进落后国家农村发展的理论方面，俄亥俄学派（Ohio school）的观点颇受关注。俄亥俄学派研究观点不仅掀起了批判政府主导型发展金融理论的序幕，而且对世界银行的农村金融政策起到了重要影响。俄亥俄学派认为，政府主导下的廉价信贷政策是农村金融困境的罪魁祸首，通过补贴运作的发展型金融机构不仅扭曲了资源配置，还产生了负向激励，其结果是高违约率、金融机构的补贴依赖和不可持续性。在市场约束弱化的条件下，发展型金融机构陷入了对政府补贴依赖的锁定状态，使农村金融机构在长期内无法持续和自立。此外，政府配给下的农村金融过度需求还滋生了寻租行为，穷人和低收入群体并没有得到补贴贷款而补贴利益却被农村地区少数富裕群体所占据。基于上述观点，俄亥俄学派在政策方面反对政府对农村金融市场的干预，主张取缔和撤销一切发展型金融机构，主张实行在农村自由主义政策，农村金融中的非正规金融就会自然发育建立起自下而上的农村金融体系并提供更为高效的农村金融服务。

俄亥俄学派在促进金融市场的形成和发育以及剖析政府不当干预方面具有积极贡献是毋庸置疑的。但建立在一般均衡理论基础上的"自由化"在面临农村特殊的市场特征时往往遭遇实践中的尴尬。一方面，农村金融市场的结构往往是垄断和分割的，而垄断和分割的市场无法达到充分竞争，这意味着一般均衡理论下的利率调节机制在农村金融市场实际上无法顺畅运行；另一方面，农村金融市场特殊的信息不透明性和信贷风险分布使得商业性金融在扩展服务边界时面临越来越高的边际成本，这几乎抑制

了绝大部分商业性金融的发展空间和拓展金融市场的能力。

对于特别贫困的农村地区，农户低水平的自生能力无法使其实现自我发展，在农业收益率不能满足商业性金融所要求的保留收益率的前提下，商业性农村金融市场无法自动形成。在这种情况下，拓荒机构必须先进入农村金融领域并承担相应的拓荒成本，只有当拓荒成功后商业性金融才具备进入的市场基础。在农村金融存在正外部性的情况下，商业性金融无法将拓荒的损益内部化，此时就需要有相应的拓荒机构来承担率先进入的风险成本。一旦拓荒成功及正外部性发挥作用，商业性金融就会自动进入并逐渐形成一个竞争性的金融市场。俄亥俄学派因为忽略了农村金融市场的特殊性，将其简单地等同于一般金融市场，导致了该学派对政府介入农村金融的过度失望和对市场机制的过高期望。

三、关于农村金融中政府介入问题的基本评判

（一）政府和市场的"双重缺位"下的政府干预

在农村金融范式的转变过程中，政府和市场的"双重缺位"是许多国家存在的一种较为普遍现象。在包括亚洲、非洲和拉美等在内的许多国家和地区，伴随着发展金融机构和专业金融组织的大规模撤离，农村金融市场出现了明显的"真空地带"，尤其是那些迫切需要帮助的低收入群体在事实上成为"被金融遗忘的角落"。国际货币基金组织（2001）的研究表明，农村金融的政府和市场"双重缺位"现象普遍存在的原因在于，政府缺位出现后私人金融体系及其赖以发展的制度基础并未得到及时、有效的发展来弥补这一空间。由于"双重缺位"条件下的市场反应不足，当私人金融的发展无法对政府金融退出所留下的市场份额进行有效的替代时，政府的行为边界就不应该过度收缩。在私人金融市场的发育严重受限的情况下，政府农村金融市场的介入就具有必要性和现实性。

实际上，在有效的私人金融供给形成前，大规模的政府退出所导致的农村金融服务边界的急速收缩，反而可能进一步摧毁私人金融孕育和成长的基础。比较现实可行的方案是，政府在那些可形成自由市场竞争的领域的退出速率与私人金融资本的跟进速率应该保持时间上和空间上的动态协调。政府在农村金融中的功能扩展既可以通过继续扩大金融服务边界实现，也可以通过扶持私人金融的发展去实现。

总体而言，不当的政府介入固然不能达到预期的政策效果，但完全排斥政府在农村金融活动的作用同样会事与愿违。当农村金融的发育被严重扭曲时，寄希望于农村金融市场本身的自我修复和完善是几乎不可能的，

或是一个非常漫长而艰难的发育过程，并伴随着高得几乎无法接受的过渡成本。因此，讨论政府在农村金融活动中作用的核心的问题不应该是政府是否需要介入农村金融供给，而在于政府以何种方式介入农村金融以及如何确保介入后的效率不断提高。

对于那些信奉自由市场主义的学者而言，政府介入农村金融活动后的效果只会是低效率的。世界范围内也确实存在一些事实显示出政府介入农村金融活动以后的低效率案例，但在这种外在的低效率的背后并不能说明政府介入本身必然导致了农村金融的低效，即缺乏足够令人信服的逻辑支撑。考虑到任何政策执行过程中都不可避免的委托代理难题，一些即使正确制定的政策也可能由于执行环节的偏差而产生反向的实际效果。在这种情况下，政府介入农村金融活动的有效性很可能会因为政策执行环节差错所导致的不良后果而遭受非议。因此，在衡量与评价政府介入农村金融活动的实际效果时，必须重视穿插于整个农村金融资源配置过程各个环节的不同群体的利益冲突问题，才能确保正确制定的农村金融政策得到正确的贯彻和执行。

（二）消除信贷市场上借贷双方之间的信息不对称性

信息不对称影响农村经济组织融资成本和融资行为并导致农村信贷市场出现逆向选择及道德风险。由逆向选择和道德风险导致的农村信贷市场失灵和农村经济组织融资难已成为制约农村经济发展的主要"瓶颈"。逆向选择、道德风险和农村信贷市场失灵既有农户等农村经济组织自身的原因，也与农村金融市场风险补偿机制的缺失有关。消除信贷市场上借贷双方之间的信息不对称性、推行联保贷款制度完善农村抵押市场等措施有助于解决农村信贷市场失灵问题。

农村信贷市场的信息不对称现象严重。农村经济组织较为分散、缺乏规范的会计核算方法及信息披露制度，农村金融机构与农村经济组织之间存在严重的信息不对称，农村金融机构审查农村经济组织的资质和监督其活动等都需要更高的成本。农村经济组织对项目最终的收益拥有比农村金融机构更多的信息。因此他们会倾向于把项目收益报得很低，以试图避免归还贷款本息。农村金融机构往往很难知道农村经济组织的实际经营能力和还款能力，很难对贷款后的资金使用情况进行有效监督。农村金融机构在选择贷款对象的时候，作为借款人的农村经济组织往往因为不能提供完善可靠的信息而被排挤出信贷市场。

消除信贷市场上借贷双方之间的信息不对称性可从以下几个方面入手：加快农村经济组织征信体系建设，引导金融机构重视搜集农村经济组织信誉、道德品质等软信息；建立农村经济组织信用档案和信用数据库并加强信用评定工作。农村经济组织有了信用记录，农村金融机构才会更多地关注它们的经营状况并积极扶持信誉好而缺乏资金的农村经济组织；建立专门对农村经济组织进行信用评级的中介机构，并负责向社会和信用社等有关方面提供相关的信用资料。信息甄别是不对称信息条件下解决逆向选择问题的一种机制设计。从农村经济组织角度而言，消除农村信贷市场上出现逆向选择问题的有效手段就是显示市场信号。市场信号显示就是在融资市场上信息优势的一方通过某些行动向信息劣势的一方传递他们的私人信息，以证明他们信用能力的过程；发展"关系型借贷"。"关系型借贷"是农村信用社等金融机构向某一借款农村经济组织提供的一揽子金融服务的总称。如农村金融机构为了获得农村经济组织的专有信息而投资，农村金融机构通过对同一农村经济组织长期（或多品种）服务的互动联系评估对该农村经济组织信息投资的盈利性，等等。农村经济组织的财务信息与经营状况缺乏透明度，农村经济组织真实的财务与经营状况只有农村经济组织的内部人员才最为明了，即信息基本保存在农村经济组织内部形成一种"信息内部化"的状况。"关系型借贷"通过建立农村金融机构与农村经济组织长期而稳定的联系，从而降低了借贷双方之间的信息不对称程度；组成专业咨询公司为农村经济组织提供有组织、有计划的综合金融咨询服务，在立法方面给管理咨询机构提供制度保证和支持以保障咨询活动中双方当事人的利益。

（三）建立完善农村信贷的风险补偿和分担机制

农村金融风险补偿机制的缺失主要表现在以下几个方面：第一，农村经济组织缺乏贷款抵押物。农村经济组织一般具有经营规模小、资产类型单一等劣势，且普遍存在抵押品不足的问题。第二，缺乏专门的农村信用担保机构。在信用机制不健全的发展中国家，越来越多的金融机构采用抵押贷款形式来保障信贷资金安全，金融机构希望通过设立抵押权以降低项目投资的风险程度、减少由信息不对称带来的信贷市场逆向选择和道德风险。当农村信贷市场机制可能无法实现农村资源的高效率配置时，政府有义务通过对农村信贷市场干预以限制有损害作用的部分市场行为。对于农村信贷市场失灵，政府应在农村金融机构资金供给方面尽可能控制逆向选择和道德风险。控制农村经济组织在资金需求方面的道德风险包括：组成专业咨询公司为农村经济组织提供有组织有计划的资金使用等咨询服务、在立法方面给管理咨询机构提供支持以保障咨询活动中双方当事人的利益；农村经济组织要提高利用咨询服务的意识、努力发掘可以融通资金的各种途径，与金融监管部门及金融服务部门齐心协力共同解决农村融资市场失灵问题；通过制度创新缓解农村金融市场法律制度不健全、相关市场（如土地、商品市场等）发展不完善、技术变革引起传统社会关系的断裂等导致的农村金融风险；完善农村贷款抵押制度。农村金融机构在提供信贷时常常以家庭财富状况或能提供的抵押物的价值来判断贷款风险的高低，中小农户因拿不出有价值的抵押品而被认为是高风险客户，其信贷需求通常得不到满足于是成为信贷配给的对象。因此，创新农户财产抵押制度有助于农村金融风险补偿机制的完善。

（四）建立政府主导的农村信用担保供给模式

充分发挥农村担保体系整体功能、合理配置农村信用担保资源的关键在于合理选择与改进农村信用担保供给模式。农户信用担保机构的组建和运作主要有以下四种模式：第一，社会化出资组建、市场化运作模式，即以企业、个人为主出资组建商业性农户信用担保机构，它具有独立法人、产权明晰、职责分明、商业化运作以营利为目的等特征；第二，政府出资组建、政策性运作的农户信用担保机构模式，将农户信用担保看作纯公共产品，将农户信用担保的经济行为完全变成了政府行为，这与市场经济条件下政府职能转变的总体要求背道而驰，农户信用担保的供给将变得低效率；第三，政府出资组建、委托专业担保机构市场化运作模式；第四，政府和私人企业共同组建、市场化运作模式。前面两种模式或者将信用担保界定为私人产品或者将农户信用担保产品界定为纯公共产品，会造成社会福利的损失、资源配置的低效率。第三、第四两种模式属于农户信用担保混合供给模式，将农户信用担保界定为准公共产品，属于将农户信用担保产品公私合作供给理论的具体实践，既能够体现政府政策性导向，又能够较好地发挥市场在配置社会资源的基础性作用。因此，从社会福利和效率的视角出发，对于具有准公共产品性质的信用担保供给宜采用公私合作供给的模式。其中第三种模式具有商业担保和政策性担保的双重特征，并兼顾了社会效益目标和农户信用担保机构自身效益目标。第四种模式的优势在于担保行为既可以突出国家或地方产业政策导向，市场化运作又可以提高担保机构的运作效率，委托专业担保机构进行企业化管理又有利于实行政企分开和减少政府干预。所以，第三、第四两种模式可以成为组建农户信用担保机构一种值得借鉴的模式。另外，建立完善政府主导的农户信用担保机构的风险分散机制。由担保公司承担全部担保责任的机制不利于发挥银行的风险识别作用。农村信用担保机构既集中了过高的贷款风险又缺乏风险分散机制，使得绝大多数担保机构尤其是商业担保机构都寻求反担保条款来分散风险，或是提高担保收费转移风险。农村信用担保机构过多的反担保要求不仅使得农户向担保机构提出担保申请增大了融资成本，未能从根本上解决融资难的问题。完善的风险分散机制是保证农村信用担保供给必备条件之一。可以证明：农村信用担保机构与农村信贷机构共同承担担保风险有利于增强农村信用担保的供给能力。

第四章　农村金融供给与农村经济增长关系

第一节　金融供给影响经济增长的机制

一、金融供给影响经济增长的文献评述

金融发展和经济增长的关系问题是长期以来理论界关注和研究的重要课题之一。金融供给涉及量和质两个方面，金融供给水平可以以金融发展水平来衡量。金融供给（金融发展）涉及金融市场、金融机构和金融资产等方面。

（一）农村金融供给（发展）与农村经济增长关系的理论回顾

农村金融发展理论大致经历了农村金融管制论、农村金融市场论和农村金融不完全竞争论三个发展阶段，并成为发展中国家农村金融领域研究中具有代表性的理论，其政策主张对发展中国家农村金融和农村经济产生了重要影响。

20世纪80年代以前，农村金融理论的主流学说是农村金融管制论，或称农业融资论。该理论认为，农村居民的贫困性必然导致农村储蓄能力低下与资金的供给不足，农村信贷需求的长期性、单笔数额小和收益的高度不确定性导致以利润最大化为目标的商业性金融机构缺乏进入农村金融市场的意愿。因而政府应该在农村金融活动及市场中占据主导地位。该理论主张政府干预农村金融市场，如进行必要的利率管制和市场准入管制，政府设立专门的非营利性农村金融机构向农村金融机构注入资金以扶持农村经济发展，对农村的非正规金融持严格的限制态度等。一些发展中国家在这一理论指导下建立了大量由政府主导的政策性农村金融机构对农村地区进行资金供给，同时采取强硬措施排挤民间金融。从客观效果上看，这些措施在一定程度上促进了农村经济暂时的恢复性增长（如中国20世纪

50 年代），但是负面作用也非常大，如没有满足农村地区的资金需求、抑制了农村金融的供给能力、金融机构效率低下等。

20 世纪 80 年代，农村金融市场论逐渐取代了农业融资论。农村金融市场论以新古典经济学为理论基础，主张放松管制和自由主义的价值观。以麦金农和肖为代表的金融深化理论认为，发展中国家的低利率政策会极大影响发展中国家的储蓄动员能力，该理论对政府过度干预农村金融市场持反对态度，而对非正规金融存在的合理性进行了理论上的论证。农村金融市场论可以看作金融深化理论在农村领域的发展，该理论是新自由主义在农村金融领域的反映。农村金融市场论重视市场机制的作用，主张政府最好不要干预农村金融市场，利率水平应该由市场决定而不是由政府管制。在资金方面，应该尽量从农村内部筹集资金，同时采用各种市场化的手段提高农村信贷的回收率。

20 世纪 90 年代东南亚等市场经济国家爆发的金融危机使人们认识到市场机制也存在着严重缺陷，农村金融不完全竞争论取代了农村金融市场论。该理论以斯蒂格利茨的不完全竞争和不完全信息理论为基础，从信息不完全和信息的公共品性质出发并研究认为，政府一定程度的干预对于弥补市场失败是必要的，同时政府应该逐步放松对利率的管制和对金融机构的保护性措施，鼓励农村金融市场的竞争，对农村非正规金融持积极的扶持和鼓励态度。该理论对发展中国家农村金融的现状比较有解释力，而且政策建议更具有操作性和现实性。农村金融不完全竞争论可以看作金融约束论在农村领域的发展。以上 3 个派别的详细比较如表 4 - 1 所示。

表 4 - 1　　　　　　　　农村金融发展理论派别及其观点比较

派别	农村金融管制理论	农村金融市场理论	不完全竞争理论
政府干预市场	有必要，政府应在农村金融发展中扮演积极角色	没有必要，重视市场机制作用	政府一定程度的干预有助于弥补市场失败
利率管制	支持利率管制、维持低利率水平	利率水平应由市场机制决定	应逐步放松利率管制，保持正的实际利率水平
资金筹集方法	主张由政府建立专门机构从外部注入资金	应动员农村内部资金，反对从外部注入资金	应基本依赖农村内部资金，外部资金起补充作用
金融机构管制	有必要通过优惠措施保护农村金融机构并实施管制	没有必要实施农村金融机构保护和管制、鼓励农村金融机构竞争	在农村金融发展初期，有必要进行一定程度的保护、后期逐步放松管制、鼓励竞争

资料来源：王曙光、乔郁等：《农村金融学》，北京大学出版社 2008 年版。

（二）农村金融供给（发展）与农村经济增长关系实证研究回顾

国内外关于农村金融供给（发展）与农村经济增长关系的实证研究成果较多但结论不一：迈克尔等从农村金融组织和农业信贷对农业产出影响的角度建立了农业信贷对农业产出影响的市场分析模型；世界银行认为农村金融的目标是通过增加农民收入来促进经济增长；伯吉斯等认为印度农村银行业促使农村生产活动和雇佣行为发生了变化，促进了贫困下降和产出增加。

国内学者对中国农村金融发展与农村经济增长的关系进行了一些实证研究，大多数学者认为农村金融发展能够促进农村经济增长。孙玉奎、周诺亚、李丕东（2014）通过建立农村金融发展与农民收入关系的面板 *VAR* 模型考察了我国农村金融发展对农民收入的影响且研究发现：我国农村金融发展对农民收入的影响非常有限[①]；李刚（2005）采用的方法是运用道格拉斯生产函数进行模型构建和检验，得出的结论是金融资本在农村经济增长中占有非常重要的地位，农村经济发展必须依赖资本投入、要逐步解决农村金融抑制问题，通过金融深化来促进农村金融的发展，进而促进农村经济的发展；焦兵（2007）则分别对中国东部和西部的金融对经济增长的推动作用进行了实证研究认为：东部农村金融发展与经济增长之间存在双向因果关系，而西部农村由于存款转换效率低、有限的资金抽逃比较严重，所以仅存在单向因果关系；李喜梅（2007）则运用线性分析的方法，通过对各类地区进行分类考察来研究农村金融诸因素对农村经济增长的影响，结果显示：虽然各类农村地区的农村金融对农村经济具有一定的影响，但是这种影响表现出一定的差异性，发达地区更多的是通过提高金融机构的效率来促进农村金融发展与农村经济增长的；季凯文、武鹏（2008）研究发现，农村金融深化在一定程度上促进了农村经济增长，但农村金融深化与农村经济增长之间不存在显著的格兰杰因果关系，原因在于中国农村正规金融相对于农村经济增长的要求来说是缺乏效率的；刘纯彬、桑铁柱（2011）研究认为：农村金融发展规模的提升并没有促进农村经济增长，而农村金融中介效率的提升有助于农村经济增长；杜兴端（2011）应用 *VAR* 模型分析农民收入、农村金融发展规模和农村金融发展效率等大量的实证研究，得出现行的农村金融供给抑制了农民收入提高的结论。但是应用误差修正模型（*ECM*）分析中国农村金融发展与农民收入

---

① 孙玉奎、周诺亚、李丕东：《农村金融发展对农村居民收入的影响研究》，载《统计研究》2014 年第 11 期。

增长之间的关系，结果显示：农村存款、农业保险赔付与农民收入增长呈正向关系，而农村贷款、农业保险收入与农民收入增长呈负向关系；余新平（2010）认为农业贷款促进农民增收存在着一定的滞后期，乡镇企业贷款不仅没有成为农民增收的重要途径，相反却在一定程度上抑制着农民收入的增长；傅昌銮（2014）基于"最优金融结构"理论研究了县域金融结构与农村经济增长的关系①。

（三）评述

农村金融管制论、农村金融市场论和农村金融不完全竞争论已成为发展中国家农村金融领域研究中具有代表性的理论，其政策主张对发展中国家农村金融和农村经济产生了重要影响。20 世纪 80 年代以前，农村金融管制论主张政府干预农村金融市场、管制利率和市场准入、严格限制农村非正规金融，在一定程度上促进了农村经济暂时的恢复性增长，但也导致农村金融供给能力受到抑制、金融机构效率低下等负面效应。

20 世纪 80 年代，作为金融深化理论在农村领域的发展，农村金融市场论重视市场机制的作用，对政府过度干预农村金融市场持反对态度。20世纪 90 年代受东南亚金融危机影响，农村金融不完全竞争论取代了市场论。该理论认为需要一定程度的政府干预以弥补市场失灵，逐步放松管制，鼓励农村金融市场的竞争。该理论对发展中国家农村金融的现状比较有解释力，更具有操作性和现实性，是金融约束论在农村领域的发展。

金融发展理论通过大量数据证明了有关金融改革与深化、金融变量变化对经济增长的促进作用，并分析经济增长与金融发展间的关系及作用机制，为完善促进经济增长的金融供给政策提供了依据；农村金融需要政府适度干预以弥补市场失灵，逐步放松农村金融管制以鼓励竞争。上述研究成果对我国农村金融的现状比较有解释力、也具有操作性和现实借鉴意义。

综上所述，国内外学者在农村金融与经济增长关系方面的研究也取得了丰硕的成果，大部分理论和实证研究结果反映二者之间有密切的关系，农村金融发展对农村经济增长有明显的促进作用，对促进农村经济增长的金融因素也有了一些研究。但是对于农村金融对农村经济增长作用机理、农村金融供给（规模和结构等）方面，目前还缺乏系统和深入的研究。关于农村金融与农村经济增长之间关系的结论并不统一，尚无确切定论，这

---

① 傅昌銮：《县域农村金融结构与经济增长——以浙江省的为例》，载《农业技术经济》2014 年第 7 期。

与不同研究者的研究角度、研究方法和数据选择等方面存在着较大差异有直接关系。这将是本章研究的切入点。

二、金融供给影响经济增长的理论模型

金融供给与经济增长是相互联系、相互作用和相互制约的。接下来首先研究农村金融形成的基础，进而研究农村金融供给是如何影响经济增长的。按传统的金融发展理论，市场是完全竞争的就不需要金融中介的出现。但事实上，不确定性、不对称信息等因素决定了农村金融市场并不是完全竞争。影响农村经济发展的首要因素——资本在其融通过程中遇到各种不确定性和信息不对称等因素时会产生较高的交易成本和信息成本。随着农村经济发展，交易成本对农村金融活动的影响越来越大。为了降低农村金融交易成本，经济发展到一定程度就会内生地要求产生相应的农村金融体系。农村金融中介的出现及农村金融发展可降低金融交易成本和信息成本，进而影响了农村储蓄水平、农业投资决策和农业技术创新等。下面引入帕加诺（1993）扩展的 *AK* 模型分析农村金融活动及创新影响农村经济增长的机理。

帕加诺（1993）扩展的 *AK* 模型是在内生性经济增长理论的基础上对 *AK* 模型的改进。模型假设如下：第一，人口规模不变；第二，经济体只生产一种商品，此商品可用于投资或者消费；第三，假设此种商品被用于投资，则每期以 δ 的比率折旧。在满足上述假设的条件下，农业生产函数可表示为如下线性形式：

$$Y = AK_t \tag{4.1}$$

式中，Y 代表总产出水平；A 代表资本边际生产率，即技术水平；K 代表总资本存量。从上式我们可以明显看出，农村经济增长取决于资本的边际生产率以及投入资本量。

利用模型假设，对模型进行变换：

$$I_t = K_{t+1} - (1-\delta)K_t \tag{4.2}$$

以 g_{t+1} 作为第 $t+1$ 期经济增长率，对式（4.1）进行推导可得：

$$g_{t+1} = \frac{Y_{t+1}}{Y_t} - 1 = \frac{K_{t+1}}{K_t} - 1 \tag{4.3}$$

结合式（4.1）~式（4.3），可做如下推导：

$$g_{t+1} = \frac{Y_{t+1}}{Y_t} - 1 = \frac{K_{t+1}}{K_t} - 1 = \frac{K_{t+1} - K_t}{K_t} = \frac{I_t + (1-\delta)K_t - K_t}{K_t} = \frac{I_t - \delta K_t}{K_t}$$

$$= \frac{I_t}{K_t} - \delta = A\frac{I_t}{Y_t} - \delta \tag{4.4}$$

用 i 表示投资率，即 $i = \dfrac{I_t}{Y_t}$，除去式（4.4）的时间因素，推导出均衡状态下经济增长率公式：$g = A\dfrac{I}{Y} - \delta = Ai - \delta$ （4.5）

上式表明，农村经济增长取决于投资率 i 和资本边际生产率 A。以农村贷款结构为核心的金融结构演进主要是通过上述两条渠道作用于农村经济增长。

对式（4.4）做进一步分解：

在没有政府部门的封闭农村经济体中，农业总投资等于考虑了资本损失后的储蓄总额，即：$I_t = \varphi S_t$ （4.6）

φ 表示储蓄投资转化率。

$$g_{t+1} = A\frac{I_t}{Y_t} - \delta = A\frac{\theta \times S_t}{Y_t} - \delta \qquad (4.7)$$

用 s 表示储蓄率，即 $s = \dfrac{S_t}{Y_t}$，除去式（4.7）的时间因素，推导出以下均衡状态下经济增长率公式：$g = A\dfrac{I}{Y} - \delta = A\varphi s - \delta\left(s = \dfrac{S_t}{Y_t}\right)$ （4.8）

经过进一步分解后的经济增长率公式表明：农村经济增长取决于储蓄率 s、储蓄投资转化率 φ 以及资本边际生产率 A。具体而言，农村金融结构的演进包括金融产业结构的演进、金融市场发展及融资结构的演进，金融结构通过以上三条渠道作用于农村经济增长。

三、农村金融供给影响经济增长的机制

（一）农村金融中介影响经济增长的机制

依据式（4.8），农村金融主要通过影响储蓄率、储蓄投资转化率、资本边际生产率对农村经济增长产生影响，具体而言可以从以下三个渠道影响农村经济增长。

1. 农村金融中介供给影响储蓄率

由于替代效应和收入效应的存在，农村金融供给对储蓄率的影响具有不确定性。一方面，在替代效应作用下，随着农村金融供给机构、金融工具呈现多样化。多元化的金融部门推出不断优化的金融产品，高收益、低风险的金融产品使私人储蓄意愿提高，储蓄率上升；另一方面，高收益、低风险产品使私人收入水平提高，在收入效应的作用下，居民提高消费水平而降低储蓄。另外，低风险产品也使得人们预防性储蓄减少。因而，农村金融供给通过私人储蓄率影响经济增长率的作用机制具有模糊性。

2. 农村金融中介供给影响储蓄投资转化率

投资来源于储蓄，金融体系在将居民分散的储蓄转为投资的过程中，因集中分散居民储蓄资金产生的交易成本以及让居民放心储蓄，克服信息不对称而支付的信息成本的存在，使得一元的储蓄并不带来一元的投资，有（$1-\varphi$）的资金作为存贷差被银行占有并流向资本市场。而银行占有的这部分资金的比例与金融体系效率有关。农村金融供给的多元化金融机构的发展以及银行集中度的降低，使得金融机构间竞争加剧，新型金融机构以及金融创新涌现，电子技术开始在支付结算系统中应用，金融机构的运作效率提高。不同金融机构的出现不仅增加了金融产品和金融服务的供给种类，还提高了金融机构的管理水平及服务质量，进一步导致金融机构竞争能力增强和金融体系运作效率提高。金融体系效率的提高能够使动员储蓄过程中发生的信息、交易成本降低，从而使得（$1-\varphi$）降低。

3. 农村金融中介供给影响资本边际生产率

金融产业结构演进作用于资本边际生产率，主要通过两条途径实现：一是收集信息、提高资本配置效率。在市场经济中，投资的效率也即资源的配置效率相对于投资的总量更为重要。有效的投资才会推动经济的增长。由于信息的不对称，单个投资者很难也没有足够的时间去掌握公司、高级管理人员、市场条件等信息，因而对生产风险、经营者实力、项目回报具有不可知性，从而难以保证投资的配置效率。而伴随着金融结构的变迁，金融产业结构的优化演进，金融业内部分工呈现不断细化和专业化的特征。金融体系为实体经济提供的投融资服务越来越专业化，节约了经济资源配置的信息搜集等成本。同时，金融业提供的投融资策略分析的专业化使投资者能够得到更为科学的投资决策咨询。这些都使得全社会资本的配置效率从整体上得到了提高。二是健全风险管理及社会保障机制、推进企业创新项目开展。以我国为例，在金融产业结构处于较低水平时，金融机构单一、银行集中度高，国有商业银行对风险的规避以及对国有大型企业的倾斜使得中小创新型企业难以获得创新资金。另外，金融机构风险管理机制不健全，业务单一。金融机构不愿发放期限长、风险高的创新型贷款，投资者在充分考虑风险与收益也不愿进行风险投资，这些都阻碍了金融创新的开展。随着金融产业结构的演进，金融机构间竞争的加剧使其不断推出一些能够为投资者应对不确定性风险而提供保险与保障的金融工具。作为农村融资过程中的中介，农村金融中介机构通过其不同类型业务以及管理技术转移、分散了农业投资风险，并提供一些农村风险管理服务。伴随着金融结构的优化，农业保险和农村担保也加速发展、社会保障机制日趋健全，农村经济生活中的各种不确定性得到一定程度的防范、补偿。此类功能的发挥使得农村资本边际生产率较高而风险可控、生产效率也更高的项目，尤其是农业创新项目更易得到资金支持。

（二）农村金融市场影响农村经济增长的机制

农村金融市场发展作用于农村经济增长的渠道与农村金融供给结构基本一致，也是通过作用于储蓄率、储蓄投资转化率以及资本的边际生产率来影响农村经济增长。

1. 农村金融市场发展影响储蓄率

同金融产业结构演进一样，农村金融市场发展对储蓄率的影响也具有不确定性。一方面，随着农村金融市场的发展、资本市场规模不断扩大和价格上升，农民通过金融市场所获实际收入增加，收入的增加促进农村储蓄率的提高；另一方面，农村金融市场的发展也增加了金融市场投资者的收入预期，农民提高消费水平而降低储蓄水平。同时，农村金融市场的稳定发展也会降低未来的不确定性，农民预防性储蓄动机也会降低。

2. 农村金融市场发展影响储蓄投资转化率

农村金融市场的发展一方面能够增加金融产品的供给，一部分投资者转而进入金融市场。农村金融市场以其流动性方便市场参与者间的交易，大大减少了通过金融中介交易而支付的交易、信息成本。另一方面，随着农村金融市场的发展壮大和融资结构中直接融资占比的增加，农村金融市场抢占了越来越多的投资者。这增加了农村金融机构经营压力，迫使其降低成本和提高金融体系效率。这些使得（$1 - \varphi$）降低，储蓄投资转化率提高。

3. 农村金融市场发展影响资本边际生产率

农村金融市场发展对农村资本边际生产率具有直接影响。在农村金融结构处于较低水平时，农村金融市场发展滞后。因此，涉农经济组织的融资渠道单一且基本通过国有商业银行实现，而国有商业银行对风险的规避以及对国有大型企业的倾斜使得农业及农村高风险、高收益项目无法开展，农村中小型创新型乡镇企业难以获得创新资金。农村金融市场的发展可以改变农村单一融资渠道，金融市场通过其独有的市场机制收集大量信息并方便投资者对各类投资项目进行评估，投资决策的准确性得以提高。另外，金融市场的风险资产定价功能能够引导资本流向，投资者的风险得以分散，最终促进资源配置效率提高。

大量的理论推演与经验数据都显示出农村金融发展与农村经济增长之间存在着一定的相关性，但不同环境下的农村金融供给对农村经济增长的作用程度、作用方式以及影响方向具有一定的差异。许多实证研究表明，金融供给与经济增长的关系因不同的国家或地区而异。当前中国经济正处于转型时期，农村金融供给与农村经济增长的相关关系和因果方向都很难直接进行定性分析，只有利用实际数据才能深层次分析两者的关联程度和变化趋势。

第二节　中国农村金融供给水平与农村经济增长的实证检验

农村金融发展与农村经济增长的研究方法、样本数据选择、指标选取及研究结论均具有较大差异。关于农村金融发展的指标选取上，大部分学者只关注了农村信贷规模、农村金融深化程度等，而忽视了农村整体金融对经济增长的影响，没有学者从农村金融市场的集中度和进入壁垒角度论证农村金融发展对经济增长的影响；在理论基础上，大部分研究单纯的以数据验证数据，忽略了理论的支撑。针对上述不足，通过计量模型检验中国农村金融发展和经济增长之间的关系，以明确农村金融发展在经济增长中的地位和作用。如果农村中国金融发展确实促进了农村经济增长，即农村金融供给驱动型的经济增长，则制定并实施长期的农村金融发展战略将对未来中国农村经济的可持续增长具有重大的意义。反过来，如果中国农村金融发展仅是对经济增长的被动反应，即金融是经济发展需求的产物，那么相关的金融政策应是解决问题型的，即提供市场需要的金融服务即可。如果二者是相互促进、相互影响的关系，则需要构建农村金融与农村经济增长关系良性互动发展相宜的农村金融政策。接下来的研究模型试图通过简单的生产函数构建理论依托并加入反映农村金融市场集中度的变量，从农村金融市场规模、金融结构和农村金融效率三个方面对中国农村金融发展与经济增长的关系进行实证检验。研究方法将基于 VAR 模型并通过 Johansen 协整检验、Granger 因果检验和脉冲响应分析对中国改革开放以来农村经济增长与农村金融发展关系进行实证研究，以探究农村金融发展促进农村经济增长以及农村经济增长对农村金融发展作用效果，验证中国农村金融市场是否还处于"供给引导"阶段。最后，在上述研究的基础上从农村金融发展规模、结构和效率三个方面提出完善农村金融市场、促进农村经济发展相关政策建议。

一、计量模型及变量选择

（一）计量模型说明

假定农村劳动力在一定时期内保持不变，并将农村金融发展作为一个独立影响因素引入农村总生产函数，农村金融发展水平和资本、劳动力等生产要素各自被当作一项投入。给出反映农村经济增长与农村金融发展水平的生产函数如下：

$$Y = f(K,\ L,\ F) \tag{4.9}$$

其中 Y 代表农村总产出，F 代表农村金融发展水平，K 代表农村资本投入，L 代表农村劳动力投入。基于帕伦特和普瑞斯科特（1991）、温涛（2005）[①] 的研究基础对农村劳动投入加入一个容量限制：$\overline{L}$，使 $M = (\overline{L})^\theta$，表示农村经济的最大的生产能力。此时，农村产出就取决于农村金融发展水平和农村资本投入。

$$Y = mf(K,\ F) \tag{4.10}$$

结合式（4.9）、式（4.10），可得到如下全微分方程：

$$dY = m\frac{\partial f}{\partial F}dF + m\frac{\partial f}{\partial K}dK \tag{4.11}$$

结合当前中国农村金融市场的实际情况，采用以下 3 个指标来衡量农村金融发展水平：农村金融规模指标 $RFIR$，农村金融市场结构指标 RLL，农村金融发展效率指标 RLD，即农村金融发展水平是这 3 个变量的函数：

$$F = g(RFIR,\ RLL,\ RLD) \tag{4.12}$$

对式（4.11）取全微分代入式（4.12），得到式（4.13）：

$$\frac{dY}{m} = \frac{\partial f}{\partial RFIR}dRFIR + \frac{\partial f}{\partial RLTL}dRLL + \frac{\partial f}{\partial RLD}dRLD + \frac{\partial f}{\partial K}dK \tag{4.13}$$

用 β_1，β_2，β_3，β_4 分别代表农村金融规模、农村金融发展结构、农村金融发展效率和农村资本的边际产出，进一步简化式（4.14）得，得到如下计量模型：

$$dRGDP = \beta_0 + \beta_1 dRFIR + \beta_2 dRLL + \beta_3 dRLD + \beta_4 dK + u_t \tag{4.14}$$

$RGDP$ 代表农村产出，β_0 代表常数项，u 为随机误差项。考虑到滞后性，为了便于实证检验农村经济增长和农村金融发展水平之间的关系，设定如下 VAR 模型：

[①] 温涛、冉光和：《中国金融发展与农民收入增长》，载《经济研究》2005 年第 9 期。

$$RGDP = \beta_0 + \sum_{i=1}^{n} \beta_{1i} RFIR_{t-i} + \sum_{i=1}^{n} \beta_{2i} RLL_{t-i} + \sum_{i=1}^{n} \beta_{3i} RLD_{t-i}$$

$$+ \sum_{i=1}^{n} \beta_{4i} K_{t-i} + \sum_{i=1}^{n} \beta_{5i} RGDP_{t-i} + u_t \tag{4.15}$$

模型所采用样本数据为 1978～2012 年，数据分别来源于各年《中国统计年鉴》、各年《中国金融年鉴》、《中国农村统计年鉴》。农村存款余额为农户储蓄存款余额与农业存款余额之和；农村贷款余额为乡镇企业贷款余额和农业贷款余额之和。农村 GDP 为全国 GDP 乘以农村 GDP 占全国 GDP 的比重，为减轻通货膨胀的影响，农村 GDP 采用上年和本年实际值的平均值来表示（以 1978 年为基年）；农村信用社农村贷款来源于《中国金融年鉴》，为信用社农业短期贷款与乡镇企业短期贷款之和。

（二）变量选择及指标说明

农村金融供给变量的选择如下：一是对于农村金融发展规模的衡量，最普遍的采用了金融相关率和货币化率两个指标。农村金融相关率由农村金融资产占 GDP 的比重表示，货币化率通常由 M_2 占农村 GDP 的比重表示。在一定条件下，这两个指标存在着一些缺陷，例如较高的指标水平可能是由于不发达的金融市场导致的信用集中于银行；银行的不良资产率较高且不能得到及时冲销；当经济不景气时，公众形成悲观预期导致对货币需求的谨慎动机增强，从而货币需求增强，货币流通速度下降[1]。尤其是在全球金融危机的影响下，采用上述两个指标显得更加不恰当。银行贷款占 GDP 的比重被认为是金融发展对经济增长最有影响的指标[2]，该模型中采用农村贷款余额与农村 GDP 的比例作为衡量金融发展规模的指标。1978～2012 年，中国农村贷款占 GDP 比重相对于整体金融而言，比例偏低，总体上呈现增长趋势，1994 年达到最高、之后又出现下降趋势。二是对农村金融结构的度量，在以往的研究成果中通常以乡镇企业贷款余额与农村贷款余额的比例来表示，并且得出了较为一致结论：以该指标度量的农村金融发展结构与农村经济增长呈现出正相关关系，说明乡镇企业能否获得足够的资金直接关系到农村经济的发展。但是以前研究忽视了整体性的农村金融市场结构，本模型中将以农村信用社贷款与农村贷款的比例作为衡量农村金融发展结构的指标。农村信用社的农村贷款在农村贷款市场已占据主导地位且占比仍呈上升趋势。该指标可以反映农村信用社在农村金融市场的垄断地位对经济发展的影响。三是将农村金融发展效率主要

---

① 姚耀军：《中国农村金融发展状况分析》，载《财经研究》2006 年第 4 期。
② 谢玉梅：《农村金融深化：政策与路径》，上海人民出版社 2007 年版，第 87～89 页。

定义为：农村金融中介将农村储蓄转化为农村贷款支持农村经济增长的效率。模型中用农村贷款余额与农村存款余额的比例衡量金融发展的效率。1978 年该比率为 92%，2012 年该比率则下降到 50% 左右，这也验证了当前中国农村金融中介的对农村资金具有"抽水机效应"，即大量资金从农村流向城市，农户与农村中小企业的融资需求得不到满足，限制了农村经济的发展。

二、实证检验及分析

实证研究目的在于验证中国农村金融发展与经济增长是否具有长期均衡关系，以及各个变量之间的相关关系和变量之间的动态特征；如果存在长期均衡关系，则验证变量之间是否存在因果关系，如果金融发展是农村经济增长的 Granger 原因，说明中国农村金融市场属于"供给领先型"；反之，说明农村金融市场为"需求遵从型"。为减轻数据的变动幅度，对所有相关变量均取对数值，模型中所有的实证分析借助于 EViews5.1 完成。

（一）ADF 单位根检验

以 RGDP 表示农村经济的增长指标，以 RFIR、RLL、RLD、RK 分别表示农村金融发展规模、农村金融发展结构、农村金融发展效率和农村总投资。对以上变量进行 ADF 检验，结果如表 4 - 2 所示。通过检验发现，RGDP、RFIR、RLL、RLD 和 RK 均为 I（1）时间序列，可以进行协整关系检验。

表 4 - 2　　　　　　　　　变量的单位根检验

变量	检验类型	ADF 检验值	显著性 5% 水平下临界值	是否显著
RGDP	（C, 0, 2）	-0.318912	-2.976263	否
DRGDP	（C, 0, 1）	-3.324433	-2.976263	是
RFIR	（C, T, 1）	-2.051614	-3.580623	否
DRFIR	（C, 0, 0）	-4.375334	-2.971853	是
RLL	（C, 0, 5）	-3.143364	-3.737853	否
DRLL	（C, 0, 0）	-5.480721	-2.971853	是
RLD	（C, T, 0）	-1.284176	-3.574244	否
DRLD	（C, 0, 0）	-5.070940	-2.971853	是
RK	（C, 0, 2）	-1.123384	-2.976263	否
DRK	（C, 0, 1）	-10.33217	-2.976263	是

说明：（C, T, L）表示检验模型含有截距项、趋势项、滞后阶数为 L；DRGDP 表示 RGDP 的一阶差分，其余类同。

（二）变量间的协整关系检验

在模型中将利用 Johansen 协整检验判断它们之间是否存在协整关系。Johansen 协整检验是一种基于 VAR 模型的检验变量之间是否存在长期稳定关系的方法，因此必须首先确定 VAR 模型的结构。基于数据生成的过程特征，模型中将选择带有截距项并带有趋势项的 VAR 模型。综合 SC 定阶准则，无约束 VAR 的最优滞后期为 1，故协整检验的 VAR 模型的滞后期确定为 0。表 4 - 3 为 Johansen 协整检验结果。

表 4 - 3　　　　　　　　农村经济与农村金融发展协整检验结果

协整向量个数的原假设	特征值	Max-egin 统计量	5%临界值	P 值
0	0. 859393	56. 89191	33. 87687	0. 0000
至多一个	0. 551398	23. 24694	27. 58434	0. 1632
至多两个	0. 354008	12. 67209	21. 13162	0. 4829
至多三个	0. 296528	10. 20011	14. 26460	0. 1991
至多四个	0. 156997	4. 952743	3. 841466	0. 0260

协整检验的结果表明：在 5% 的显著水平下，各个变量之间存在一个协整关系。可以得到的协整均衡向量如表 4 - 4 所示。

表 4 - 4　　　　　　　　变量间的协整向量

RGDP	RFIR	RLL	RLD	RK
1. 000000	3. 684735	− 9. 235294	− 3. 310232	0. 369049
	(0. 87340)	(1. 15255)	(0. 82711)	(0. 20962)

根据协整向量可以写出协整方程如下：
$$RGDP = -3.68RFIR + 9.23RLL + 3.31RLD - 0.37RK \qquad (4.16)$$
由式（4.16）可以得出：农村经济增长与农村金融发展结构和农村金融发展效率均存在正相关关系，与农村金融发展规模呈现负相关关系；农村总投资与经济增长存在负相关关系但影响并不显著，这可能是由于农村投资的低效率导致的[①]。

（三）Granger 因果关系检验

在验证了各个变量之间具有协整关系以后，接下来通过 Granger 因果

---

① 邱杰、杨林：《农村金融发展与经济增长关系的实证研究》，载《工业技术经济》2009 年第 8 期。

检验来进一步具体考察农村经济增长与农村金融发展之间的因果关系。由表 4 - 5 可知：在最优滞后期内，农村金融发展规模、结构和效率在 5% 的置信水平下表现为农村金融发展是农村经济增长的 Granger 原因，但农村经济增长没有成为农村金融发展的 Granger 的原因。

表 4 - 5　　　　农村经济与农村金融发展的 Granger 因果分析

原假设	滞后期	样本数	F 统计值	概率
RFIR 不是 RGDP 的 Granger 原因	1	29	5.81226	0.02328
RGDP 不是 RFIR 的 Granger 原因			0.43435	0.51566
RLL 不是 RGDP 的 Granger 原因	1	29	11.1768	0.00252
RGDP 不是 RLL 的 Granger 原因			0.00214	0.96344
RLD 不是 RGDP 的 Granger 原因	1	29	5.22178	0.03071
RGDP 不是 RLD 的 Granger 原因			3.54843	0.07083
RK 不是 RGDP 的 Granger 原因	1	29	2.12512	0.15688
RGDP 不是 RK 的 Granger 原因			5.28776	0.02976

（四）基于 VAR 模型的脉冲响应分析

Granger 因果关系检验证实了农村金融发展是促进农村经济增长的原因，为进一步研究农村金融发展对农村经济增长影响的路径，现利用向量自回归进行冲击效应分析来探索农村经济增长与农村金融发展之间的动态特征关系。图 4 - 1、图 4 - 2 显示的是农村经济对农村金融发展结构的响应途径：农村经济对农村金融发展结构呈现正向反应，在第八期达到最大值，然后趋于平稳并且响应越来越小；给农村金融发展效率一个冲击后，

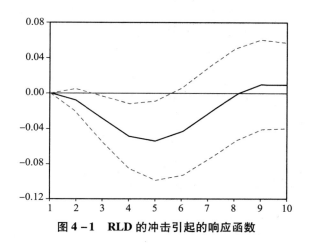

图 4 - 1　RLD 的冲击引起的响应函数

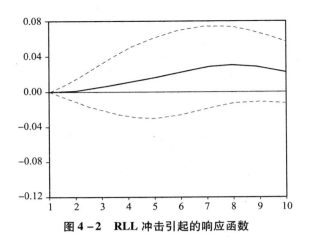

图 4 - 2 RLL 冲击引起的响应函数

给农村经济带来负向冲击，在第五期达到最大值，在第八期以后呈现正面冲击，这说明农村金融发展效率对促进农村经济增长有很长的滞后期，在很长时间表现为副作用。这也契合了农村金融信贷市场的"抽水机效应"限制了农村经济增长。

（五） 实证结论及原因分析

关于农村金融发展与农村经济增长的实证检验结果表明：自改革开放以来，中国的农村金融发展与农村经济增长存在一种长期均衡关系；从Granger 因果关系检验结果来看：农村金融发展促进农村经济增长，但是农村经济的增长并没有带动农村金融发展，农村金融发展表现为总体性的"供给领先"模式①。

农村经济增长与农村金融发展规模的关系。由协整方程（4.16）可以看出，农村金融发展规模与农村经济增长呈现负相关关系，这可能是受到中国工业化发展和城市偏向战略的影响。农村金融市场虽然呈不断扩大趋势，但并没有转化为支持农村经济增长的关键因素，农村经济发展面临严重的资金"瓶颈"制约、农村经济发展乏力；农村金融市场的金融抑制现象较为突出，导致农村金融市场发育水平较低并严重限制了农村金融发展。

农村经济增长与农村金融发展结构的关系。由协整检验和脉冲响应模型可得：从农村金融市场集中度来看，农村信用社在农村信贷市场的垄断地位并没有成为农村经济增长的阻碍因素，在相当长的滞后期内也只是表

① 方金兵、张兵：《中国农村金融发展与农民收入增长关系研究》，载《江西农业学报》2009 年第 1 期。

现为正向促进作用的下降。这说明农村信用社在促进农村经济增长方面发挥了重要的作用，从金融发展更好地促进经济增长的角度考虑，要发挥农村信用社的潜力。在短期内要适度维护农村信用社的市场地位，但基于长期考虑应不断完善农村金融市场结构。

农村经济增长与农村金融发展效率的关系。从回归方程看，农村金融发展效率与农村经济增长正相关，与以往的研究结论存在明显的差异。但是从动态特征看，只有在很长的滞后期间内，这种正向促进作用才显现出来，在很长的时间内表现为显著的阻碍作用。这说明农村金融市场的不断扩大的存贷差和日益显著的农村资金大量流向高收益的城镇，阻碍了农村经济发展，而实证结果的正向促进作用更多地表现为工业支持农业、城市反哺农村的被动作用，并且这种效果在短期内很难显现。

造成上述农村金融与农村经济关系状况的原因主要在于以下几个方面：（1）农村金融机构职能定位不够明确，很多农村金融领域还存在空白；农村资金被大量抽离、农村"资金贫血"相当严重；农村信用环境普遍恶化、农村金融机构自我发展能力较差等。由此引发了农村经济的发展和农业经济结构的转型，特别是农业产业化、农村工业化、城镇化以及农村经济活动组织化程度的提高使得农村金融供需缺口存在持续扩大的趋势，而农村金融供给不足逐渐成为农村经济发展的"瓶颈"制约因素。根据国家开发银行对农村金融需求与供给的测算，如果不进行大规模农村金融创新并大量增加金融供给，农村金融供需缺口将在 2015 年的 7.6 万亿元基础上持续扩大。金融供给短缺是农村金融问题的集中表现，农户和中小乡镇企业的金融服务需求和资金需求得不到满足是目前农村金融领域的主要矛盾。另外，随着四大商业银行逐步退出农村金融市场，农村信用社"一家独大"的垄断格局进一步导致农村金融缺乏竞争及农村金融市场机制无法充分发挥作用。不仅如此，大量农村储蓄资金还通过邮政储蓄银行和商业银行吸储等渠道流出农村市场，这进一步加剧了农村金融供给的短缺。（2）当前中国农村金融体制不利于金融资源向农村地区流动和聚集：现有的金融体制不利于农村金融资源留在农村，促进城市金融资源向农村流动和倾斜的机制远没有形成。四大商业银行仍然是农村资金外流的主要渠道。中西部地区许多农村信用社事实上已经现实地成为向农户和农村中小企业提供金融服务的唯一的正规金融机构，但是其垄断性经营却不利于服务效率的提高和农村金融供给的创新。农村信用社信贷资金不断从"三农"项目中抽离和向地方政府偏好型项目倾斜的结果是农村金融供给的进一步缺位①。邮政储蓄体系改革虽然有所突破，但在农村领域的信贷业务仍然相当有限，邮政储蓄仍然是农村资金流失的一个大"漏斗"。邮政储蓄银行向农户和农村中小企业提供政策性信贷的机制还没有建立起来。（3）农村金融监督效率低、成本高制约了农村金融供给：现有商业银行明显缺乏农村金融监督的比较优势，由其组建的村镇银行和贷款公司将难以长期持续经营；小额贷款公司因需要全部自有资本运营，对民营资本监督效率提出了过高要求而难以在农村地区普遍设立；资金互助社从农户生产经营中内生出来能有效实施相互监督和合同互联与专业合作社或龙头公司联合发展时可显著改善农村融资状况。

（六）实证检验的启示

第一，政府可以通过制定财政贴息、农村信贷风险适度转移分散等金融优惠政策及农业产业优惠政策引导农村资金回流。如适当的以法律形式定位农村金融机构及业务以保证其在农村地区的信贷比例，尽可能满足农村地区经济发展所需的资金需求。完善农村金融市场的基础设施及金融生态环境、扩大农村金融服务供给；进一步放开农村金融市场利率并完善有关农村金融市场和民间借贷的法律法规。

第二，保证农村信用社的市场地位但不过分强调农村信用社的垄断地位，当前应把农村金融改革尤其是农村信用社改革的重点放在完善农村信用社的治理结构；加强农村信用社的内部治理及金融风险的管控、规范存贷程序、减少坏账比例和开发适应当地农村市场的金融产品；从长期来看，应逐步完善农村金融机构的进入与退出机制，鼓励多种形式的金融机构进入农村金融市场，引入农村金融的竞争机制、不断优化农村金融市场结构。

第三，通过制度创新构建农村资金回流机制。金融当局和地方政府应主动承担农村金融拓荒成本、纠正农村信贷市场失灵以促进农村储蓄更多地向农村贷款转化，进而提高农村储蓄的贷款转化率。深化农村政策性银行的改革，政府适当引导以保证农村经济发展的资金需求，解决农村、农户和农业的融资难问题；加快乡镇企业规模发展、规范乡镇企业的市场行为和运作模式以提高其经济效益，乡镇企业的高收益将减少农村资金大量外流也将大大提高农民收入水平，进而带动农村经济发展。

第四，构建与完善多层次农村金融供给体系。除农村政策性金融以

---

① 陈雨露、马勇：《地方政府的介入与农信社信贷资源错配》，载《经济理论与经济管理》2010年第4期。

外，主要从以下三个层次完善农村金融供给体系：一是以农村信用社为主的商业信贷，农村信用社可与当地龙头企业进行配套资金供给。农村信用社为主的商业信贷经营管理水平较高、信贷额度大、担保条件严格，当地龙头企业在利润水平和担保水平上都能符合其要求，且具有相对完善的财务信息系统、能有效揭示其经营状况。积极探索农村信用社及商业银行如何有效地进入小额信贷市场以及如何完善其小额信贷模式。二是与一般农户融资相配套微型信贷。由于商业银行、农村信用社等从事小额信贷业务成本较高，因此应当构建普惠性金融体系并大力培育贴近"三农"的贷款零售商，从而更好地降低农村信贷风险和农村金融服务成本。发挥农村信用合作社植根农村、网点多、与农户关系密切的优势基础上，农村信用合作社可以强化通过联户贷款等方式降低微型信贷门槛。三是充分发挥村镇银行组织架构简单而且能有效避免信息不对称问题的优势，以及发放贷款成本低廉、创新速度快、经营决策灵活的长处以满足农业生产大户乡镇企业的小额贷款。

第三节　农村金融供给结构影响农村经济增长的实证检验

一、理 论 基 础

农村金融发展与农村经济增长的关系一直广受关注，但有关信贷结构对农村经济增长效应的研究却相对滞后。金融结构与经济增长理论最早始于戈德史密斯，此后与此相关的问题受到了许多学者的关注并取得了很大进展：戈德史密斯（1994）认为金融发展的内涵包括金融结构的变化，金融发展与经济增长之间存在明显的正相关关系；莱文则认为金融结构的不平衡并不影响金融体系的绩效，不是金融结构而是整体的金融发展水平与经济增长紧密相关，金融结构对经济增长无关紧要。有关农村金融发展与农村经济增长关系的研究，大多被隐含在金融发展与经济增长的研究之中，直接研究农村金融发展与农村经济增长关系的文献相对较少。伯契士（2002）研究了印度在 1961～2000 年银行业政策的变革，研究结果表明：印度农村银行业改变了农村的生产活动和雇佣行为，导致了农村贫苦人口减少和农村产出的增加。

21 世纪以来，国内学者对农村信贷投入与农村经济发展进行了一系列研究：程万鹏、李好好（2007），翟印礼等（2003），林强（2008）等分别研究了农业信贷资金与农业经济增长的关系研究表明。上述多数研究成果表明：农村信贷资金对农村经济增长具有重要作用，但是这些研究都把重点放在了信贷规模的度量上，忽视了农村信贷结构和其他金融结构对农村经济增长的影响。常青（2013年）运用西部8个民族省区在1997～2009年的面板数据考察了农村金融结构对经济增长的影响，对农村金融结构的分析着眼于不同规模的金融机构在金融体系中的相对重要性，通过度量各地区农村信用合作社的市场份额作为判断农村金融改革的必要性；王曙光、王东宾（2011），马世登、罗先录（2013）则分别从农村经济发展过程中金融结构研究的角度倒推了农村经济发展对农村金融结构的影响，认为农村经济发展对农村金融结构具有内生性影响效果。

目前从农村金融产业结构、信贷结构和金融市场结构等综合角度分析农村金融结构对经济增长的影响机制和效果的成果相对较少。因此，研究农村信贷市场结构与信贷投向结构对农村经济的影响具有现实意义。农村信贷结构包括农村信贷发放主体结构、信贷资金投放与运用在不同区域、不同产业、不同行业以及不同期限上的配置与配比等。关于信贷市场结构经济效应的研究，国外学者通过比较研究不同银行市场结构的经济状况得出两种相反的结论：第一种观点认为垄断性银行市场结构对宏观经济不利；第二种观点认为垄断性的银行市场结构对宏观经济有利。目前对银行市场结构与经济增长之间的关系尚无定论。有必要基于以下两种观点对中国农村信贷结构与经济增长进行实证检验：第一，集中度高的银行市场结构会带来总体上的福利损失的观点，即银行市场集中度降低有利于加强经济专业化的程度，从而提高了金融中介的效率并促进了经济发展，另外，银行市场结构过度集中可能导致可贷资金总量的减少，从而制约经济增长；第二，银行业过多竞争会危及银行体系的清偿能力，而垄断性的银行结构能够在减少其他风险贷款的同时增加给某企业的贷款，只有垄断性银行才有能力对低品质和高品质的企业加以甄别，从而缓解"逆向选择"和"道德风险"问题以提高银行贷款的质量；关于信贷投向结构，农村金融机构均无一例外地倾向于对当地乡镇企业和大中型种植户、养殖户等发放贷款，乡镇企业和大中型种植户、养殖户通常具有信用等级高、交易成本低等特点。不同的农村信贷投向在农村经济效益、社会效益等方面均会产生较大差异。因此，有必要研究农业信贷结构对农村经济增长的影响效应，即实证研究农村信贷投入主体和领域的差异对农业经济增长的影响效果，并为农村金融政策的制定提供一定的依据。

二、农村信贷结构影响农村经济增长的实证检验

（一）研究方法

研究农村信贷结构对农业经济增长的影响主要是根据计量经济学的协整理论。为避免模型出现伪回归的现象，首先利用 ADF 单位根检验法检验各变量的平稳性，对于非平稳性的变量要进一步差分处理检验其平稳阶数；其次是协整检验。如果两个或两个以上的时间序列变量是非平稳的，但它们的某种线性组合却表现出平稳性，则这些变量之间存在长期稳定关系即协整关系。在经济学意义上，变量之间协整关系的存在便可以通过其他变量的变化来影响另一变量水平值的变化。若变量间没有协整关系，则不存在通过其他变量来影响另一变量的基础。模型将采用 Johansen 提出的方法进行协整检验，即先将向量单位根过程写成向量自回归（VAR）形式后对其进行差分变换，然后在误差项的正态性假设下对协整向量进行极大似然估计，在 Johansen 似然比检验法中，协整向量的个数是由矩阵的秩 R 决定的；最后是格兰杰因果检验（Granger Causality Test）。格兰杰因果检验主要用于检验存在协整关系变量之间是否存在因果关系。

（二）信贷结构的变量选择及统计性描述

1. 变量的选取

从农村信贷资金投向结构和农村信贷主体结构两方面分析农村信贷结构对农村经济的影响程度：第一，农村信贷资金投向结构（RLD）指标，以乡镇企业贷款占农村贷款的比重表示；第二，农村信贷资金主体结构（RLL）以农村信用社农村贷款占农村贷款的比重表示；在实证过程中，加入农村信贷规模占全国信贷规模的比重 RLK 作为控制变量；农村经济增长指标 RGDP 以农村 GDP 表示，农村 RGDP 为全国 GDP 乘以农村 GDP 占全国 GDP 的比重，为减轻通货膨胀的影响，农村 GDP 采用上年和本年实际值的平均值来表示（以 1978 年为基期）。

数据来源：农村信贷资金投向结构及农村信贷资金主体结构的基础原始数据均来自于各年度《中国金融统计年鉴》（1982～2013 年）。为减轻数据的变动幅度和消除异方差，模型对各个变量取对数得到对数化之后的时间序列数据，因为对数据取对数可以消除其异方差性，且不改变时序数据的性质和它们之间的协整关系。接下来所有的实证检验和分析均借助于 EViews5.1 完成。

2. 农村信贷资金投向结构

农村信贷资金的投向主要是农业贷款、农村储户贷款和乡镇企业贷

款。农村储户贷款主要是个人用于简单农业生产或个人生活所需，因数额较小可将其归入农业贷款。从表4-6可以看出，2003年以来中国的农村信贷资金投向越来越倾向于农业贷款，农业贷款占比从2003年的45%增长到2012年的68%，而乡镇企业贷款从55%下降到32%。由此说明中国农村信贷政策侧重于农业信贷、加大农业基础设施建设和对农业的投资，乡镇企业贷款下降也从另外一个方面反映乡镇企业融资难的问题。

表4-6 　　　　　　　　　农村信贷资金投向结构分析　　　　　　　单位：亿元，%

年份	农村贷款	乡镇企业贷款	乡镇企业贷款所占比重	农业贷款	农业贷款所占比重
2003	10949	6061	0.553508	4888	0.446491
2004	12124	6412	0.528929	5712	0.471071
2005	13697	5286	0.497361	6885	0.502639
2006	16073	7662	0.476677	8411	0.523323
2007	17912	8069	0.450483	9843	0.549517
2008	19495	7902	0.40533	11593	0.594673
2009	19930	6622	0.320224	13208	0.679777
2010	22541	7112	0.315543	15429	0.684506
2011	25621	9153	0.357246	16468	0.642753
2012	27322	8789	0.32168	18533	0.678317

资料来源：根据各年金融年鉴统计得到。

3. 农业信贷资金投放主体结构

进入21世纪以后，中国农业银行基于对高收益率投资项目的追逐而相继退出农村信贷市场。当前农村信贷市场的基本格局为农村信用社占据大部分农业信贷市场份额，小型农村商业银行、农业银行和农业发展银行等分享其余小部分农村信贷份额。农村信用社信贷占农村贷款比重从1990年的57%增加到2010年的75%，农村信用社的农村贷款在农村贷款市场已占据着绝对主导地位，所占比重不断提高。尽管2005年后农村信用社贷款占比过高的局面得到一定的缓解，但所占份额表现为小幅波动、贷款占比依然偏高。

（三）农村信贷结构与农村经济发展的实证检验及结果分析

1. 实证检验

（1）*ADF* 单位根检验。对各变量进行 *ADF* 检验的结果如表4-7所示，通过检验发现，*RGDP*、*RLD*、*RLK*、*RLL* 均为 *I*（1）时间序列，可以进行协整检验。

表 4 - 7   变量的单位根检验

变量	检验类型 (c, t, k)	ADF 检验值	显著性5%水平下临界值	是否显著
RGDP	(c, 0, 2)	-0.318912	-2.976263	否
DRGDP	(c, 0, 1)	-3.324433	-2.976263	是
RLD	(c, t, 0)	-1.845948	-3.574244	否
DRLD	(c, 0, 0)	-5.649665	-2.971853	是
RLK	(c, t, 0)	-1.529487	-3.574244	否
DRLK	(c, 0, 0)	-4.864249	-2.971853	是
RLL	(c, 0, 0)	-2.745094	-2.967767	否
DRLL	(c, 0, 0)	-5.495077	-2.971853	是

注：（1）检验类型中的 c 和 t 表示常数项和趋势项，k 表示所采用的滞后阶数；（2）表中的临界值是在5%显著性水平下得到的 Machinnon 值；（3）d 表示序列的一阶差分。

（2）协整检验。接下来利用 Johansen 协整检验判断变量间是否存在协整关系。Johansen 协整检验是一种基于 VAR 模型的检验方法，接下来选择带有截距项并带有趋势项的 VAR 模型进行 Johansen 协整检验，检验的结果如表 4 - 8 所示。

表 4 - 8   农村经济与农村金融发展协整检验结果

协整向量个数的原假设	特征值	Max-egin 统计量	5%临界值	P 值
0	0.688837	59.27039	47.85613	0.0030
至多一个	0.440435	26.58215	29.79707	0.1123
至多两个	0.303392	10.32547	15.49471	0.2565
至多三个	0.007208	0.202565	3.841466	0.6527

检验结果表明：在5%的显著水平下，变量之间存在一个协整关系。运用 EViews5.1 对 RGDP、RLD、RLL 和 RLK 进行回归得到协整方程如下：

$$RGDP = 3.76RLD - 3.72RLL - 3.69RLK$$
$$(2.032) \quad\quad (1.305) \quad\quad (2.01)$$

(4.17)

由协整方程方程（4.17）可以得出：农村经济增长与农村信贷资金投向结构呈正相关关系，农村信贷资金投向结构变动1%能带动3.76%的经济增长；农村信贷主体结构与经济增长呈现负相关关系，农村信用社贷款与农村贷款的比值增加1%导致经济增长下降3.72%。

（3）Granger 因果检验。在变量间存在协整关系的基础上进一步通过 Granger 因果检验考察农村经济增长与农村信贷结构之间的关系。由表

4−9可知，在最优滞后期内，农村信贷资金结构的变化表现为农村经济增长的 Granger 原因；农村经济增长没有成为农村信贷资金结构变化的 Granger 原因。

表4−9　　　　农村经济与农村金融发展的 Granger 因果分析

原假设	滞后期	样本数	F 统计值	概率
RLD 不是 RGDP 的 Granger 原因	1	29	2.08535	0.16066
RGDP 不是 RLD 的 Granger 原因			1.47386	0.23565
RLL 不是 RGDP 的 Granger 原因	1	29	11.1768	0.00252
RGDP 不是 RLL 的 Granger 原因			0.00025	0.98757
RLK 不是 RGDP 的 Granger 原因	1	29	16.3684	0.00041
RGDP 不是 RLK 的 Granger 原因			8.71939	0.00660

2. 检验结果分析

（1）从协整方程和 Granger 因果检验来看，以乡镇企业贷款作为指标衡量的农村信贷投向结构与农村经济发展呈现正相关关系。乡镇企业贷款占农村贷款比例越高、越有利于农村经济增长。乡镇企业的发展有利于吸收农村剩余劳动力、提高农民收入水平、壮大农村经济实力和带动农村经济增长。目前，乡镇企业融资难的问题是制约乡镇企业发展的"瓶颈"，建立一个合理、高效、完善的乡镇企业融资体系是农村金融体系改革的一个重要目标。

（2）以农村信用社贷款占比衡量的农村信贷主体结构制约了农村经济的增长。农村信用社在农村金融领域的垄断地位是上述结果的主要原因。农村金融市场上金融机构主体相对单一导致农村金融领域缺少竞争机制、金融供给与需求失衡和金融服务不到位，不能高效率地为农村经济增长提供资金支持。从 Granger 因果分析可以得到，农村经济增长不是农村金融体系结构变化的原因，表明导致农村信用社在农村金融市场上独大的局面，不是正常经济体制本身造成的，更多地表现为制度因素。农村信用社不是依靠市场竞争达到当前的市场地位，更多因为政府的大力支持、农业银行等大型商业银行纷纷撤出农村市场、不完善的农村市场准入制度造成中小型金融机构难以进入等。农村信用社自身存在着产权不清晰、经营机制不完善等也导致当前农村金融组织不能有效发挥其基本职能。因此，农村信贷主体结构限制了当前农村经济的增长。

（3）农村信贷规模也是限制农村经济增长的重要因素。农村信贷规模与农村经济增长互为因果关系说明了农村信贷规模作用于经济增长的机制是存在的；从协整方程上看，*RLK* 与农村经济增长呈负相关关系，虽然农村金融规模在绝对数值上一直呈现增长的趋势。但是与金融机构贷款相比，农村信贷规模占比的增长率较低，不能满足农村经济发展的需要；资本的趋利性是农村储蓄流向城市的主要原因，资金并没有有效地投入到农村市场限制了农村经济的发展壮大；中国农村金融是政府主导的信贷体制，金融信贷目标、规模和利率都受到政府的干预，政府更多关注规模忽视了质量，金融规模虽大但利用效率太低，也是农村金融规模不断增长但不能有效促进经济增长的原因。农村经济增长与农村信贷结构的实证研究结果表明：农村信贷结构与农村经济增长存在着长期协整关系，以乡镇企业贷款表示的农村信贷投向结构对农村经济发展有促进作用，以农村信用社贷款为衡量指标的农村信贷主体结构限制了农村经济增长。从农村信贷资金投向和主体结构两个方面完善农村信贷市场有助于促进农村经济增长。

第五章 农村金融供给模式类型及实践

第一节 农村金融供给模式类型

一般而言，农村金融供给模式类型与经济发展关系密切。在经济发达、农业市场化程度高的国家和地区，现代化的金融机构往往也较发达、金融分工也较详尽。反之，在经济不够发达地区，依据正式金融组织制度建立起来的金融机构较少，非金融机构类型的私人借贷关系在农村金融市场中占据一定的地位，对农业、农村和农民生活都具有重要影响。

一、农村金融供给的金融形态类型

目前大部分国家的农村金融都是以间接融资为主，即以农村信贷机构作为农村金融的基本力量、以农村借贷作为农业和农村金融的基本活动。从所有制结构划分，农村金融形态大体上可以分为三种：合作金融、政策性金融和商业性金融。三者之间既有合理的分工又有合作，在金融功能上起着相辅相成的作用。

（一）农村政策性金融

农业自身的脆弱性导致存在许多不利于自身发展的因素，尤其在经济不发达国家中，仅仅依靠农民自有资金是很难实现农业现代化的。在工业化程度高的国家和地区，农业的发展同样也需要充足的资金支持和金融服务。农业的基础性地位决定了政府支持农业和农业金融的必要性。因此，各国农业与农村信用活动一般都有政府直接控制的政策性金融加以扶植，其资金运用数额和比重虽然不同但却发挥着较为重要的作用。农村政策性金融活动对农村商业银行及其他金融机构的农村金融活动具有明显的导向和杠杆作用，如法国合作金融以政府金融为其上层机构、美国政府金融先为合作金融垫付资金、日本合作金融与政府金融的上层管理组织机构相对应。

农村政策性金融包括财政贴息、政府金融机构发放贷款等。以政府金融机构发放贷款为例，其主要目的有四方面：第一，以贷款作为经济手段来体现和贯彻政府农业政策。政府利用低息贷款和财政补贴使农业生产按政府制定的政策方向发展。自20世纪60年代开始，日本的农林渔业金融公库为不断促进农业的发展对农民购买大型农业机械给予财政补贴；美国的农民家计局为了合理利用农业生产资源，对农场主发放兴修水利和土地改良贷款的期限最长可达40年。第二，帮助贫困地区和低收入的农户解决资金不足的问题。由于商业性金融机构发放贷款时非常注重贷款的安全性，所以，对贫困地区和低收入农户的信贷资金支持很少，这就需要政府的政策性金融机构给予解决。印度政府20世纪70年代中期开始建立地区农村银行以专门为偏远地区农民和小手工业者提供低息贷款。地区农村银行为贫困地区农业经营者提供的贷款约占其贷款总额的90%以上。第三，救济因自然灾害所导致的农业损失。美国商品信贷公司对农场因受自然灾害减产而给予补贴，这实质上类似于农业生产保险。日本的农林渔业金库对遭受自然灾害的农业经营者所必要的经营资金给予低利率的中期贷款。政府金融机构为农业提供的贷款资金具有社会公益性质。因此，在向特定的贷款对象和用途提供资金方面发挥着不可替代的作用。第四，促进改善农村公共设施和环境。农村的水利建设、农村社区发展、电力设备等有关农村基本建设问题需要政府统一规划、共同解决，国家有必要给予财政扶持和提供信贷帮助。在许多国家，这些项目一般是由政府金融机构承担。

（二）农村商业性金融

许多发达国家的商业银行等金融机构除了向工商业发放贷款以外，也对农业发放贷款，其发放农业贷款的目的是以盈利为主。商业银行发放农业贷款的前提是农业经营效益好、农业发达、商业银行预期有收益且风险较小。因此，政府一般运用低税、财政补贴以及其他优惠措施来引导商业银行资金向农业和农村地区的倾斜。各国的商业银行都以不同数量发放农业贷款。美国约90%的商业银行经营农贷业务，特别是设在小城镇的4000多家商业银行，农业贷款一般占其贷款总额的50%以上。英国的商业银行在支持农业发展和农村金融体系中居于重要地位。

在农村金融供给与服务中，政府金融、商业金融与合作金融既需要有明确分工又需要有机合作，三者复合运行、相辅相成有助于提高农村金融供给效率。从功能来看，政府金融主要是提供长期低息贷款，合作金融与商业金融主要是提供中短期贷款，三者是紧密联系的。如法国的农业信用合作组织的总部就是政府的法国农业信贷银行，属于"上官下民"的混合型组织结构；美国和日本的农业信用组织则是在政府资助与支持下建立并发展起来的，在业务与政策上仍然接受政府的领导、监督、管理，在资金融通与财政补贴方面也得到了政府的有力支持。多数情况下政府的农业贷款也是通过商业银行和合作金融组织经办的。三种类型的农村金融机构经常在资金方面进行相互融资。非正式的合作金融制度在调剂农村资金余缺等方面也发挥了重要的补充作用。

（三）农村合作金融

在很多国家，合作金融在农业发展中均居于主导地位，其对农业发展起到重要的作用。合作金融既存在于发达国家也存在于发展中国家，合作金融为农业提供的资金在各国农业信贷资金总额中所占比重不等，美国一般占30%左右，日本一般占50%以上，印度则一般占近70%。绝大多数经济发达的国家都形成了自成体系的农业信用合作组织。各国的农信合作组织的体系内部结构呈现多样化：美国的联邦中央信贷银行、联邦土地银行的农业信贷体系是按照专业分工建立合作金融体系；日本农业金融体系由协同组合、政府贷款和私人贷款组成，以协同组合的合作经济为主体，政府贷款为支柱、私人贷款为补充。第二次世界大战以后，日本在资金十分匮乏的情况下建立了由农户间进行相互扶助、资金相互调剂为基础的合作金融组织，在运筹资金方面卓有成效，使日本在确保农业发展需要的条件下，农业资金供应转为剩余；法国的农业金融体系是在民间合作信用组织的基础上，自上而下建立和发展起来的，法国合作金融体系是以法国农业信贷银行为主体，属于"半官半民"性质；印度作为传统的农业国家，为了限制势力强大的民间高利贷活动，政府支持建立了农村信贷合作社使农民能够得到低息贷款，既减轻了农民的负担也促使高利贷者降低利率，这极大地推动了农业生产、农产品销售和农业手工业的发展。

通过分析农村资金的形成和供给可以发现：农村金融组织制度在某些国家之间存在很大的相似性，而另外一些国家之间则又存在较大的差异性。根据诸多国家所建立的农村金融机构体系的相似性和差异性可将农村金融组织制度划分为以下四种基本类型：多元复合信用型、合作金融型、商业金融型、国家集中型。从实践的情况看，上述不同类型在时空演变上也存在一定交叉。

二、农村金融供给模式类型及制度实践

（一）农村金融供给模式类型

农村金融供给模式决定着农村金融制度安排与具体的政策措施。农村金融供给模式大体有市场主导型、政府主导型和混合模式三种。

1. 市场主导型农村金融供给模式

市场主导型模式又称内生成长模式，即农村金融市场是从农村经济体系中依靠市场的力量内生演化出来的一种成长方式，该模式是基于市场金融需求的诱导而产生，也被称为需求诱导型农村金融供给模式。随着农村经济不断发展，农户等经济主体对金融服务的需求会不断增加，农村经济体则会自发组建各种形式的金融组织并提供农村金融服务。政府对农村金融市场提供必要的政策监管和法律制度，通过市场准入、市场仲裁、市场纠纷等来维持农村金融市场的平稳运行。市场主导型模式虽能够主导农村金融资源有效率地实现横向配置，但其成长速度较慢，加上农业高风险、经济效益比较低及弱质性产业的特点，决定了农村和农业自身的储蓄能力和资本形成能力不足。所以，农业部门中农村金融市场内生成长的基础难以得到满足，仅依靠内生所形成的农村金融供给水平一般无法满足不断增长的多层次农村金融需求。

2. 政府主导型农村金融供给模式

政府主导型农村金融供给模式指农村金融市场是从农村经济体外部依靠政府的力量强制性地植入到农村经济体内的一种模式，该模式又称外生成长模式。政府通过组建农村金融机构强制布局到农村经济中，而农业经济组织和农户自发组建的农村金融组织则受到政府打压或受到不同程度的排斥。该模式一般源自于后进国家的工业化战略，政府为尽可能在短期内调动经济资源流入工业部门，一般在农村采用政府主导型模式通过配给方式为农村授信并从农村吸收农业剩余转移到城市和工业部门。该模式下的农村金融体系及运行机制由政府采取自上而下的渠道建立，并根据政府的效用偏好来控制和运行，与现实农村经济的需求不是很吻合。政府主导型农村金融供给模式具有以下缺陷：第一，农村金融发展主要体现为金融资产规模的迅速膨胀。政府如果重视农业，那么农业金融资产规模量的扩张是可能的；政府如果歧视农业，农业金融资产规模量则难以持续，更难以实现农业金融质的飞跃。第二，农村金融机构只是扮演出纳的角色，农业金融主体的参与程度会降低，这很可能导致农村金融的退化，表现为金融市场的萎缩、金融部门和金融工具的单一。第三，政府对农村金融机构的

支配地位使其集中承担了农村金融活动的所有风险和收益，势必导致微观经济主体的金融行为缺乏风险激励与利益激励，农村金融资源的配置效率低下。

3. 混合型农村金融供给模式

市场主导型农村金融供给模式与政府主导型农村金融供给模式均存在自身的缺陷，其中政府主导型农村金融供给模式的缺陷更加突出。市场机制与政府相结合的混合型供给模式则有助于克服二者各自的缺陷。该模式强调发挥市场机制在农村金融资源配置，农村金融机构的自发诞生等方面的积极作用，依靠市场的力量提高农村金融市场成长效率，改善农村金融市场成长的质量。同时又通过政府的适度干预来弥补市场机制的不足，因为农业是一个弱质产业，农业部门的利润率远远低于工业部门，这不仅导致农业部门对外部资金缺少吸引力，还会导致农业部门资本的净流出，为此，政府部门通过给予适度的体制与政策鼓励引导工业部门的资金流向农业部门是很有必要的。

（二）农村金融供给的模式

1. 农村合作金融模式

合作金融是大多数国家的农村金融组织制度体系的重要的组成部分，它以不同的方式存在于农村金融体系中。德国最早创立了合作金融制度，后来发展至西欧、北欧、美国、亚洲等国家和地区，以上部分国家和地区都有比较发达的合作金融机构组织。东欧部分国家在历史上也曾在农村中推行过信用合作运动。在亚、非、中美、南美洲发展中国家，尽管推行农业金融机构曾经有过挫折，但在政府的重视和支持下，农村合作金融仍取得了一定发展。按照与国家的关系，合作金融可分为两类：日本式的独立自主型和法国式的国家控制型。

日本式的独立自主型合作金融是国家资助、自立发展，由基层的农协信用部、县级信用联合会和中央级农林中央金库组成。农村资金大部分由众多的农村合作金融提供。第二次世界大战结束后，日本农村仍然是以分散的小农经营方式，农村经济活动资金严重短缺，商业银行及其他金融机构无法顾及向农业提供贷款。于是日本政府建立了由农户间进行资金相互调剂、相互扶助为基础的合作金融系统，在组织资金融通方面发挥了很大作用，使日本农业领域由资金不足转为资金剩余，合作金融成为日本农村金融制度中的主体。合作金融组织的相对独立性依赖于合作金融组织自身必须拥有一定的资金实力，而且政府对合作金融实施了独立性政策，很少干预合作金融组织的运行。

法国的国家控制型合作金融模式：农业信贷资金由若干专门或主要面向农业的合作银行来提供。法国农村金融组织体系是以法国农业信贷银行为主体，农业信贷银行是在民间合作信用组织的基础上逐渐建立和发展起来的，具体由乡村的地方互助金融机构、省级农业互助信贷银行和法国农业信贷银行三级组成。其中地方和省两级都是群众性合作组织，中央级的法国农业信贷银行是独立核算的政府机构，其董事会成员大多数由政府任命。农业信贷银行办理对各省农业互助信贷银行的行政事务和业务实施监督与控制并协调其活动。法国农业比较发达，现代化程度很高与政府长期重视农业金融发展有密切关系。法国农业信贷机构的发展并非由国家主导，而是自下而上层层合作自发形成，当发展到一定阶段时，政府再通过颁布相关政策引导形成全国性的农村合作金融组织。

2. 多元复合信用型农村金融模式

多元复合信用型农村金融模式具两个特征：第一，提供农业信贷资金的机构既有专门的农村金融机构、又有其他的金融机构；第二，合作金融机构、政府金融机构及商业金融机构并存。美国和印度属于典型的复合信用型农村金融模式。美国和印度的社会经济结构较为复杂，农业和农村对资金需求类型繁多，客观上需要多种信用渠道、多种金融机构为农业提供资金。另外，农业贷款的相对低效益及高风险使农业难以从商业银行等营利性金融机构获得充足的资金，单纯依靠政府补贴和政府金融机构或通过其他金融机构对农业资金支持不仅难以满足农业对资金的需求，又极易导致沉重的财政压力；同时仅依靠合作金融也难以满足农村的资金需要。因此，政府建立农贷机构的同时，组织农民建立合作金融机构，并引导商业性金融机构对农业放款。

复合信用型农村金融模式具有金融机构齐全、信贷资金来源广泛等特点，适用于不同经济结构的国家和地区。不同国家和地区实行复合信用型农村金融模式的效果也因经济水平的差异而有差别：美国农业发达，科学技术推广率、农业劳动生产率和农业投资收益率高，农业生产经营的集约化和专业化程度高，农业对资金的需求也日益增加，其中农业资金约40%来自借贷。供应农业资金的各机构既能相互竞争又能相互补充，有效地为农业发展提供了融资支持。印度农业经济较为落后，逐步建立起一套完整的农村金融模式为农业发展筹措了大量资金使得农业与农村投资水平显著提高，体现了多年来政府对农业的高度重视。但印度农村资金的分配结构仍不合理，许多农民所需资金无法得到保证，无法帮助农民实现提高农业生产率的目的，因而延缓了印度农业和农村经济的发展。

3. 国家集中型农村金融模式

国家集中型农村金融模式主要存在于实行高度集中的计划经济体制的国家，具体又分为两种模式：一是苏联模式，即由国家银行兼办农业金融业务；二是由一家面向农业的国家专业银行及其领导下的合作金融模式，即主要通过农业信用合作社服务于农业金融需求，如20世纪80年代中后期的中国。苏联和中国在过去都曾设置过农业银行和农村金融机构。随着苏联的解体和中国的经济改革，国家集中型的农村金融组织模式已经基本不存在。

4. 商业银行型农村金融模式

在这种模式下，商业银行作为农业信贷资金的最主要供给者，农业信贷资金主要来自于商业银行而不是来自于专门的农村金融机构。如英国、巴西的农业金融组织体系便是典型的商业银行型。英国属于以商业银行为主体的农村金融模式，商业银行在农村金融中居于最重要的地位。部分发展中国家也要求商业银行对农民发放贷款以弥补农贷资金的不足。巴西银行是巴西最大的商业银行，同时也是农业信贷资金的主要供给者，它主要是在接受政府的财政贴息补贴的基础上以正常利率发放农业贷款。

实行商业银行型农村金融模式的国家，商业银行一般都具有较为雄厚的资金实力和广泛的业务范围，以保证为农业发展提供全方位的金融服务。依托商业银行为农业和农村提供农业信贷的国家，一般要具备农业十分发达、经营农业收益较高等条件，以保证商业银行经济效益的稳定性。即使这样，商业银行型农村金融模式的国家仍要通过给商业银行利息补贴来执行对农业的低息贷款政策。

第二节　国外农村金融供给模式对我国的启示

一、部分发达国家农村金融供给模式

（一）以多元复合型农村金融供给为主的美国模式

美国是世界上农业最为发达的国家之一，这与其完善的农村金融供给体系密不可分。美国现行农村金融供给格局是伴随着其国民经济，特别是农业和农村经济的发展和变革逐步建立和完善起来的。

20世纪以前，美国没有专门的农村金融机构，农业信贷资金几乎全部由商业机构和个人提供。随着农业市场化程度的迅速提高，农业发展对信贷的需求越来越强烈，而商业金融机构及个人的贷款由于数量少、成本高，已无法为农业提供充裕的资金。同时，城市工业迅速发展积累了大量资本，这些资本急于在农村寻求出路，正是在这种宏观背景下，美国开始改革原有的农村金融体系。以 1916 年创设联邦土地银行为起点，美国农村金融体制逐步建立和完善起来。1933 年，美国建立生产信贷协会，并在 12 个农业信贷区设立了 12 个合作社银行。为发挥国家对农业发展的扶助作用，政府农贷机构也逐步建立起来：1933 年成立商品信贷公司，其任务是对农产品进行价格支持或对农业生产给予经济补贴，借以控制生产和稳定农民收入；1935 年成立了农村电气化管理局，任务是发展农村电力事业、发展农村通讯、缩小农村和城市的差别；1946 年成立了农民家计局，专门为贫困农民提供贷款资金；1953 年成立小企业管理局，任务是促进帮助农村小企业的发展、维护小企业的利益。由此，美国完善的农村金融格局基本形成。

1. 美国农村金融供给体系模式的构成

美国农业产业化的金融支持体系主要由商业性农村金融机构、农村合作信贷机构、政府农村信贷机构等组成。经过长期的发展和不断的探索、改革，美国已经形成了较为合理、规范、有效的农村金融体系。其基本格局是：以商业金融机构及个人的信贷为基础、以农场主合作金融的农业信贷系统为主导、以政府农贷机构为辅助。商业金融机构包括了商业银行、人寿保险公司及个人和经销商的贷款；合作农业信贷又存在三种类型：联邦土地银行、联邦中间信贷银行、合作社银行；政府农贷部门包括农民家计局、商品信贷公司、小企业管理局、农村电气化管理局等。美国农村金融体系是典型的多元复合信用型模式，多种金融机构形成了分工协作、互相配合的农村金融体系，较好地满足了农业和农村发展的资本需要，充分体现出金融在经济发展中的导向和支持作用。

（1）美国商业性农村金融机构。农场主获得商业性金融机构贷款的渠道主要来自商业银行、保险公司和经销商。美国商业银行由于数量众多，有比较完善的制度和较强的竞争能力，在农业信贷中一直处于重要的地位，其提供农业贷款占全美农业贷款的比重。其他储蓄机构是农村金融市场的积极参与者。截至 2012 年 3 月，由联邦存款保险公司提供保险的储蓄机构（储蓄和贷款协会和互助储蓄银行）有 1049 个，其中的 28% 位于农村县。绝大多数的储蓄机构规模很小，尽管它们规模较小，不是农村金融市场的主要资金来源，但也是农村金融市场的积极参与者。

（2）美国农村政策性金融机构。美国政府在倡导、组织农业合作金融的同时，还通过政策性农村金融机构向农民提供直接贷款。美国根据《农业信贷法》建立了一个分工合理、相互协调的政策性金融体系，由农民家计局、农村电气化管理局、商品信贷公司和小企业管理局组成。美国政策性农村金融机构是由美国联邦政府主导创建的，专门为本国农业和农村发展提供融资的政策性机构。其主要功能是为农业生产和与农业生产有关的活动提供信贷资金和服务，并且通过信贷活动调节农业生产规模和发展方向，贯彻实施农村金融政策、控制农业发展规模等。这些金融机构的资金主要来自政府提供的资本金、预算拨款、贷款周转资金和部分借款，用于提供商业银行和其他贷款机构不愿提供的贷款，但在贷款对象上各有侧重。一般来说，这种贷款都有利率低、偿还期长的共同特点。

（3）美国农村合作金融机构。目前美国农村合作金融由联邦中间信贷银行、联邦土地银行、合作银行三大系统组成。与欧洲自下而上发展起来的合作组织不同，美国三大农村合作金融机构都是在政府领导和出资扶持下，采用自上而下的方式建立起来的。联邦中间信贷银行是美国最重要的农业信用合作系统，主要解决农民中短期贷难的问题。该系统提供的主要是经营贷款，是为了弥补农场流通资金的不足，大部分以1年为期。每一家信用银行下属许多生产信用合作社，合作社实行股权所有制，借款人必须拥有相当于借款额5%～10%的合作社股金或参与权证。截至2012年年底，美国农村信用合作社的数量为7330个，农村信用合作社的市场参与提高了金融服务的可得性、降低了金融服务的价格。联邦土地银行系统由12个农业信用区的联邦土地银行及其下属的合作社组成，是农场主长期贷款的主要提供者。联邦土地银行实行股份所有制，每个合作社必须向联邦银行缴纳本社社员借款总额的5%股金，银行股权归全体合作社所有，也间接归全体借款人所有。联邦土地银行只办理长期不动产贷款，主要供农场主购买土地、农机设备和牲畜等，或用于偿还其他债务和抵押、修缮房屋和其他建筑物，贷款对象主要是个体农场主，贷款期限为5～40年，贷款数额可达农场不动产市场价值的85%，如果有政府担保可以更高。

合作银行系统则是美国专门为合作社添置设备、补充营运资金、购入商品等提供贷款而设立的合作金融系统，由13家合作银行组成。合作银行主要提供短期或季节性经营贷款、用于弥补周转资金不足的中期贷款、用于基础设施建设的长期贷款、支持农产品出口的出口贷款。

2. 美国农村金融模式的特点

（1）农村金融机构多元化、信贷渠道多样化。美国农村金融体系较为庞大和复杂，但在金融机构形成了相对明确的分工，起着互相补充的作用：商业银行在中短期农贷方面始终保持着领先地位，目前全美国排名前20位的全国性大银行中有15家涉足农业信贷领域，有5890家中小商业银行、20家保险公司开办农业、土地、农场按揭等贷款业务，它们提供的商业性贷款是农业贷款的主要组成部分①；合作农业信贷系统特别是联邦土地银行在长期贷款中具有明显的优势而后来居上；政府直接办理的农贷的主要目的是随着特定需要的变化对农业提供资金的支持，如20世纪80年代美国农业严重衰退，农贷总额从高峰开始下降，在这一过程中，各主要渠道的贷款都受到影响，而具有应急性的政府农贷则大量增加，很好地发挥了补充作用。

（2）农村资金的运行具有很强的相对独立性。美国农村金融体系是一个多种金融机构组成的复合体，其运行始终围绕如何满足农业发展的信贷需求而进行，基本实现了农村资本的相对独立运行。合作农业信贷系统和联邦储备系统及各联邦储备银行之间没有隶属关系，只是受联邦储备系统的宏观调控。各农业信贷区内设立农贷专业银行，各农贷专业银行都是独立经营的实体，在农业信贷管理局的监督管理下自成系统，保证了农贷专业银行的独立性，从而有效地保持了农业资金运行的相对独立性。同时为了防止商业银行出于盈利目的可能将农贷资金转移到其他领域的问题，联邦法律规定对部分银行的农业贷款利率提供利率补贴，并相应修订了农贷利率的有关标准，减缓了农贷资金转移的局面。健全的组织制度较好地保证了农村资金用于农村、用于农业，并根据不同阶段农业的发展目标，调节农业信贷方向和规模。

（3）以信用合作为主的农业信贷系统占主导地位。美国的农业信用合作系统是由政府首先提供创办资本，依法自上而下建立起来的。但该系统的业务和营运均为借款人自下而上自行管理，并主要依靠发行债券和票据筹集信贷基金；借款人交纳股金与取得成员资格和实际使用贷款联系起来。该系统的合作性质更多地体现在把农民组织起来从金融市场上吸收社会资金，从而迅速扩大了农业信贷资金供给规模。农业生产高风险、高投资、期限长、见效慢等固有特点决定了农村金融运作需要政府的大力支持。美国政府在农村信贷的发展初期，给予了大量的拨款。比如美国联邦土地银行最初的股金主要是政府拨款，占总股金的80%，而政府农贷机构的资金绝大部分来源于财政的拨款或借款；在金融机构的营运过程中，国

---

① 郭扬华：《探寻美国农村金融》，载《金融时报》2012年6月4日。

会和政府还必须为合作金融和政府农贷机构提供债券的担保、拨付款项弥补商业银行的农贷收益差和政府农贷机构的政策性亏损。美国农业合作金融发展既证实了政府的重要作用，也显示了政府合理的治理边界。

（4）健全的法律体系是农村金融体系良好运行的基础。美国农村金融活动具有专门的法律（比如《联邦农业贷款法案》、《农业信用法案》等），将农村金融运作融合到相关法律体系中，从而使农村金融活动有章可循、有法可依，避免了行政干预和经营管理的不规范、不合理现象。美国农村金融体系形成与其高度发达、高度竞争以单一银行为主的商业银行体系以及规模化的现代农业是密不可分的。美国商业银行业务范围和分支机构长时期内受到相关法律的制约及严格管制，除了具有全球性和全国性的大型商业银行外，更多是服务社区和地方经济的中小银行和社区银行。因此，美国商业银行既能够在农村金融供给体系中发挥重要作用，又没有出现"农村金融失血"现象。同时，政府对农村金融的合理引导与对农业的直接投入、农业生产补贴、税收优惠等政策对农业进行强有力地支持和干预，这在美国农村金融供给体系建设与发展过程中发挥了重要作用[1]。

（5）发达的金融市场为农村信贷资金的筹集提供了巨大支持。作为整个金融体系的一个重要组成部分，美国农村金融和金融市场的关系越来越密切。一是发达的商业金融、保险公司已经成为美国农村金融不可缺少的重要组成部分，属于整个农贷体系中一支不可忽视的力量，为农业发展提供了充足的资金及风险保障；二是农村信贷资金越来越依赖于金融市场，大量资金来源于金融市场，如信贷资金大部分来源于国家在金融市场上出售的有价证券。

（二）以合作金融为主导的德国和日本农村金融供给模式

1. 德国农村金融供给模式及特点

德国是世界最早建立农村金融制度的国家，也是信用合作制的发源地和世界各国效仿的对象。德国在 18 世纪初就出现了以土地抵押合作为内容的农村金融，即农村不动产金融制度。1850 年，舒尔茨在德国创立贷款信用合作社，即为城市小手工业者、职员等社员提供资金借贷业务的平民银行。经他十多年的成功运作，其他地区农民信用合作社也纷纷成立、发展及壮大起来。

---

① 2002 年通过的《农业安全与农村投资法案》，要求 6 年内财政对农业的支持要达到 1185 亿美元。2008 年《农业法案》更是将 2008～2012 年年农业补助金额提高到 2900 亿美元，除了维持和增加对玉米、小麦、大麦、大豆、棉花等农作物的补贴外，还将补贴范围扩大到水果及蔬菜等专业农作物。政府对农产品生产的补贴已成为农场主收入的重要来源之一。

德国的农村金融制度属于一种自下而上的制度，虽起源于政府的倡导，但农业金融体系基本上是通过农民自发组织而建立起来的。德意志合作银行是德国主要的农村信用合作机构①，参与人主要有农场主、工人、手工业者、中小商人以及职员等，参与人既是股东又是客户。德国的农村金融体系除了合作银行外还包括农村不动产金融。德国农村不动产金融体系大体上可分为两个系统：第一，受控制的不动产金融机关，一般有严格的组织制度、受一定的限制，具有一定的公益性质；第二，纯粹是以营利为目的、不受控制的不动产金融机构。其中前一类金融机关在德国农村金融中起重要作用，即土地改良银行、土地抵押信用协会、土地信用银行发挥着德国农村金融的重要角色。

德国农村金融体系的特点：一是农村合作金融体系非常完备。遍布城乡的德国合作金融组织体系可分为三个层次。最底层是地方性基层合作银行，这一层次又分为两类，一类是手工业信用合作社，即大众银行；另一类是莱夫艾森合作银行。德国共有基层合作银行 1000 多家。中间是地区性合作银行，即 DZ 银行（原 GZB 银行和 SGZ 银行）和 WGZ 银行。顶层是全国性的中央管理机构，即德意志中央合作银行。德意志合作银行是自上而下服务、自下而上逐级入股的合作银行体系：其基层合作银行由农民、合作社企业、个体私营企业和其他中小企业入股组成，由所有入股股东所拥有。德国基层合作银行既是地区行的股东，也是地区行的主要客户；地区合作银行属于经营管理机构并充当融资中介，主要由基层合作银行入股组成，处理来自基层合作银行的业务；中央合作银行主要由地区合作银行入股组成，各级合作银行间没有隶属关系。德意志合作银行的各级机构均有健全的民主管理组织和严格的管理制度，决策比较科学、民主，具备严密的风险防范措施和保护系统及审计监督系统，有力地保证了合作金融体系在规范的基础上不断发展；另外，具有健全的资金清算系统和资金融通系统，这保证了德国合作银行体系资金的流动性和效益性。二是德国农村金融是以合作金融为主体，政府同时还设立了土地抵押信用协会、地租银行、土地信用银行等政策性金融机构来保护和扶植农业，以共同承担政府支持农业发展的责任，在增强农业发展实力、促进土地的合理开发利用以及提高农民收入水平等方面发挥着了十分重要的作用。德国农村金

---

① 在经营上，坚持以服务农业为主，德国合作金融机构为农业提供贷款的数额是全部银行农业贷款的 40% 以上。坚持中长期贷款为主，德国合作金融机构为农业提供的中长期贷款占农业贷款总额一般在 70% 以上。2011 年，德意志合作银行在德国最大信贷机构排行榜上跻身第 5 位。

融体系属于自下而上的发展模式，尽管其金融体系源自于政府的倡导，但农业金融体系基本上仍以农民自发组织建立的合作金融为主。德国是欧洲农业信用合作的发源地，因此德国农村金融也属于以合作金融为主。三是政府全方位鼓励金融机构参与农村信贷活动。德国政府对农村信贷实行利息补贴，补贴来自欧盟、德国联邦政府和州政府，补贴范围涵盖所有种养业、农村生产资料、农村产品加工、水利设施、土地改良和房屋建筑、农业结构调整、生态农业、环境保护、旅游以及创立新企业等。优惠政策吸引几乎所有银行都参与了农村信贷市场活动。德国各类合作银行在农村信贷市场占44%，储蓄银行占35%，综合商业银行占13%，其他特殊银行占8%[①]。

2. 日本农村金融模式的主要特点

第一，日本合作金融的分支机构几乎覆盖了全部农村地区。农民建立合作社称作农业协同组合（简称农协）。由于农协存款利率一般比其他银行存款利率高出0.1个百分点，因此吸收的农民存款始终占农民总存款额的50%以上。农协的贷款不以追求盈利为目标，主要用于农民的借贷维持农协自身运营以及投资各项发展事业等，农协的贷款利率一般也比其他银行低0.1个百分点，其贷款总额的90%以上均用于农业和农民贷款，通常不需要担保。截至2012年7月，农协营业网点数量8578家，贷款余额219824亿日元[②]；第二，日本建立了独具特色的农村金融风险防范制度。第二次世界大战以后，日本《农地法》规定农地不能改变性质和非农法人不能取得农地，农地因流动性较差而自然丧失商业价值。2010年日本全国贷款余额按照担保方式分类：44%是信用贷款、36%是担保贷款、20%是抵押质押贷款，而以土地抵押贷款不过1%。日本农村金融风险防范主要基于日本政府建立的农业信用保证保险制度。保证系统由农业信用基金协会受托金融机构与借款人构成。农业信用基金协会主要有两方面业务：保证保险与融资保险，保证保险主要是为农业信用基金协会的代替偿还债务事项提供保险服务。融资保险则主要为农业现代化资金等贷款提供保险及再保证服务。

（三）法国的国家控制型合作金融模式

1. 法国农村金融供给模式

在历史上法国农业曾落后欧洲其他国家。法国政府为改变农业滞后的

---

① 王晔：《德国农村合作金融对我国农村金融改革的启示》，载《江苏农村经济》2013年第2期。

② 孙少岩、许丹丹：《浅析日本农村金融体系》，载《现代日本经济》2013年第3期。

局面于 1852 年颁布了法国以《土地银行法》为核心的不动产金融制度的根本法规，各地据此相继设立了土地银行，后来在合并所有的地方土地银行的基础上成立了法国土地信贷银行。为了满足农业发展的需要，各地又纷纷自发组织了农业信贷合作社，后来又逐步演变为地区、地方农业互助信贷银行。完备的农村互助金融体系是法国农村金融的核心，目前已形成了全国性的农业信贷体系①。法国农村金融供给体系主要由 4 家银行组成，即法国农业信贷互助银行、互助信贷联合银行、大众银行和法国土地信贷银行，其中法国农业信贷互助银行在四家农村信贷银行中处于主导地位，所组织资金和发放贷款均占这四家银行总额的一半以上。

法国农业信贷互助银行是法国农村金融最主要的组成部分，在农业信贷业务中占有最重要的地位，是一家半官半民、上官下民性质的全国性农村信贷银行。它的分支机构遍布全国城乡各地。农业信贷银行的结构呈三级金字塔形，底层是由 2599 个地方金库组成，职责为吸收和管理活期存款及储蓄资金，推销国家农业信贷金库发行的库券。中间是由 41 个区域金库组成，主要负责集中地方金库的存款和国家农业信贷金库的资金，并确定向会员发放的贷款数额。这两层机构属私人互助合作性质。最高层是国家农业信贷金库，属于官方金融机构，受农业部、财政部双重领导，发挥着联系国家和农业互助信贷组织的桥梁的作用。该行贷款分为长期农业生产贷款、农产品加工业贷款、中小企业贷款和城乡居民个人生活贷款城乡居民住宅贷款、农村及其他贷款等。

法国的互助信贷联合银行是受官方控制的全国性的农村信贷银行，总部设在巴黎，是在农村少数信贷合作社联合组织的基础上建成。法国的互助信贷联合银行在各省设立了分支机构、业务面较广，基层为经营与农业有关的地方金库和经营全面业务的地方金库，全国约有 3000 个此类地方金库、信贷社和小银行；大众银行（也称平民银行）是一家受官方控制、合作性质的农村信贷银行，总部设在巴黎。大众银行在约一半的省份设有分支机构，其资金运用是专门为中小企业、自由职业者会员个人提供短期和中期贷款；成立于 1952 年的法国土地信贷银行是一家股份有限公司，该行与国家有着密切的联系，实际上是一家半官方机构，其主要业务有：土地信贷、住房建设贷款、长期补贴贷款、票据贴现以及替国家办理的救

---

① 在民间信用合作组织基础上，法国由上而下逐步建立起由地方农业信贷互助银行、地区（省）农业信贷互助银行和中央农业信贷银行（法国国家农业信贷银行总行）三个层次组成的农村金融体系。

济性贷款。

2. 法国农村金融模式的特点

第一，农村合作金融十分发达。法国农业之所以跨入世界先进行列与其拥有发达的农村信用合作体系有密切关系。法国发达的农村合作金融也是农村商品经济发展和农业资本集中的结果。法国农村商品经济发展极大地推动了农村经济社会化和专业化，势必强化了农业内部和与农业有关的其他行业之间的经济往来，这就必然要求通过农村金融机构为其办理结算往来。

第二，法国农业信贷互助银行的运作与政府农业政策紧密结合。法国农业信贷互助银行按照政府的农业政策确定贷款对象。凡是政策和国家发展规划的项目，银行会通过贴息等方式给予优先支持。因此，法国农业信贷互助银行被认为是为政府政策服务的金融机构。如在国家推行农业机械化政策时，该银行就以发放农业机械贷款为主要业务；国家要合并小农场时，银行就发放购买土地贷款，政府每年从农业预算中划出一笔专项资金拨给农业信贷互助银行作为农业信贷互助银行发放中长期低息贷款的利息补贴，且补贴贷款的利息额呈逐年增加趋势。

第三，政府为农村金融机构开展正常经营活动创造了良好的外部环境。政府从资金、利率、税收等各个方面为农村金融机构经营创造了良好的外部环境，以发挥农村信贷的作用促进农业经济的发展。在筹措资金方面，法国政府赋予法国农业信贷互助银行与其他商业银行同样吸收存款的权利，可以在乡村和城市吸收各种存款，并为法国农业信贷互助银行发行债券提供担保，扩大了信贷资金来源，增强了该银行的竞争力；在资金使用上，政府对农业信贷互助银行实行贴息政策以鼓励银行发放农业优惠贷款，这既支持了农业的发展又保证了银行的正常利润；法国农业信贷互助银行的省行以下机构属合作性质，而且在税收方面还享受一定的税收减免等优惠待遇。

第四，法国农业信贷互助银行具有多重性特点。法国农业信贷互助银行系统是一种典型的半官半民的互助合作银行体制，在组织结构上是多级机构、在法律上是互相独立的，具有上官下民、官办为主、半官半民的特征；中央农业信贷银行是法国农业信贷互助银行的法人总代表，也是全国农业信贷互助银行的最高管理机构，由国家农业部和财政部双重领导。省级农业信贷互助银行和地方农业信贷互助银行都是群众性的合作组织。在经营管理方式上，法国农业信贷互助银行实行中央集权与地方分权相结合的模式。

第五，法国具有健全的农村金融法律体系①。法国的农村金融法律体系既有专门的法律，但更多的是融合到其他的相关法律体系中。健全的农村金融法律体系使农村金融运作有章可循、有法可依，如农业保险的法规均对农业保险的组织机构协调、保险原则、政府补贴、再保险办法、保险责任以及理赔办法做了较详细的规定。

二、部分发展中国家的农村金融供给模式

（一）孟加拉国的商业化小额信贷模式

孟加拉国属于世界上自然灾害最严重和最穷的国家之一，目前的人均国民生产总值为 300 美元左右。长期以来，国际组织为孟加拉国提供了大量的援助，每年各种赠款、低息贷款就达 20 亿美元左右。但由于各种原因，国际组织援助项目的成功率极低。孟加拉国整个银行系统主要靠国家的政策与信用维持着，孟加拉国有二十几家银行，其中 4 家国营银行占全国贷款的 60% 以上，个别国营银行的坏账率高达 90% 以上，私人银行的运作情形也十分类似。在如此恶劣的外部环境下，孟加拉国的格莱珉银行（GB）却逐步地发展壮大成为孟加拉金融界的骄傲，其独特的商业化小额扶贫贷款模式也成为第三世界低收入群体脱贫的样板。

1. 孟加拉国农村小额信贷体系

目前，孟加拉国小额信贷已经发展为一个包括两个专业性机构：格莱珉银行和孟加拉国农村发展委员会；一个批发性机构，即农村就业支持基金会；三个兼营性的非政府组织：孟加拉国农村进步委员会、社会进步协会和普罗西卡；两个基金项目：政府小额信贷项目、国有商业银行小额信贷项目；一个托拉斯组织——孟加拉国乡村托拉斯五大板块、九大部分构成的完整体系。其中格莱珉银行是孟加拉国小额信贷体系的核心和基础，也是最具代表性的形式。格莱珉银行（GB）开始于 1976 年的农村小额信贷试验，在 1983 年被政府允许注册为银行。格莱珉银行提供存、贷款、保险等业务，并且在国际上为多个国家的项目所模仿或借鉴。孟加拉农村发展委员会开展孟加拉国政府与国内外的发展机构合作进行的各种项目，通过合作社和农村民间小组网络提供金融和技术支持，推动扶贫和农村发展。

农村就业支持基金会（PKSF）由孟加拉国政府于 1990 年建立，目的是通过向符合条件的非政府、半政府和政府机构、自愿机构和团体、地方政府机构提供金融支持；协助加强上述组织的机构建设，以利于改进营运

---

① 杨娇：《法国农村金融体系对我国的启发》，载《中国市场》2011 年第 22 期。

水平。该基金会是批发式小额信贷机构，并不直接发放小额贷款，而是通过资助和扶植已有的小额信贷机构来实现其社会发展目标。在扶植现有机构的过程中，PKSF 并不偏好于某一种模式的小额信贷机构而是给予他们共同发展的机会。目前，PKSF 的贷款回收率高达98%。

孟加拉国农村进步委员会（BRAC）建于1972年，至2002年，在全国64个地区都有贷款业务，现有贷款贫困客户360万户，妇女占99%，还贷率达99%以上。社会进步协会（ASA）于1992年起开始运作小额信贷项目，它的扩展速度很快，资产质量也很好。普罗西卡建于1976年，它的项目内容多样化，有贷款支持、渔业和畜牧业、养蚕业、灌溉、卫生和营养、饮用压水井、生态农业、社会林业、建房项目等，现有获贷客户290万户。孟加拉国乡村托拉斯主要是提供小额信贷业务培训和技术支持，目前已向35个国家和地区超过119个小额贷款项目，提供员工培训、现场技术支援、软件服务以及资金帮助。孟加拉国乡村托拉斯于1991年开始推广 GB 模式，并在菲律宾和印度开展了两个项目。

2. 格莱珉银行模式

格莱珉银行于1983年正式设立，现已发展成为一家员工超过16000人的全国性的大银行。格莱珉银行的业务目前已经涵盖了超过全国一半以上的村庄，有超过600万的贫困家庭从乡村银行中借款，其中超过一半得以脱贫。目前为止发放贷款已累计超过50亿美元。自1983年设立以来，格莱珉银行除了极个别年份外一直保持赢利状态，其中2005年赢利水平达1521万美元。格莱珉银行发放贷款的客户均属于真正的穷人，其中96%的人群属于地位非常低下的妇女，贷款的还款率高达98.89%。有研究表明，格莱珉银行在1994～1996年，贡献了孟加拉国1.1%～1.5%的GDP增长。格莱珉银行运行有以下特点：

第一，有一套完整的组织管理机构。格莱珉银行的组织结构最高为设在首都的总行，主要负责筹款、与政府部门协调以及对下属部门的管理、训练。借款小组和乡村中心是格莱珉银行运行的基础，村庄中每5个人自愿组成一个借款小组，每6～8个小组组成一个乡村中心。各地的分行构成第二个层次，一个分行之下有10～15个支行；支行是乡村银行的基层组织，每个支行有6～7名工作人员、2～3个培训人员、1个会计和1个经理。每个支行管理120～150个乡村中心，支行在财务上自负盈亏。乡村银行总部把款发到支行并收取10%的利息，而支行贷给农户则收20%的利息。乡村银行人员的工资收入不低于同等商业银行职员的收入，这在隐形失业率极高的农村地区，具有很大的吸引力。为鼓励从业人员的积极进取精神，乡村银行还有一套论功行赏的晋升制度。

第二，乡村银行以妇女为主要对象，实行小组贷款制度。典型的小组由 5 人自发组成，其中 1 人为组长。在传统模式中，小组成员之间具有连带担保责任。乡村银行仅提供期限为 1 年，分期等额还款的小组贷款，并对借款额上限进行控制；小组贷款采用"2 + 2 + 1"的贷款次序，即优先贷款给 5 人小组中最贫穷的两人，然后贷给另外两人，最后贷给小组长；借款人不允许一次性提前还清贷款。

第三，乡村银行通过中心会议保持业务过程的透明度。乡村中心定期召开会议，进行集中放款和还贷，集体进行培训，便于成员之间互相监督，并营造团队精神；另外，乡村银行实行分期还款制度，即"整借零还"。

第四，专为贫困群体主要是农村贫困妇女，提供存、贷款、保险等综合服务。乡村银行对贷款实行贷前、贷中、贷后全程管理，并形成了一整套独特的乡村银行文化，具有独特的银行组织管理模式。1998 年孟加拉遭遇了历史罕见的大水灾，全国 2/3 的地区被淹没，客户还款率下降到 80%。格莱珉银行从内部挖掘原因，改革了其原有的营运模式，开发新的产品，制定新的激励机制，形成了第二代格莱珉银行模式，如无论何时都不起诉借款人，建立包括灵活贷款安排在内的新业务模式，建立贷款保险体系。第二代模式的特点主要有：开放的储蓄存款，灵活的贷款产品，有吸引力的存款产品，分行自负盈亏，资金不依赖捐助，推出保险产品、养老基金及教育贷款，会计与管理系统电子化，新开业的分行第二年实现盈利等。格莱珉银行目前基本能自我实现持续发展。

第五，市场化的高利率政策是格莱珉银行的一个重要特点和持续发展的基础。传统的扶贫基金通常用补贴的方法以较低的利率出借资金，这往往导致寻租行为而真正需要资金的穷人却被拒之门外。格莱珉银行反其道而行之，采取了高于一般商业贷款利率水平的高息政策，实践证明这是乡村银行得以成功的关键之一。从资金需求方来看，高息固然会加重借贷人尤其是贫困农户的经济负担，但他们根本没有条件从商业银行或其他金融机构中取得贷款，所以年利率 50% 甚至 100% 的高利贷往往是他们借贷的唯一来源。鉴于他们面临很高的机会成本，贫困农户可能并不认为格莱珉银行的利率是不可接受的。

（二）印度的多元复合信用模式

1. 印度农村金融的发展及现状

第一，印度农村金融供给模式的形成。在 20 世纪 60 年代以前，合作金融机构是印度农村信贷资金的主要提供者。20世纪60年代中后期，合作金融组织已经越来越难以满足农户对信贷资金的需求。印度储备银行通过强制性政策要求每家私人商业银行至少要在其所设立地区的农村开设一家分支机构，并将14家主要的商业银行收归国有。到了1976年，银行贷款中农村贷款的份额由1968年的2.2%增长到约10%，但农村的金融需求仍然难以得到有效的满足。政府为此在1975年底创立了大量的地区农村银行，并在1976年对七八家较大的商业银行进行了国有化。在印度政府的强力干预下，有近一半的商业银行分支机构设立在了农村地区，平均每家分支银行机构为大约15000名农民提供金融信贷服务。进入20世纪80年代后，印度农村金融体系相对趋于稳定。印度在农村金融发展中推行了"领头银行"计划和信贷补贴支持。"领头银行"计划规定：每一地区必须有一个领头银行负责该地区的发展开发工作，这家银行必须对国家规定的优先发展的行业提供金融支持，即至少将30%的贷款贷给农业和棉花工业。为降低农村投资的成本，印度政府广泛实施了利率补贴计划，并规定商业银行实行农村信贷的配额和差别利率，其中国有银行借贷给农村中的弱势群体的资金年利率不得高于4%，规模不得低于总信贷的1%。作为中央银行的印度储备银行于1978年进一步明确规定：商业银行以及地区农村银行无论借贷额度大小，对优先部门的贷款年利率都统一设定为9%。严格的利率和规模管制使农民能够以优惠利率获得正式金融机构的信贷支持。

第二，印度国有农村金融机构。独立后的印度政府在发展农业金融尤其在机构信贷方面做了大量工作，已基本建成了包括从中央一级的国家农业和农村开发银行到基层的村级初级农业信用社在内的庞大农村信贷网络。印度农村金融供给体系中的国有机构有印度储备银行、国有商业银行、地区性农村银行、农业中间信贷和开发公司以及国家农业和农村开发银行。印度储备银行是印度的中央银行，它不直接向农民贷款但设有专门的农业信贷部，它主要是通过邦合作银行或邦政府机构向农民贷款。印度的商业银行现在也开始发放农业贷款。商业银行推行灵活多样的业务方针，大力支持了中小企业、家庭手工业和农业的资金需求。印度金融政策支持商业银行在农村开展业务。按照印度储备银行的规定，商业银行只有在没有银行的农村开设4家分支，才能在大城市和其他有银行的地区开设1家分行，2002年年底商业银行的分支机构已从1969年的8200家发展至64500家，这些新增的分支机构有一半以上是分布在农村地区，这些分支机构为农村和边远地区的经济发展提供了大量的资金支持。尽管印度商业银行开始农村开展信贷活动起步较晚，但发展却十分迅速，目前已成为仅次于农村合作机构的成为第二大向农民提供农业信贷的机构。印度政府于1975年颁布了建立地区农村银行的法令。明确规定，地区农村银行的经营目的是"满足农村地区到目前为止受到忽视的那部分人的专门需要"，弥补商业银行的金融供给不足。印度政府在全国开设了地区性农业银行，每个银行都由一家商业银行主办。地区农村银行自建立以来发展迅速，它主要建立在农村信贷机构较为薄弱的地区，到1979年，12个地区农村银行提供的贷款中，小农、无地农民、边际农民和农村小手工业者占总额的92%。地区农村银行在印度农村信贷活动中发挥了非常重要的作用，已成为印度农村中重要的机构信贷力量。

1982年7月12日印度政府在成立了国家农业和农村开发银行，初始的资本由印度中央政府和储备银行各认缴一半，可以通过发行由中央政府担保的债券、吸收存款、借取外币等渠道筹措资金。国家农业和农村开发银行是印度中央政府和中央银行的代理机构，也是全国最高一级的农业金融机构，主要负责监督和检查农村信贷合作机构、地区农村银行的工作，并资助商业银行的农村信贷活动。国家农业和农村开发银行为农业和农村工业的短、中、长期资金需要提供中间信贷，开创了对农村工业的计划贷款，是印度第一家集中间信贷于一身，全面满足农村地区各种信贷需要的机构；1983年7月印度国会建立了农业中间信贷和开发公司，该公司是印度储备银行的一个附属机构，贷款不直接提供给农民，而是通过其他信贷机构转贷，其中土地开发银行转贷最多，商业银行次之，邦合作银行和地区农村银行又次之。农业中间信贷和开发公司除向上述各农贷机构提供中长期信贷资金外，还对这些机构的贷款活动实行监督。

第三，印度的农村合作金融机构。在借鉴德国农村信用合作社经验的基础上，印度政府于1904年通过了农业信贷合作社法案。在印度独立前及独立初期的一段时期，由于合作社本身经营管理不善、政府组织领导不力，以及种姓和宗教观念的束缚，大部分农民没有认识到信贷合作的好处而不积极合作，再加上农村高利贷和地主的反对破坏以及筹集资金困难、国家也无资助的渠道等种种原因，信贷合作运动发展极其缓慢。直到实行农村信贷一体化规划后，在印度储备银行的支持、领导和各邦政府直接参与下，印度农村信贷合作运动才有了较大的发展，建立起了较完善的信贷合作机构。

印度农村合作银行分为邦合作银行、中心合作银行初级农业合作社。邦合作银行的活动范围比中心合作银行大，但仍以邦为界，它从印度储备银行取得短期或中期贷款，然后再向中心合作银行和初级合作社提供资金。中心合作银行也称区域性合作银行，经营活动限于某一特定区域且主要是负责向农民组成的初级农业合作社发放贷款。中心合作银行资金来源既包括各成员认缴的股本也接受公众的存款，并从邦合作银行获得贷款。初级农业信用社是按照合作原则组建的直接向社员提供中、短期贷款的农村金融机构，贷款期限一般为 1 年、贷款利率一直稳定在 6% 的较低水平上，印度初级农业信用社在发放农业贷款方面发挥着积极的作用。

印度成立了土地开发银行（土地抵押银行）以适应农村对长期信贷的需要，主要股东是合作社（占 70%）和邦政府（占 30%），土地开发银行由其股东提供融资支持。土地开发银行在全印分布广泛，为农民购买价值高的农业设备、改良土壤、偿还旧债和为赎回抵押土地提供信贷。土地开发银行分为高层和底层两级：高层是每个邦的中心土地开发银行，基层是初级土地开发银行。初级土地开发银行在农村与农民直接交往，中心土地开发银行则执行向初级土地开发银行提供资金的职能，并起着初级土地开发银行和其他资金来源之间的纽带作用。

2. 印度农村金融模式的特点

第一，多层次、多渠道的农村金融网形成了较为完备的农村金融市场，充分体现了金融在农村经济发展中的导向和支持作用。印度实行了多元复合信用型的农村金融体系。印度的农村金融机构由政府管理下的地区农业银行、合作银行、商业银行和传统的准金融机构构成。政府对农村金融高度重视，建立了包括政策性金融、商业金融和合作金融的多层次的农村金融体系以促进了印度农业经济的发展。此外，印度的非正规农村金融也较为发达，而且对农村金融支持发挥着很大作用（印度农村信贷中约有40% 为非正规金融提供[①]）。

第二，从印度农村金融体系发展沿革看，政府干预是印度农村金融发展的一个重要推动力量。印度政府对于农村金融供给的干预力度非常强大，尽管短期内解决了农村金融供给不足问题，但是农村金融系统却可能失去了持续发展的基础。印度为了在短时期内促进农村金融市场的发展和农村信贷的普及，其政府干预力度以及其所导致的商业银行在农村的扩散

---

① 李慧：《从印度金融机构对农村发展的支持看中国农村金融》，载《世界农业》2013 年第 8 期。

速度都引起了理论界和金融界的高度关注。

第三，印度的农村金融系统对于改进印度农民的生活确实起到了一定作用。从农村金融运行的实际情况看，它的代价也是巨大的，大部分金融机构都因为大量的欠款以及很高的贷款成本而陷入困境，农村贷款的损失和成本加起来已经远远高出其盈利。国家为了维持其运营就不得不对农村金融机构进行不断的融资以补充其资本金。从 20 世纪 80 ~ 90 年代中期，这些金融机构仅仅收回了 50% ~ 60% 的农村贷款，金融系统承受了巨大的损失。另外，因为低效率的农村金融制度和法律环境，印度的金融借贷活动的交易成本是十分高昂的，这无疑是社会资源的浪费和社会福利的损失。

三、国外农村金融供给实践模式的启示

（一）坚持合作性、商业化、政策性金融相结合原则

无论是发展中国家还是发达国家，坚持合作原则与商业化原则、注重发挥农民的自主性，对于农村金融供给体系建设十分重要。综合上述部分国家的农村金融供给模式看来，西方发达国家与孟加拉格莱珉银行的农村金融供给体系建设是比较成功的。其值得借鉴的宝贵经验是坚持合作原则与商业化原则，注重发挥农民的自主性对于农村金融供给体系建设十分重要。

政策性金融介入与扶持必不可少。坚持农村金融合作原则与商业化原则并不意味着政府对农村金融不加干涉。由于农村经济与社会的特殊性，政府不但负有在财力上扶持农村金融的责任，也负有引导农村金融体系的构建与成长的职责。农业是弱质产业，农业资金的比较收益较低，农村居民的相对贫困等因素都制约着农村吸收资金的能力。在某些风险较高、回收周期较长、缺乏市场竞争力的生产领域以及解决贫穷农民生活困难等方面都需要政府不同程度的资金扶持，以政府行为补足市场的缺失。多数国家都建立了以服务国家农业政策为目的政策性金融机构，同时也向商业性、合作性金融机构的农贷提供财政贴息及税收优惠，弥补农村信贷与一般商业性贷款之间的价格差额，既达到支持农村信贷的目的，也保障这些机构可持续经营目标的实现。此外，农村金融体系在制度建设、经营手段、管理经验、人员素质等各方面都存在欠缺，完全依靠其自发地成长不能满足农村经济发展的需求。无论是发达国家早期农村金融体系建设还是近年来发展中国家的经验，农村金融体系建设都体现出较强的政府主导的痕迹。制定有利于农村经济发展的金

融政策，为农村金融创造良好的宏观经济环境、完善农村金融的法律与监管是政府的职责。

（二）发展多元化农村金融供给模式

农村金融供给较为成功的国家的农村金融供给主体基本上都是多元化的。分析国际上诸多国家农村金融供给体系可以发现：不同国家农村金融供给中介主体尽管有所偏重，但整体上是多元的；农村金融服务内容是综合性的，尤其是资本支持与风险保障服务是协同发展的，如欧美发达国家农村金融与格莱珉银行都体现了农村金融业务范围的综合特征，这体现了农村经济高风险特征对农村金融发展的内在要求与客观规律。

孟加拉农村小额信贷体系对完善我国农村落后金融体系具有重要的启示。孟加拉国被世界公认为是小额信贷运作最成功的国家。在孟加拉国整个银行业的坏账率为60%以上而且面临全行业破产的情景下，格莱珉银行的贷款回收率高达98%以上；在整个银行系统普遍亏损的经济环境中，格莱珉银行的日常运营已能做到基本上自负盈亏，略有盈余。通过短短二十几年的发展，格莱珉银行的成功证明，面向贫困户的小额贷款能在较差的经济环境下，用较小的投入使贫困户大面积脱贫；在合理的机制安排下，贫困户具有很强的还款能力，而且能承受较高的利率；现有的金融机构和行政网络不适用于有效地发放和管理扶贫贷款，必须建立一个新的机制与机构以较低成本和高效率服务农村金融。格莱珉银行无须财产抵押而且送款收款上门，这样就大大地减少了借贷者的间接成本。对于借贷者来说，他们的成本基本限于直接支付的利息。格莱珉银行所提供的技术培训与指导以及小组成员之间的相互帮助又是通常的商业贷款所没有的，这些技术培训和组内帮助大大地减少了项目投资的风险，从而加强了借款者的还债能力。从供给方来看，高息政策使乡村银行可以盈利从而吸引了高素质的金融工作人员，使其逐渐减少了对低息融资的依赖。近期格莱珉银行第一次以接近市场利率的方式成功地向国内商业银行发行了1.64亿美元的债券，这就意味着格莱珉银行已逐渐自立于金融市场中，通过商业行为来维持与扩大它的业务范围。最后，高息政策还能使乡村银行付出较高的存款利率，通过吸收商业存款来扩大它的贷款能力。

（三）金融机构的导向性作用日趋明显

近年来，部分国家农村金融发展过程中表现出一种趋势是，农村金融机构不再只作为被动的资金供给者，而越来越倾向于成为主动的农村投资引导者（冉璐、邓晓霞，2010）①。如风险投资基金对新兴农业科技的投资主导着研究的方向，部分投资银行也将目光投向了现代农业并对农场与农业相关企业进行控股；小额贷款的发放则往往和对农民的培训结合起来而不是简单地借款给农民，金融机构提供从项目选择到技术支持的一系列帮助。尽管农村金融机构拓展业务的具体原因有所不同，但金融机构通过广泛的网络渠道获得信息与对市场动向的洞察使其能够胜任投资引导者的责任。这对于拓展其资金使用途径、提高农村资金使用效率与回收比率都有积极意义。

（四）建立并具有完善的农业信贷保险体系

由于农业生产具有较大的不确定性和弱质性，农村和农业贷款呆坏账比例较工业贷款相对要高，涉农金融机构发放贷款可能要承受相当大的损失。因此，建立农业信贷保险体系极为重要，也是各国较为普遍的做法。比如印度政府一方面建立农村信贷保险制度并积极开发关于农业贷款损失补偿保险的品种，从而促进社会经济风险特别是农业风险的有效分散和转移、降低了金融机构从事农村信贷的系统性风险；另一方面，政府把农业保险纳入农业经济发展的总体规划引导农民参保意识，鼓励商业性保险机构开办涉农保险业务。

政府介入与扶持农村金融必不可少。农村金融体系在总体上实行可持续经营并不意味着农村金融机构的完全商业化和政府对农村金融不加干涉。由于农村经济与农村社会的特殊性，政府不但负有在财力上扶持农村金融机构的责任，也负有引导农村金融体系的构建与成长的职责。农业是弱质产业、农业资金的比较收益较低，农村居民的相对贫困等因素都制约着农村吸收资金的能力。实践中，多数国家都建立了以服务政府农业政策为目标的政策性金融机构，同时向商业性、合作性金融机构的农贷提供财政贴息及税收优惠以弥补农村信贷与一般商业性贷款之间的价格差额，在支持农村信贷的同时也保障了这些农村金融机构可持续经营目标的实现。此外，农村金融体系在制度建设、经营手段、管理经验、从业人员素质等各方面都存在一定程度的欠缺，完全依靠其农村金融业自发地成长不能满足农村经济发展的需求。因此，政府有义务通过制定有利于农村经济发展的金融政策为农村金融创造良好的经营环境。

---

① 冉璐、邓晓霞：《发达国家农村金融体系的新变化及对中国的启示》，载《经济问题探索》2010 年第 9 期。

第三节　中国农村金融供给体系模式现状及存在的问题

一、中国农村金融供给体系模式的演变

（一）农村金融供给体系的恢复与发展时期（1978～1999 年）

自 20 世纪 70 年代末改革开放以后，中国农村金融供给体系的恢复建设是从中国农业银行开始的。1977 年国务院颁发了《关于整顿和加强银行工作的几项规定》以适应农村经济改革和发展的需要，将农村信用社定位为——"农村信用社是集体金融组织，又是国家银行在农村的基层机构"，并明确指出农村信用社由中国人民银行进行管理。中国农业银行于1979 年 3 月从当时的"中国人民银行"独立出来并成为专门为农村提供信贷业务的正规银行。当时中国农业银行主要职能是统一管理支农资金、领导农村信用社、集中办理农村信贷、发展农村金融事业等；另外，规定了农村信用社的性质——农村信用社属于集体所有制的金融组织并属于中国农业银行的基层机构。这一阶段的农村金融体系中，中国农业银行提供政策性业务和商业性业务，如统一管理支农资金、提供农村国营工业贷款、国营和集体农业贷款、各类商业贷款、乡镇企业贷款、农业机械化专项贷款和中短期设备贷款等信贷服务。同时，中国农业银行还承担着领导农村信用社的职能。

随着农村经济微观主体从社队向农户转变，中国农业银行自 1980 年开始发放农户贷款，并于 1986 年开始发放扶贫贴息贷款。中国农业银行在农村金融中具有"官办"性质及垄断地位，因为当时的中国农业银行集"财政性拨款管理、商业性信贷业务经营和合作制金融组织管理"于一身，包括中国农业银行在内的银行的存贷业务都是依照国家的指令性计划安排。所以，中国农业银行对农村信用社的管理也是采用计划经济的模式来管理。尽管在此时期内农村信用社的业务得到了一定程度的恢复和发展，但也逐渐走上"官办"的道路，自主权逐步直至完全丧失。

单一的农业银行体系造成了农村金融的垄断，加上政企不分的低效率经营模式，致使农业银行体系不能有效满足农村的金融需求。进入 20 世纪 80 年代中期后，农村信用社开始改革，加上工、中、建等商业银行的相继成立，农村金融供给主体开始逐步多样化。

首先，工、中、建等商业银行开始进入农村地区。特别自 1984 年 10

月开始，中国确立了发展"有计划的商品经济"经济体制，商业金融体系迅速扩张，中国农业银行在农村金融中的垄断地位也逐渐削弱。1985 年中共中央在《关于进一步活跃农村经济的十项政策》中，明确提出中国农业银行要实行企业化管理以提高资金使用的效率。此外，人民银行同时出台了"银行可以选择企业、企业可以选择银行"、专业银行业务可以适当交叉的政策措施，以鼓励四家专业银行之间开展适度竞争。这在一定程度上打破了银行资金"统收统支"的"供给制"。根据这一政策措施，新设立的工商银行、建设银行等开始将其触角伸向农村，并为当时正在蓬勃发展的乡镇企业提供贷款。同时将农副产品收购业务确定为中国农业银行的自营业务。

其次，建立农村政策性金融体系。1994 年 6 月组建了中国农业发展银行，为了配合国有银行商业化改革，中国农业发展银行的职能为——以国家信用为基础，筹集农业政策性信贷资金，承担国家规定的农业政策性金融业务，代理财政性支农资金的拨付，为农业和农村经济发展服务。以中国农业发展银行为代表的政策性业务分离以后，中国农业银行开始进行商业化导向的改革，农村信用社的金融监管由中国人民银行直接承担，农村信用社的业务管理开始由农村信用社"县联社"负责。中国农村金融体系基本得以确立：以中国农业发展银行为主的政策性金融、以农村信用社为基础的合作制金融、以中国农业银行为主体的商业性金融并存的局面基本形成。

再其次，恢复农村信用社合作金融性质的改革。1982～1984 年中国进行了旨在恢复农村信用社"三性"（即组织上的群众性、管理上的民主性和业务经营上的灵活性）的改革，以理顺中国农业银行和农村信用社的业务关系，先后成立 1136 家县联社来管理各地农村信用社。同时，改中国农业银行对信用社的指令性计划为指导性计划。1984 年国家正式提出把农村信用社办成"自主经营、自负盈亏"的群众性合作金融组织。此后，为推动农村信用社进一步大发展，中国农业银行对农村信用社进行了业务管理、民主管理、组织建设等方面的一系列改革，截至 1995 年年底，农村信用社吸收了 60% 以上的农村储蓄，占农业生产贷款总量的 60% 以上、农户贷款的 80% 以上、乡镇企业贷款的 70% 以上。由于种种原因，农村信用社成为地方政府控制金融资源的工具，恢复其合作金融的本质一直未能真正实现，导致农村信用社出现了大量的不良资产，最终使农村信用社发展失去了可持续性。

非正规金融迅速发展：20 世纪 80 年代初期，随着中国农村家庭联产承包责任制的改革，1984 年农村合作基金会于开始出现。农村合作基金会是由农户和乡村集体经济组织依照有偿使用、自愿互利的原则建立起来的社区互助组织。资金来源以集体资金和吸收农户以资金入股为主，其存款时间长，利率比信用社低。农村合作基金会的贷款对象主要是村内或乡内的农户，额度相对较小。到 1992 年年末，全国建立的农村合作基金会在乡镇一级已达 1.74 万个，村一级达 11.25 万个，分别占乡镇总数的 36.7% 和村总数的 15.4%，共筹集资金 164.9 亿元。1994 年以后，农村合作基金会开始以代管金的名义吸收短期存款，并向乡镇企业发放大额贷款，其存款与贷款的利率水平均比农村信用社要高，合作金融的性质逐步向商业性金融转变。受到东南亚金融危机的冲击，中国政府于 1997~2000 年对金融体系进行治理整顿。在农村商业性金融改革领域，中国农业银行逐步收缩出在县及县以下的分支机构，农村金融业务逐步减少；政府以扰乱金融秩序的名义于 1999 年在全国范围内对农村合作基金会加以取缔，而同期其他各类民间金融形态也受到严厉打击。实际上，农村金融供给又重新恢复到以农村信用社为主导的局面。

此外，1986 年 1 月设立了邮政储蓄体系。中国人民银行与邮电部分别以投资所有者和业务监管者的身份联合发布了《关于开办邮政储蓄的协议》，决定在北京、天津等 12 个城市试办邮政储蓄业务。1986 年年底通过的《中华人民共和国邮政法》将邮政储蓄业务法定为邮政企业的业务之一，从而使邮政储蓄遍布全国并成为在农村中开展储蓄业务的一支重要力量，进一步扩大了农村存款服务的覆盖率。邮政储蓄实际上从中获得了无风险收入，这为其提供了制度性竞争优势但对农村金融发展不利。按照规定，邮政储蓄只能提供存款服务而不能提供贷款服务，起始阶段邮政储蓄将其存款全额转存中国人民银行并获得手续费，1989 年后改为将其存款转存中国人民银行并收取利息。

（二）21 世纪以来的农村金融改革（2000 年至今）

农村金融的供需矛盾在进入 21 世纪后日益严重，农村金融供给远远无法满足农村经济社会发展对金融需求，于是国家再次启动了旨在增加农村金融的供给能力的农村金融体制改革。改革分两个基本阶段：2005 年以前是以农村信用社为改革的重点，主要内容是化解农村信用社庞大的不良资产，恢复农村信用社的信贷供给能力和可持续发展能力。1996 年 8 月，国务院就曾经颁布了《国务院关于农村金融体制改革的决定》，要求中国农业银与农村信用社行脱离行政隶属关系，在此基础上把农村信用社办成农民入股、社员民主管理、为入股社员服务的、真正的合作金融组织。这一举措使农村信用社历史上积聚起来的信贷资产质量差、亏损严重、资不抵债等潜在风险逐步暴露出来。

针对农村信用社改革中出现的问题，1998年国家提出以"改革农村信用社产权制度、落实农村信用社的风险责任"为重点新一轮改革，旨在把农村信用社办成联系广大农民的金融纽带并使其成为新形势下农村金融的主力军，以解决农民"贷款难"的矛盾。1999年首先在江苏进行农村信用社改革试点。

在2002年的全国金融工作会议上，国务院将农村信用社改革作为金融改革的重要内容。2003年5月，农村信用社改革试点扩大到8个省市，要求按照"明晰产权关系、强化约束机制、增强服务功能、国家适当支持、地方政府负责"的总体要求，加快信用社管理体制和产权制度改革；可以视情况改造为农村合作银行、农村商业银行等。此后，各试点省农村信用社"省联社"相继成立，新的农村商业银行和农村合作银行也在各省成立。

2004年8月以后，农村信用社改革试点全面展开。为了使农村信用社获得更大的金融产品定价权，2004年1月1日，中国人民银行将农村信用社贷款利率浮动范围从基准利率的1.5倍扩大到2倍。2013年7月2日，中国人民银行将全面放开贷款利率管制。农村信用社改革是一次完全由国家主导、自上而下推行的改革，尽管中央财政给予了大量补贴和优惠证政策，农村信用社依然未能回归新中国成立初期的合作金融本质，并日益成为地方政府控制地方金融的资源，农村信用社在搞活农村地区经济方面未能发挥应有的作用。

为了保证农村金融供给的增加，中国从2004年开始调整中国农业发展银行的业务范围，如将业务范围逐步扩大到农、林、牧、副、渔的广泛范围内，可为龙头企业提供贷款、农村基础设施贷款、农业科技贷款和农业综合开发贷款等。2007年3月，中国邮政储蓄银行正式成立，并已开始存单小额质押贷款的试点且转变了其只存不贷的政策限制以充分发挥邮政储蓄银行在县及县以下的农村地区网点的综合金融服务功能。

2005年以后，中国农村金融供给体系才开始真正进入多样化发展阶段，农村金融组织创新取得了重要进展。首先，"商业性小额贷款公司"试点工作于2005年在5个试点省（自治区）开始启动。其次，允许在农村金融市场新设"村镇银行（在县级或乡镇一级可由各类资本投资新设）"、"贷款公司（商业银行和合作银行的'全资'子公司）"和农村资金互助社（在乡镇或村一级新设）三类新型农村金融机构。这些新型农村金融机构通过建立新的运作理念、经营机制和风险防范机制基本上适应了农村个体经济和小规模农业经营分散、资金需求小等特点。但这种新型农村金融组织创新还处于起步阶段，未来如何规范和发展仍具有较大的不确定性。另外，政府还放宽了农村地区现有银行业金融机构的兼并重组限制，并鼓励商业银行返回农村地区恢复设立分支机构。

二、中国农村金融供给模式的现状

(一) 中国农村金融体系构成

经过长时期的发展，特别是 2006 年以来中国政府大力推行多层次的农村金融供给模式建设的改革，农村金融供给模式建设已经取得了一定成效。当前已形成了相对多元化的农村金融体系，金融中介组织体系基本能够为企业提供各类的金融产品。但我国农村金融供给模式建设工程才刚刚起步，农村金融供给模式的完善还有很长的路要走。中国农村金融的功能仍处于弱势状态，远不能满足农业和农村经济发展对资金和金融服务的需要。

从金融监管的角度可以将农村金融供给分为正规金融和非正规金融（张杰，2003）①。正式的、被登记的、被管制的和被记录的金融机构和金融活动被称为正规金融；非正式的、未被登记的、未被管制的和未被记录的金融活动被称之为非正规金融。中国农村金融体系也可划分为正规金融和非正规金融，其中农村金融体系中正规金融体系由中国农业发展银行、中国农业银行、农村信用合作社三大机构组成，并分别担负政策金融、商业金融、合作金融功能，其他商业银行和邮政储蓄作为辅助。民间金融为非正规金融的重要组成部分，主要有乡村合会、私人钱庄、私人借贷、高利贷等多种形式（见图 5-1）。从农村金融供给主体看则主要由农村政策性金融机构、农村商业性金融机构、农村合作性金融机构和其他金融组织等共同组成。

(二) 农村政策性金融供给

农村政策性金融供给机构主要包括中国农业发展银行、政策性农业保险公司。以中国农业发展银行为例来分析农村政策性金融机构在农村金融市场的供给状况。通过对农业发展银行贷款细分可以看出农业发展银行对不同资金需求主体的供给规模以及农业发展银行供给贷款的机构特征。

---

① 张杰等：《中国农村金融制度：结构、变迁与政策》，中国人民大学出版社 2003 年版。

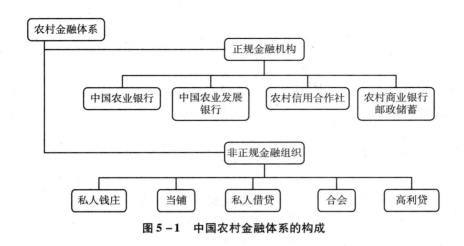

图 5 – 1　中国农村金融体系的构成

　　从中国农业发展银行 2011 年年度报告中可以看出，2011 年其粮油贷款余额为 9236 亿元，占总贷款比例 76.3%；其次为农村基础设施建设贷款 600 亿元，占总贷款余额的 4.95%，以及新农村建设贷款 575.25 亿元，占总贷款比例的 4.75%；其他贷款如农业生产资料贷款、农村流通体系贷款、农业小企业贷款等所占比例均比较小。可以看出，农业发展银行所经营的贷款中无论是粮棉油购销储贷款还是农业和农村开发贷款以及农业产业化和龙头企业贷款，都不是直接面对农民的。农业发展银行基层机构贷款和授信权限有限，基本没有直接面向客户的贷款，而以面向各单位和各级政府的贷款居多。这既是政策性金融的特征也是其业务局限，政策性金融有明确的业务范围必须服务于特定、有限的业务领域和对象。

　　从信贷方式来看，农业发展银行传统的政策性业务和准政策性业务延续了以往以信用贷款为主的信贷方式。以 2011 年年末的数据为例，其贷款总额中有 92% 都是信用贷款；而对商业贷款则明显更强化风险防范，商业贷款中担保贷款占 65%。从贷款时间和期限看，农业发展银行业务具有明显的季节性和阶段性、政策性和准政策性。受储备计划下达实施及农业生产的季节性影响，明显主要集中在每年的 6 月、7 月和 9 月等收购月份；商业性贷款投放在 1~9 月呈上升势态，特别是 9 月集中大量投放，第四季度由于受计划规模控制的影响而明显下降。从上面分析可以看出，农业发展银行的业务主要集中在粮食收购上且以流动性贷款为主而基本没有中长期贷款，金融支农范围狭窄。鉴于政策性金融机构的特殊性，首先，农业发展银行既不能根据市场需要开拓自身业务也不能对农业发展项目给予支持，实质上其保护农业职能要大于其发展农业的职能；其次，农业发展银行对农业的贷款结构不合理（短期流动贷款比例高、中长期贷款贷款比例低），只能在短期内对农产品产量的增加发挥一定的效力，对农业劳动生产率的提高、促进农业技术创新和农业结构的调整难以发挥作用。

（三）农村商业性金融供给

农村商业性金融机构主要包括中国农业银行、农村商业银行、村镇银行、邮政储蓄银行，以及商业性保险公司、担保典当公司等；农村合作性金融机构主要包括农村合作银行、农村信用合作社、农村资金互助组织等。其他金融机构主要包括小额贷款公司、小额信贷组织、民间金融等形式。

农村商业性金融产品及信贷供给呈快速上升趋势。农村商业性信贷供给趋势如表5-1所示，尽管农村商业性信贷供给增速较快，但是农业贷款增长还是远远滞后于农村存款增长速度。中国金融机构长期以来在农村金融服务领域提供金融产品方面存在品种单一，同时还存在资金领域"轻给予重索取"的突出矛盾，农业和农村发展所需的金融产品十分短缺。譬如，长期以来中国农村金融机构业务以提供存款、汇兑等业务为主，保险、贷款、理财等产品相当匮乏。针对农村金融多层次的需求，近年来中国在农村金融产品创新方面开始进行一些探索性工作：第一，推进农户小额贷款业务发展。小额贷款业务是农村金融机构满足农村金融需求和促进农村经济发展的有效方式。从1999年起，中国在农村信用社推广农户小额信用贷款、联保贷款，一定程度上缓解农民贷款难问题并取得了一定的经济效果和社会反响。2012年年末，全国农村信用社农户贷款余额达到3.672万亿元人民币。目前，除农村信用社以外的在农村地区经营性金融机构陆续探索开办各种形式小额贷款业务。第二，创新农民工银行卡等特色服务。农民工银行卡这一特色服务是指农民工在打工地利用银联借记卡存入现金后，可以在家乡就近的农村信用社网点柜台提取现金，从而方便农民工异地存取款。2005年开始试点的农民工银行卡特色服务有效地解决了农民工打工返乡携带大量现金的资金安全问题，也使得农民工在打工地获得的收入迅速大量回流农村。第三，创新多种农村信贷产品。针对不同的农村金融需求，政府和金融当局鼓励农村金融机构进行信贷产品创新，以适应不同的信贷需求、提高贷款覆盖面。如推出了"合作组织＋农户"的统一贷款模式、以农村信用社、龙头企业、农户、保险公司和政府"五位一体"的综合服务方式、订单农业质押贷款、以"商业性信贷＋政策性信贷＋商业性保险"相结合的模式提供林权抵押贷款。第四，积极推进农业保险试点。2004年，中国先后在上海、黑龙江、吉林等9个省（市、自治区）尝试了农业保险的试点工作，并先后出台了促进农业保险发展的有关政策；2012 年，各级财政部门对农业保险首次给予补贴，对吉林、内蒙古等 6 省（自治区）的 5 类主要农产品开展了试点，农业保险的试点区域范围与险种不断扩大。

表 5 - 1　　　　　　　　　　农村存款及贷款余额　　　　　　　　　单位：亿元

年份	农村存款余额	农村贷款余额	年份	农村存款余额	农村贷款余额
1993	4649.8	4839.1	2004	26292.5	17912.3
1994	5879.2	4644.5	2005	30810.2	19494.7
1995	7391.8	4059.7	2006	36219.1	19430.2
1996	9034.6	7123.0	2007	42333.7	22542.0
1997	10665.2	8350.4	2008	51953.2	25083.1
1998	12189.0	10024.2	2009	63845.9	30651.8
1999	13343.6	10953.7	2010	78530.5	38314.8
2000	14998.2	10949.8	2011	95807.2	46744.0
2001	16904.7	12124.0	2012	116884.7	57027.7
2002	18170.0	13696.8	2013	142599.4	69573.8
2003	23076.0	16072.9			

资料来源：根据历年《中国统计年鉴》、《中国金融年鉴》、《中国农村统计年鉴》及中经网统计数据库数据计算整理而来。

（四）农村非正规金融组织

虽然正规金融与非正规金融并存的现象在发展中国家普遍存在，但在农村金融长期受到压抑的情况下，中国金融机构的二元性在被压抑的农村金融体系中尤为明显，同时中国农村的二元金融结构又具有一些鲜明的个性特征。这些特征既来自于经济、制度和政策因素，也受到历史、社会和文化的影响。

中国的非正规金融包括私人自由借贷、钱背和私人钱庄、合会、民间金融等。农户的资金需求具有其自身的明显特点，比如贷款数额小，希望手续简便、灵活、及时，并采用较少抵押甚至无抵押的贷款方式，民间金融正好可以满足这些需求。另外，民间借贷行为在我国农村地区具有天然的优势。首先，借款通常发生在邻里亲戚之间，较为畅通的信息渠道降低了因农村借贷信息不对称导致的信息成本；其次，简化的借款手续（尤其小额借款随借随到）满足了农户对资金的方便性、时效性需求；最后，在一个相对封闭的、持续博弈的局部农村借款环境中，由于借款者以自己的信誉或者名声作为保障，考虑到未来不确定的贷款次数，农村借款者即使没有科学合理的监督机制的情况下也会主动降低借贷违约概率。

近十几年以来，中国民间借贷的规模呈快速上升趋势。2013年西南财经大学中国家庭金融调查与研究中心发布的《银行与家庭金融行为》调查结果显示：中国民间借贷参与率比较高，大约有33.5%的农村家庭参与了民间借贷活动，借贷总额达8.6万亿元。其中用于购房的民间借贷规模最大，达到3.8万亿元。此外，用于农业和工商业的民间家庭借贷达3万亿元。目前中国农村非正规金融活动已成为农村正规金融的重要补充。但长期以来，国家对农村金融业的管制使得农村非正规金融只能生存在非正式、不规范的状态；民间借贷总额规模巨大而且呈快速增长势头，这说明我国的以银行为主的金融服务远远没有跟上家庭的金融需求。家庭从银行获得贷款的难度大、贷款难才会有大量的资金都是通过从民间借贷渠道获得。

（五）中国农村金融供给模式的发展趋势

第一，从农村金融机构的功能建设向现代农村金融制度建设转变。2008年以后，政府除了加大农村信用社改革力度、完善农村信用社治理结构、缓解农村资金外流等农村金融改革以外，开始注重农村金融制度建设。2008年对农业银行、邮储银行和农业发展银行的定位由"扩大对农业、农村的服务范围、加大支农力度"转变为推进农业银行等机构的体制改革。这表明政府要从制度建设上改革和完善农村投融资体系。

第二，注重农村金融机构的自我发展向农村金融政策扶持体系与法律约束相结合。2008年中央提出从监管制度、财税政策、货币政策等方面进行协调和支持，引导各类金融机构加大对"三农"的支持保护力度。通过优惠政策鼓励各类银行及新型农村金融机构到贫困地区设立分支机构，确保消除基础金融服务空白乡镇。要求建立促进现代农业发展的投入保障机制，通过政策约束和扶持强化和完善县域内银行业金融机构新吸收存款主要用于当地发放贷款。

第三，从农村金融机构的单兵独进向农村金融总体改革转变。2009年之前，农村金融体系建设强调各金融机构自身要对产品创新、担保方式等进行研究。2010年则正式要求探索建立多种形式的担保机制，要求搞好信用环境建设等。这些要求从金融机构自身的发展转向整体农村金融环境的建设，逐步推动资源要素向农村配置，完善农村金融基础设施建设，着力改善城乡二元金融结构，进而增强农村金融对农业基础建设、农民增收及城乡一体化发展的服务能力。

第四，农村金融机构功能从单调的农村信贷服务向全方位金融服务转变。2009 年以前政府主要从适应农民和农村经济发展的多样化需求，大力发展小额贷款、信用贷款和联保贷款等渠道增加农村金融供给和改善农村金融服务。2009 年政府开始鼓励和支持金融机构创新农村金融产品和金融服务，积极扩大农村消费信贷市场，依法创新涉农抵押贷款和权利质押贷款品种、鼓励开发涉农保险产品，探索银保互动机制。2012 年鼓励涉农企业开展直接融资、发展涉农租赁业务等鼓励民间资本进入农村金融服务领域，设立适应"三农"需要的各类新型金融组织，有序发展村镇银行、贷款公司、农村资金互助组织和小额贷款组织等，构建多层次、广覆盖的农村金融服务体系。

三、中国农村金融模式存在的问题

（一）政策性银行功能不到位

中国农业发展银行的业务状况基本上反映了我国政策性金融机构在农村金融市场的供给状况。农业政策性银行是采用财政资金和信贷资金有机结合的支农方式的农村金融机构，旨在实施对农业的保护、逆市场配置资源、增加农业资金投入等。但目前我国唯一的农业政策性银行——中国农业发展银行的服务功能较为单一，基本上只负责粮棉油收购资金的管理工作，仅限于单一的国有粮棉油流通环节的信贷服务而不能涉足农业开发等生产性环节和农业科技、农业信息服务、农业生产化、农业基础设施等众多农村金融领域。

通过对农业发展银行贷款细分可以发现农业发展银行对不同资金需求主体的供给规模以及农业发展银行供给贷款的机构特征。截至 2013 年年末，农发行共有 31 个省级分行、303 个二级分行和 1838 个营业机构服务网络遍布中国大陆。农业发展银行贷款余额 2.5 万亿元，金融服务覆盖"三农"各个领域并在农村金融中发挥着骨干和支柱作用。2004 ~ 2013 年年末，农业发展银行累计发放粮棉油收储贷款 33273 亿元，每年支持收购的粮食占商品量的 60% 左右；2013 年年末农业发展银行累计发放贷款 1.4 万亿元，支持项目 8156 个，2013 年年末贷款余额 9908 亿元。农业发展银行着眼于支持农业现代化和新农村建设，有效破解了工业化城镇化缺地、新农村建设缺资金、耕地保护缺动力、城乡统筹缺抓手等"瓶颈"制约。截至 2013 年年末，农业发展银行为粮棉油产业化龙头企业和加工企业累计发放贷款 11274 亿元, 支持企业 3454 个①, 大力支持了非粮棉油产业龙头企业的发展, 贷款范围涵盖林业、水果、茶业、中药材、园艺和其他类行业, 拓展了农民就业和增收渠道。从农业发展银行所经营的贷款业务可以看出, 无论是粮棉油购销储贷款还是农业和农村开发贷款以及农业产业化和龙头企业贷款, 都不是直接面对农民的。农业发展银行基层机构因贷款和授信权限有限, 贷款业务以面向各单位和各级政府为主而基本没有直接面向客户。政策性金融明确的业务范围规定其必须服务于特定有限的业务领域和对象, 在信贷方式和贷款时间与期限上都存在支农的局限性: 第一, 从信贷方式看, 农业发展银行传统的政策性业务和准政策性业务延续了以往以信用贷款为主的信贷方式。农业发展银行贷款的政策性贷款以信用贷款为主, 而对商业性贷款则明显更强化风险防范, 商业贷款中担保贷款占 60% 以上。第二, 从贷款投放时间来看具有明显的季节性和阶段性。政策性和准政策性受储备计划下达实施及农业生产的季节性影响, 明显主要集中在每年 6 月、7 月和 9 月等收购月份; 商业性贷款投放在 1 ~ 9 月呈上升势态, 特别是 9 月集中大量投放。而进入第四季度由于受计划规模控制的影响而明显下降。第三, 从上面的分析可以看出, 农业发展银行的业务主要集中在粮食收购业务上且主要是以流动性贷款为主, 中长期贷款所占比重较小、金融支农范围相对狭窄。因此只能在短期内对农产品产量的增加发挥一定的效力, 对农业劳动生产率的提高和农业结构的调整难以发挥作用。第四, 农业政策性金融业务分散于各国有商业银行和合作银行中, 不利于政策性资金的统一管理和分配, 降低了农业政策性资金的使用效率。鉴于政策性金融机构的特殊性, 农业发展银行既不能根据市场需要开拓自身业务, 也不能对农业发展项目给予支持, 实质上其保护农业职能要大于其发展农业的职能。因此, 中国农业发展银行在我国农村信贷市场上的作用十分有限, 并不能直接满足广大农户的贷款需求。

(二) 农村合作金融难以满足农村资金需求

农村信用合作社是分支机构最多的农村正规金融机构, 分支机构遍及几乎所有的乡镇甚至农村。2003 年国务院下发了《深化农村信用社改革试点方案》, 决定在 8 个省 (市) (浙江、山东、江西、贵州、吉林、重庆、陕西和江苏) 进行农村信用社的改革试点以来, 农村信用合作社改革

---

① 中国农业发展银行:《中国农业发展银行社会责任报告 (2004 ~ 2013 年)》, 载《农业发展与金融》2014 年第 7 期。

取得了很大的成果，截至 2012 年 6 月末，全国农村信用社不良贷款比例为 8.6%，与 2002 年年末相比下降了约 26 个百分点；在资本充足率方面，农村信用社、农业合作银行和农村商业银行分别为 8.7%、12.3% 和 8.6%。截至 2012 年 6 月末，全国农村信用社农业贷款余额达到 36716 亿元，占全国金融机构农业贷款的比例提高到 91.4%。但同时也可以发现，农村信用社在农村的金融服务机构也有萎缩趋势，根据图 5-2 可以看出，农村信用社服务网点数量正趋于减少。

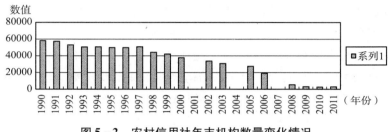

图 5-2　农村信用社年末机构数量变化情况

农村信用合作社目前已成为农村基层最重要而且处于垄断地位的金融机构。但由于自身的困难，它难以独立支撑"三农"经济的发展。第一，农村信用社的目标多元化。目前我国农村信用社既有国家政策性、合作性的功能，又有追求自身利益的根本目标。这种多元化目标，必然对农村信用社造成多方面的限制。第二，农村信用社的产权界定不清晰，使得资金的配置与运用由于缺乏激励和约束而处于无效率的状态，阻碍了农村信用社的发展。第三，农村信用社自身素质不高，难以很好地服务分散的农户。在体制困境和结算手段落后、电子化程度低等技术因素的约束下，其组织存款、开拓业务的能力难以提升，存款增量大大落后于邮政储蓄等机构。

（三）正规农村金融机构的金融供给呈萎缩趋势

1. 商业银行农业信贷呈萎缩趋势

中国农业银行最初成立于 1951 年，1979 年 2 月再次恢复成立后，成为农村经济领域占主导地位的国有专业银行，现已改制为股份制商业银行。长期以来，农业银行是涉农贷款投放规模最大、服务面最宽、服务客户最多而且是唯一拥有农业信贷专业化经营管理体系的国有大型商业银行。中国农业银行几乎在全国所有县域都设有分支机构，51% 的机构、44% 的人员、60% 的客户、38% 的存款和 29% 的贷款分布在县及县以下。

1994 年中国农业发展银行分设，1996 年农村信用社与农行脱离行政隶属关系，中国农业银行开始向国有独资商业银行转变。农业银行明确了商业银行运作，收缩了县级以下商业网点，企业经营方面以盈利为最大化目标，按照盈利性、流动性、安全性三原则从事经营管理。受自身利益最大化驱使，农业银行在"有所为、有所不为"的战略下正在放弃农村、进军城市。很多基层农业银行尤其是县支行贷款业务萎缩、人员也向机关和上级行流动，大量业务从农村基层撤出。资金的趋利性、信息的不对称及无规模经济的客观现实，使得商业银行不愿将资金投入期限长、见效慢、风险高的农业项目，以及投向经营规模小、居住分散、缺少抵押担保的农户和农村借款人。2008 年改制上市以后的中国农业银行由于经营目标及银行定位的调整，使得其在农村的金融业务呈进一步收缩趋势。从总体来看，近年来中国农业银行进行贷款结构调整，农业借贷规模逐年递减、农业类贷款余额占贷款余额的比重逐渐降低，中国农业银行在农村金融供给方面发挥的作用日趋下降。

2. 中国邮政储蓄银行涉农业务趋于萎缩

长期以来农村邮政储蓄机构只存不贷，不仅不能满足农户的贷款需求，还成为农村资金外流的重要渠道。原来由于邮政储蓄不能办理贷款业务，而转存中国人民银行的利息又很高，丰厚而无风险的利差收益成为邮政揽储的不竭动力。大量资金通过邮政储蓄转存人民银行而从农村流向城市，直接导致了农村资金供给不能满足农业和农村经济发展的需求。2007 年 3 月 20 日，正式成立中国邮政储蓄银行。中国邮政储蓄银行的成立，被视为农村金融发展深化的重要一步。成立后的中国邮政储蓄银行的市场定位是：充分依托和发挥邮政的网络优势，完善城乡金融服务功能，以零售业务和中间业务为主，为国民经济和社会发展，为广大居民群众提供金融服务；经监管部门批准，办理零售类信贷业务和公司业务，与国内其他商业银行形成良好的互补关系，有力地支持社会主义新农村建设①。因此，邮政储蓄银行不是一般意义上的商业银行，而是具有很强政策性的"准政策性银行"。但根据国务院 2005 年通过的《邮政体制改革方案》，邮政储蓄银行是由中国邮政集团控股的银行，是一家地地道道的金融企业。企业的性质决定了其日常经营必然遵循商业性原则，以追求利润最大化为目标。

邮政储蓄银行多元化的政策目标必定使其在日常经营过程中陷入左右

---

① 中国邮政储蓄银行官方网站，http://www.psbc.com/。

为难的尴尬境地。一方面在商业性原则的指导下，邮政储蓄银行会不遗余力地开展资金运作业务，逐利动机驱使邮政储蓄银行从农村抽取大量资金转移到城市运作，以获取高额利润；另一方面，服务"三农"的定位要求邮政储蓄银行的资金"取之于农，用之于农"，必须积极发放农村小额贷款以支持农村经济的发展，因此，如何安排和谐调运用资金就成为一个大难题。另外，与农村金融机构的合作竞争也存在问题。一方面，"完善城乡金融服务功能，提高农村金融服务水平"的政策目标必然要求邮政储蓄银行与农村金融机构之间展开竞争，在竞争中提高服务水平；另一方面，这又与监管部门提出的"邮政储蓄银行加强与农村金融机构全面开展业务合作"的要求相冲突，显然这是难以完成的任务。

（四）新型农村金融机构有待于进一步规范

自 2006 年 12 月 20 日银监会出台《关于调整放宽农村地区银行业金融机构准入政策、更好支持社会主义新农村建设的若干意见》以来，我国新型农村金融机构得到了迅速发展。截至 2012 年 9 月底，我国已组建新型农村金融机构数量达到 859 家，其中，中西部地区的村镇银行为 481 家，所占比例高达 60.02%，新型农村金融机构贷款额逐年递增，对中西部地区经济发展起到了重要的促进作用[1]。但新型农村金融机构依然存在着资金来源有限、经营管理水平不高等很多不足，业务较为混乱所引致的金融风险不容忽视。政府除了加强监管和进一步规范其业务与市场秩序以外，新型农村金融机构还应加强与大型商业银行间的合作以拓宽新型农村金融机构的融资渠道，有助于可持续地缓解我国农村金融市场上的信贷配给程度。

（五）农村金融供给制度滞后于农村经济需求

目前我国农村金融供给主体的机构类型较为单一、数量相对少，而真正专一为农村提供有效金融供给的金融机构则更少。我国农村金融供给体系建设仍处于起步阶段，未来的发展模式仍未定型。整体来说，当前我国农村金融有效供给不足：既有供给总量不足的问题、也有供给结构不合理的问题，其中结构问题更为突出，特别是如何解决弱势群体发展面临金融服务不足的问题。优化农村金融供给结构是构建我国农村金融供给体系的重要内容。

农村金融供给不足的总量问题表现在两个方面：第一，农村地区金融

---

[1]　龙寒英、胡亦非、李下蹊等：《浅析我国新型农村金融机构发展现状》，载《中国农村信用合作报》2013 年 5 月 7 日，第 7 版。

资源总量不足。以涉农贷款为例，每年新增农业贷款余额占比由 20 世纪90 年代末期的 15%～20% 快速下降到 2000 年以后的不足 10%；2011 年新增农业贷款 3280 亿元，约占同期新增贷款总量的 6%，远远低于同期农业增加值占 GDP 11.3% 的比重；长期以来中国农业保险陷于停滞不前的局面，2012 年农业保险保费收入 240 亿元，与农业增加值之比仅为 0.18%，承保金额与同期农业增加值之比不足 4%。第二，农村金融体系的抽血效应显著，通过向人民银行提交准备金、购买债券和资金拆借汇划等形式，致使每年都有大量农村储蓄资金流出农村地区，这样就进一步削弱了农村金融的供给能力。2001～2012 年，仅从农村信用社流出的资金就从 4678 亿上升至 8724 亿元，财政向农村地区资金倾斜的幅度远不能弥补资金外流的缺口（如 2012 年，中央财政支农资金为 290 亿元）。据计算，城镇存款在 1990～2012 年的 22 年中增长了 67.96 倍，城镇存款占全国存款的比例从 1990 年的 84.052% 扩大到 2012 年的 88.816%，农村存款 20 年的存款量由于本身基数低，虽然增长了 45 倍，但存款绝对差额从 1990 年的9543.2 亿元扩大到 2012 年的 699695 亿元，差距倍数增长了 73.32 倍[①]。

农村金融供给不足的结构性矛盾主要表现在以下方面：第一，金融资源的分布存在显著的地域不平衡现象。根据银监会的统计，截至 2012 年年末，80% 的"零金融机构乡镇"集中在西部。第二，弱势群体的金融资源获取不足，尤其是对微型企业和农户的金融供给不足。以农户贷款为例，2012 年末农户贷款仅占涉农贷款总量的 1/5，获得农户贷款的家庭数仅占农户总数的 1/3。第三，金融服务供给存在显著不平衡，农村地区的金融服务重资金归集轻资金发放的特征较为显著。这主要表现为：提供存款、汇兑等业务的金融机构与金融服务较多，而提供信贷等资金供给的金融机构则相对匮乏；提供人身保险业务的保险机构相对较多，提供生产型保险保障服务的保险机构相对较少；按照商业化、市场化运营的农村金融供给制度严重不足。以农村信用社为例，由于内部人控制及地方政府保护主义的干预，农村信用社的信贷资源配置也将向地方政府主导型项目倾斜，并且地方保护主义越强，农村信用社信贷资源的错配问题将越严重（陈雨露、马勇，2010）[②]。

---

① 丁汝俊、段亚威：《农村金融体系构建：加快我国城镇化发展的重要推动力》，载《财经科学》2014 年第 1 期。

② 陈雨露、马勇：《地方政府的介入与农信社信贷资源错配》，载《经济理论与经济管理》2010 年第 4 期。

四、小　结

总结中国农村金融供给模式的发展历程可以发现：农村金融供给相对有效的阶段分为三个时期：第一，20世纪80～90年代的农村合作金融快速发展时期；第二，21世纪初的农村金融供给体系完善阶段；第三，当前中国农村金融的综合改革时期。上述三个时期的共同特点是：合作金融非常活跃，形成了分工合理、产权清晰、效率高、多元化的农村金融供给体系，在一定程度上解决当时农村金融供给不足的问题，促进了农业生产的发展并满足农村对金融服务的部分需求。

中国改革开放以来虽然取得了令世界瞩目的卓越经济表现，但城乡二元分化的结构性矛盾并没有得到有效缓解，反而呈现不断累积的趋势。由于长期未能摆脱二元经济结构的束缚，许多问题经过长期历史积淀逐渐演变为"慢性顽疾"。这既严重制约着整体经济制度变革的传导，又直接影响着农村金融制度调整的空间。在很大程度上，二元经济结构已成为影响中国金融发展的一个瓶颈因素、也成为困扰经济长期持续增长的主要难题之一。在二元经济结构的背景下，中国目前农村金融组织功能较为混乱，主要靠国家政策强制推动的金融服务项目比较单一，"花钱买机制"并不能解决农村金融的根本问题。长期以来，中国农村金融体系发展的实践表明：政府以管制取代监管的思路容易导致对农村金融发展的过度干预，致使各类农村金融机构在发展过程中出现严重的功能变异，并成为各级政府控制农村金融资源的工具，这不仅无法发挥金融对农村经济增长的促进作用，反而逐步积累了越来越大的不良资产，致使金融机构丧失了自我发展能力，造成了金融风险的积聚、增加了改革成本并抑制了"三农"发展。

从国外实践情况来看，合作制金融是许多国家较为普遍采用的一种农村金融组织形式，分散性的合作金融也正成为中国农村金融供给体系的主流，其他金融形式则成为合作金融的有益补充。中国农村信用社改革也一直试图恢复新中国成立初期的合作金融状态，但政府却一直不愿意放弃在农村金融中的主导权。20世纪80年代以后，中国从尝试农村合作基金协会到农业银行的市场化改革再到农村信用社的股份制改造，并没有真正恢复"组织上的群众性、管理上的民主性和业务经营上的灵活性"的农村金融合作性质，也没有真正放宽国内民间资本的市场准入领域，创造各类市场主体公平竞争的环境。尽管农村基金会在发展后期存在一定的金融风险，但通过单一的方式全部取缔非法金融则存在很大的盲目性，因此丧失了因势利导重建农村合作金融体系的大好时机。

　　事实上，许多经济学家通过对发展中国家金融实践的调查研究后发现，绝大多数国家正规金融机构对农户提供金融服务的覆盖面一般不足20%，而其余的大量农村融资活动是依靠多元化的金融中介组织来提供的。所以，如果不放弃国家对农村金融的控制与干预，从政府指导转变为政府引导、从政府严格管制转变为有效监管、从政府控制转变为形态多元化，农村金融供给体系则很难以恢复活力。

第六章　中国农村金融供给水平、结构和缺口分析

第一节　中国农村金融供给水平和结构

一、中国农村金融供给水平

（一）农村商业性信贷资金供给规模及趋势

金融中介的功能观认为：金融功能比金融机构更加稳定，金融发展推动经济增长的效率最终体现在金融体系功能的发挥上。莱文（1996）将金融中介功能具体划分为五个方面，其中动员和运用储蓄是最基本的、最重要的功能。吸收储蓄的功能是金融供给的前提和基础。应该说我国金融体系在农村储蓄的动员上是极其成功的，东部地区农村居民储蓄能力最强，东部地区农户人均储蓄远远高于中西部地区，这既是东部地区农村经济发达的结果，同时也说明东部地区农村经济的持续发展具备良好的资金基础。就推动农村经济的发展来说，金融中介对储蓄的运用即贷款功能最为重要（林毅夫，2003），而金融机构对农村贷款严重不足。根据中国人民银行（2013）中国农村金融服务报告（摘要），截至2012年年底，全部金融机构农村贷款余额仅占各项贷款余额的21.6%，农户贷款余额仅占各项贷款余额的5.4%[1]。另外，金融中介功能中资金配置功能最重要是因为资金配置的好则下期生产中的剩余就多、资金回报率就高，从而可动员的资金就多；同时把资金配置到最有效率的地方，风险就小。

当前农村信贷"干线"迅速成长、"支线"则存在一定程度上的扭

---

[1]　中国人民银行农村金融服务研究小组：《中国农村金融服务报告2012（摘要）》，中国金融出版社2013年版。

曲。以农村信用社为例，从 2002 年年末到 2013 年年末，农村信用社总贷款余额从 1.39 万亿元增长到 9.2 万亿元，年均增长率为 18.75%，涉农贷款余额从 0.98 万亿元增长到 6.2 万亿元，年均增长率为 18.26%，即农村信用社在 11 年的深化改革过程中信贷"干线"迅速成长。农村信用社涉农贷款余额占比从 2002 年年末的 70.35% 持续上升到 2007 年年末的 83.87%，之后又持续下跌至 2013 年末的 67.39%。这说明农村信用社正在向商业化经营趋势转变，对"三农"的支持力度逐渐减弱。由此可见，农村信用社在信贷"支线"方面出现了严重的两极分化现象。此外，农村信用社贷款利率较高且在信贷方面具有很强的垄断性。农村信用社利率上浮贷款比例一直都在 90% 以上。且平均贷款利率高于其他金融机构。农村信用社在很多地区的贷款利率超过了农户所能承受的范围，农民贷款难问题依然没有解决。因此，所谓的农村信用社支农能力提高其实是一种假象。随着 2013 年 7 月 20 日中国人民银行取消农村信用社贷款利率上限的管制后，其贷款利率很可能会进一步上升（见表 6-1）[①]。

表 6-1　　　　　　　　2002~2013 年农村信用社贷款情况　　　　　单位：万亿元

年份	2002	2003	2004	2005	2006	2007
总贷款余额	1.39	1.7	1.95	2.2	2.6	3.1
涉农贷款余额	0.98	1.27	1.5	1.8	2.1	2.6
占比（%）	70.35	74.71	76.92	81.82	80.77	83.87
年份	2008	2009	2010	2011	2012	2013
总贷款余额	3.7	4.7	5.7	6.64	7.8	9.2
涉农贷款余额	2.7	3.1	3.9	4.61	5.3	6.2
占比（%）	72.97	65.96	68.42	69.43	67.95	67.39

资料来源：2002~2013 年第四季度中国货币政策执行报告。

我国农业资本配置面临供给不足和农业资金配置效率低下有关。目前我国农业资金仍处于典型的规模报酬递增阶段，理论上增加农业资金投入有助于农业效率的提升。事实证明，非效率农业信贷投入较多的省市效率反而低下并且农业信贷作为农业资金投入中规模最大的要素对农业产出的贡献并不显著，说明农业信贷并没有发挥预期作用，资金运用效率较低而

① 王修华、唐兴国、熊玮：《农村金融存量改革实施效果研究》，载《上海经济研究》2014 年第 8 期。

且与农业信贷相比规模小得多的农户投资却对产出的贡献显著①。因此，提高农业资金配置效率是解决问题的关键，相关部门在加大农业资金投入的同时必须注重效率的提升，尤其是农业信贷资金的配置效率。

（二）中国农村金融供给的深度和广度还十分有限

金融深化理论认为金融业能够有效地动员和配置社会资金促进经济发展，经济的蓬勃发展也加大了金融需求并刺激金融业发展，金融和经济发展就可以形成一种互相促进和互相推动的良性循环状态。农村金融深化理论主张通过发展农村金融机构和农村金融市场来促进农村储蓄的增加以及促进资金向资本转化的过程从而推动农村经济发展。农村金融的深化从本质上来说属于资本形成和重组的过程，是一种通过发展农村金融机构、金融资产从而推动农村经济发展的过程，两者互动的效果及效率主要取决于金融深化程度。目前一般使用金融相关率作为衡量金融深化的指标。金融相关率（FIR）最初由美国经济学家戈德史密斯提出，是指一定时期内社会金融活动总量与经济活动总量的比值，通常是用来衡量金融上层建筑与物质基础之间的相互关系的指标以及用来判断一个国家或地区的金融发展水平，是由一国的基本经济特征共同决定的包括生产的集中程度财富分配情况投资刺激储蓄倾向和产业活动等（见表6－2）。

表6－2　　　　　　　　1979～2010年中国农村FIR

年份	农户存款（亿元）	农业存款（亿元）	农户持有现金（亿元）	农村金融资产（亿元）	农村GDP（亿元）	农村FIR
1984	438.1	230.92	503.33	1172.35	2295.5	0.5107
1985	564.8	199.32	606.00	1370.12	2541.6	0.5391
1986	766.1	252.87	706.33	1725.30	2763.9	0.6242
1987	1005.7	287.01	846.3	2139.00	3204.3	0.6675
1988	1142.3	338.2	1232.26	2172.76	3831.0	0.7081
1989	1412.3	333.9	1337.21	3083.61	4228.0	0.7293
1990	1841.6	393.10	1507.07	3742.27	5017.0	0.7459
1991	2316.7	649.60	1811.69	4777.99	5288.6	0.9035
1992	2867.3	948.8	2545.92	6362.02	5800.0	1.0969
1993	3576.2	1073.2	3463.53	8112.93	6882.1	1.1789

① 段小燕、王静、彭伟：《我国农业资金配置的症结分析》，载《中南财经政法大学学报》2014年第3期。

年份	农户存款（亿元）	农业存款（亿元）	农户持有现金（亿元）	农村金融资产（亿元）	农村 GDP（亿元）	农村 FIR
1994	4816.0	1063.20	4339.47	10218.67	9457.2	1.0805
1995	6195.6	1196.2	5355.10	15907.11	11993.1	1.1496
1996	7670.6	1364.00	6872.51	15907.11	13844.2	1.1490
1997	9132.2	1533.00	8786.21	19451.41	14211.2	1.3687
1998	10441.0	1748.00	10651.00	22839.97	14522.4	1.5695
1999	11217.0	2163.3	12568.60	25192.16	14211.9	1.8233
2000	12866.48	2642.86	11722.16	27231.50	14284.5	1.9064
2001	14752.48	3083.3	12551.04	30386.23	15036.5	2.0209
2002	17382.13	3764.24	13822.42	34968.79	16080.1	2.1747
2003	20725.3	4698.33	15796.79	41418.65	17142.9	2.1461
2004	23911.08	5526.32	17174.64	46612.04	21023.8	2.2171
2005	24606.37	6203.78	19101.58	49911.73	22420.0	2.2262
2006	28805.12	7414.02	21731.43	57950.57	24040.0	2.4105
2007	33050.26	9283.45	25399.8	67733.51	28627.0	2.3660
2008	41878.69	10074.51	31171.42	83124.62	33702.0	2.4664
2009	49277.61	14568.32	38303.42	102153.4	35226.0	2.8999
2010	53490.24	15221.26	42119.81	119821.2	36976.2	3.0213

资料来源：《中国金融年鉴（2011）》、《中国统计年鉴（2011）》。

　　中国农村金融相关率大致经历了 1984～1990 年的缓慢增长平台，1994～1996 年发展平缓，1996～2000 年快速增长而后增长放缓。1984 年属于中国农村金融体系在经济改革后的调整阶段，农村信用社恢复合作金融组织的改革使得信用社的存贷业务自有资金积累有所增长，因此，金融相关率开始稳步增长。1996 年农村信用社与中国农业银行的行政隶属关系彻底分离，农业银行对农村信用社的金融监管职能改由中国人民银行直接承担，从而农村信用社获得了更多的经营自主权限、农村信用社的业务量也呈稳步增长态势。1990 年以后，中国农村金融相关率有了较大幅度提升，这可能跟农户的财富从实物形态向金融形态的转变有一定关系。2000 年农村信用合作社的改革试点对随后年份的金融深化指标的影响并不明显，这可能与试点的范围窄、规模小有一定关系。若从金融相关率来看，与其他国家以及中国金融行业的其他方面相比，中国农村金融依旧存在巨大的发展潜力。

（三）农村贷款难问题依然突出

自 2003 年农村信用社深化改革以来，通过金融产品创新农村金融服务深度有所提高，农村新型金融产品层出不穷，如小额信贷业务、各类信贷产品、各类理财业务以及类银行卡产品等。截至 2013 年年末，农村信用社开展"农民工银行卡"金融服务以来，全国共有 4 万多个农村地区的营业网点可以办理此业务，并以此为基础试点小额助农取款业务。

农户贷款难是指对农户合理的贷款要求，农业银行、农村信用社、农业发展银行、邮政储蓄银行等金融机构应该给予支持，并且能够给予支持但是没有给予支持使农户贷款难得不到解决。大量的研究结果表明，全国大多数地区的农户很难从正规金融机构贷到款，农户贷款难问题很普遍。2012 年笔者在山东省范围内开展了针对农户借贷需求的专项问卷调查，从农户借贷现状、农户借贷需求意愿、农户储蓄情况、农村信用社、农村小额信贷公司等提供农户贷款情况以及农户民间借贷情况等方面较全面地调查分析了农户借贷需求满足情况。调查结果显示：从农户借贷的资金规模来看，农户在近 3 年的借贷款需求还是以小额借贷款为主，相对富裕地区有更大的金融需求规模，农户贷款难问题依然存在。有 46.1% 的样本农户回答需要借款。其中，在种养业生产比重较大的县、市，其农户的借贷需求所占比例较高，如山东省荣成、莘县和临清有借贷需求意愿的农户占比分别为 63.9%、62.6% 和 60.6%。调查数据显示，2012 年从信用社（包括农商银行）、邮政储蓄银行或其他银行得到过贷款的农户占有借款需求农户的比重为 36.3%，即约有 1/3 农户能够从正规金融机构获得贷款总样本中，52.6% 的农户在农村信用社的授信额度为 10000 元及以下，26.7% 的农户授信额度在 1 万 ~3 万元，15.5% 的农户授信额度分布在 3 万 ~5 万元，仅有 8.2% 的农户获得了高于 5 万元的授信额度。实际上，农户期望的额度远远超过了农村信用社的授信额度，在考虑到还款能力及现有担保抵押条件，29.2% 的农户期望获得 5 万元以上的贷款额度。获得了贷款的农户只占 51.5%，非正规渠道借款占 47.4%，其中亲友借款占 45.9%，正规金融机构的贷款占 52.6%，其中信用社（包括农商银行）贷款占 41.9%，从农业银行获得贷款的仅占 1.4%，在获得正规贷款的农户中，35.6% 的农户指出正规贷款不能满足资金需求（见表 6 – 3）。

表 6 - 3　　　　　　　　　　　　　农户借贷款主要原因分析

Case Summary						
	Valid		Missing		Total	
	N	Percent	N	Percent	N	Percent
借贷款主要原因	178	32.2%	375	67.8%	553	100.0%

借贷款主要原因 Frequencies

			N	Percent	Percent of Cases
农户借贷款主要原因分析	生活性借贷	孩子教育花费	48	15.3%	27.0%
		医疗花费	36	11.5%	20.2%
		建房需求	65	20.8%	36.5%
		婚丧费用	36	11.5%	20.2%
	生产性借贷	生产经营投资	78	24.9%	43.8%
		其他支出需求	50	16.0%	28.1%
Total			313	100.0%	175.8%

调查结果显示：农村金融最主要的来源还是亲友之间，农村信用社则是最主要的商业渠道，农村银行借贷发生率只有信用社的 1/10，通过其他渠道借贷的只有 4% 左右。

（四）农村金融存在市场发育和制度规范"双重缺失"

中国农村金融市场不能有效运行，存在普遍的市场失败和市场发育不良的情况。由于人口密度低、市场分割、风险难控等特点，加之季节性因素导致的收入波动和高交易成本，使得缺少传统抵押品的农村金融市场面临无法有效分散风险的困境。在这种情况下，以利润为导向的商业金融机构只能望而却步。中国农村金融市场先天不足，在放宽农村金融限制的条件下，金融机构的信贷分配容易发生失控或寻租现象，问题的累积可能会使许多金融机构丧失清偿能力而面临破产威胁。

中国长期以来较为僵化的利率机制和较为严格的利率管制，使得农村正式金融机构缺乏贷款定价权和风险分散机制，无法发挥贷款利率补偿贷款风险的作用，使得金融资源的配给最终偏离信贷目标。风险与收益处于不对称状态并且在农村各种保险和担保制度发展滞后的情况下，农村传统家庭经营模式导致农村金融需求无论是存款还是贷款都呈现出小而散的特点（杨大光、陈美宏，2010）[①]。农户和农村企业在贷款时难以提供符合农村正式金融机构的抵押品，从而使得农村金融机构面临较大风险造成农

---

① 杨大光、陈美宏：《农村金融风险分担及补偿机制研究》，载《经济学动态》2010 年第 6 期。

村金融市场发展的长期滞后。

中国农村呈现规范性金融机制和市场缺失与经济自由度的缺乏是分不开的。政府在设计农村金融制度时背离了选择的个人主义原则并剥夺了农民的选择权，使问题更为严重的是对无支配选择原则的背离①。法律并没有明确限制民间金融的发展，内生于农村社区在长期历史中自发演进的并被证明是有效的民间金融却被视为"非法"。农民是制度的作用对象，但他并没有选择制度的自由。程序自由的匮乏导致了信贷资源城乡非对称性配置，基础性资源的缺乏降低了农民在自由经济条件社会机会透明性保证和防护性保障等方面的可行能力。另外，对农村金融业务的监管集中于正规金融机构，对地方政府参与性的排斥致使农村金融市场呈现垄断格局，追求最小风险的监管者按金融交易平均规模和规制成本向金融机构提供标准化的规制服务。此类金融服务一般只有那些金融交易范围遍及全国且交易规模达到一定程度的大型商业性金融机构才有能力购买，小规模金融机构则被迫选择退出。我国农村地区正规金融机构的现实很大程度上与此相关，在经济转轨初期，国有银行按行政区划几乎在所有县级区域都建立分支机构。这些机构有一定贷款权，因而可以视为小型金融机构。随着市场化改革的推进，国有银行撤销了大量位于农村地区的基层机构，这类似于许许多多的小型正式金融市场的消失。之所以如此，除交易成本之外，高昂的规制服务成本也是重要原因。

二、中国农村金融供给的结构状况

（一）农村金融供给的区域性失衡

中国农村金融供给总量不足、供求严重失衡、地区差异大是主要特点，且中国农村金融体系的发展明显弱于农村经济的发展，具体体现在以下几个方面：一是农村金融供给不平衡，表现为提供存款储蓄等业务的金融机构相对较多、提供信贷资金的金融供给服务少，提供人身保险的保险服务多、提供生产型的保险保障服务少。农村金融机构缺乏金融创新、无法适应活跃的农村经济；商业性金融由于信息不对称等原因比较容易产生逆向选择，政策性金融的直接推进功能并不明显，合作型金融难以满足全部农户和中小企业的资金需求，民间金融加剧了农户的风险。二是农村金融资源地域分布不平衡，第二次全国农业普查报告中东部、中部、东北部

---

① 米运生、董杰、陈勋：《规制失灵与农村金融市场的双重迷失：法哲学—经济学的视角》，载《经济评论》2012 年第 4 期。

均接近于95%，西部地区覆盖率偏低。截止到2011年年末，88.4%的乡镇有储蓄所，在零金融机构乡镇中80%集中于西部，特别是国有金融机构退出农村经济市场后没有其他机构替代他来满足农村地区的金融需求。三是农村金融体系中金融机构缺乏有效竞争，且正规金融与非正规金融力量发展不均衡。正规金融虽有扶持农业的政策倾向，但并不能满足全部的资金需求，且存在信息不对称、信贷成本高的问题，并且在利率管理方面存在制度上的金融抑制。农业行业收益低、风险高的特点致使商业银行不愿过多涉足，农村信用社的垄断地位已形成，由于缺少有效竞争而降低了资金使用效率。非正规金融资金规模小、组织架构灵活简单，能根据农户情况灵活选择贷款发放与收回、发展迅猛，在农村小额借贷领域占主要位置，对正规金融产生挤出效应形成风险隐患且无法得到有效监管对农村金融市场造成分割。四是农村金融资源的供给数量有限、覆盖不足。目前我国在农村地区服务机构配置明显不足，截至2012年年底，全国金融机构服务网点达到近21万个，其中在乡镇地区的服务网点仅约为6万个，约占网点总数的29%，且多数金融机构服务网点都设置在经济较为发达的中东部地区，经济相对落后的西北部地区服务网点覆盖越加不足，2012年年底约1500个乡镇无金融服务机构，仍处于金融机构服务空白区[①]。

（二）农村金融机构单一化与金融需求多样化之间存在矛盾

目前与农户相联系的农村正规金融机构虽然有农业银行、农业发展银行、农村信用合作社、邮政储蓄银行等，但是能为农户提供金融服务的金融组织却非常有限。农业发展银行是政策性银行，主要负责粮棉油收购、农业开发等政策性业务，不直接针对农户发放贷款。农业银行商业化改革以来，逐步淡出了对农业的信贷支持，转而支持优势企业和龙头企业等，向农业贷款仅限于农村基础设施等方面。农户可以考虑的只剩下农村信用社了，农村信用社所发放的贷款占农业贷款的80%左右，形成了农村信用社一家垄断的局面。农村信用社为赚取垄断利润，对农村借款人实行价格歧视，表现在以下两个方面：第一，不根据农业生产的周期特点发放贷款，将贷款期限定得过短一般在1个月左右，造成农户贷款逾期，以便农村信用社收取逾期贷款罚息。据调查，农村信用社人为缩短贷款限期加收逾期贷款罚息，所形成的不良贷款约占不良贷款总额的30%[②]。第二，在

---

① 岳晨琼、王延涛：《农村金融供给分析和对策》，载《时代金融》2013年第7期。

② 蒲勇健、宋军：《农村信贷市场：特征、效率与组织重构》，载《南方金融》2003年第9期。

自 2013 年 7 月 20 日我国放开贷款利率管制的背景下，农村信用社普遍对小额农户贷款利率上浮，对农村专业户和农村经济组织的利率上浮多数未按贷款对象的信用水平实行差别利率，与竞争性的城市信贷市场形成强烈反差。农村信用社这种信贷价格歧视行为导致农户和农村经济组织贷款成本偏高，进一步加重农民的经济负担。

（三）中国金融供给和需求呈现的"双重不足"特征

当前中国农村金融研究中在一定程度上存在一个误区：只看到农村金融供给不足（尤其是正规金融供给不足），而较少分析农村金融有效需求不足。长期以来，理论界的主流观点认为：中国农村金融资源供给不足的根源在于中国农村存在着严重的金融抑制现象，即无论是金融机构网点的覆盖率、信贷资金的支持力度，还是金融服务业务和品种的开展等都无法满足广大农村对金融的需求。但这只是问题的一个方面，而并非问题的全部。通过深入基层实地调研发现，随着国家小额信贷政策的逐渐落实，有些地区小额信贷的覆盖率已经超过 90%，而当地农村信用社的存贷比竟不足 60%。另外，通过对大量农户的实地访谈发现，由于投资项目和投资机会的缺乏以及某种程度上的保守倾向，农户的信贷需求无法得到有效的释放和扩大。所以，当前农村金融资源得不到高效配置的原因不仅存在于供给层面，同时也存在于需求层面。从长期来看，要促进农村金融机构和农户的持续协调发展，还必须关注和重视农户金融需求方面的抑制问题，引导农户切实提高自我发展能力，使农户潜在的有效金融需求得到进一步释放。

显然，引导农户提高自生能力虽然具有典型的正外部性，但这部分支出不可能寄希望于商业化运作的金融供给主体。因此，在市场机制缺位的情况下，政府的介入就具有必要性和必然性。正如前面的分析，由于物质资本的匮乏，中国农户的保守思想随着历史形成的习惯和认知顽强地影响着他们的行为，这使得采用新技术的动力和积极性受到非常严重的抑制。在不能确定采用新技术能否给自己带来收益之前，农户普遍采取的策略是等待和观察，而不是主动承担风险。在这种情况下，农户的技术革新和生产转型都需要示范。如果考虑到中国经济一直是强势政府主导下的农村经济，且农户也对政府权威有较高依赖度并形成高度的信任。在这种情况下，由政府出面建立相应的"示范—扩散"体系，引导和推动农户实现生产转型、提高自我发展能力就具有现实可行性并且成本较小。

（四）中国农村金融供给模式的结构性缺陷

新型农村金融供给模式只有实现资本的可获得性与风险的保障性的有

机统一，才可能具备可持续发展的经济基础。当前中国建设新型农村金融主体、鼓励增加农村金融供给的各类试点政策具有较大的局限性，表现在以下几个方面：

第一，金融服务供给不平衡。表现为提供存款储蓄等业务的金融机构多提供信贷资金的金融服务少；提供人身保险的保险服务多提供生产型的保险保障服务少（杜雨，2012）[①]；农村金融机构缺乏金融创新无法适应活跃的信贷市场。商业性金融由于信息不对称等原因比较容易产生逆向选择，政策性金融的直接推进功能并不明显，合作型金融难以满足全部农户和中小企业的资金需求，民间金融加剧了农户的风险。

第二，农村金融发展思路仍以管制替代监管，通过设置较多的门槛限制制约了多种类型资本介入农村金融领域。以2006年以来国家鼓励发展的村镇银行、贷款公司、小额贷款公司和资金互助社四类新型农村金融机构为例，规定除了现有商业银行外，其他机构持股比例不得超过10%，单一股东持股5%以上需要监管部门批准。较高的门槛限制不利于吸引各类资本向农村地区流动，并且弱化了资本的利用效率。

第三，相关政策存在较为显著的行业割裂倾向。农村金融供给是一个有机统一体，但是具体政策的制定分别由人民银行、银监会和保监会等部门分别负责，缺乏对增加农村金融供给的统筹考虑。如保监会主要从保险保障角度，提出鼓励"'三农'保险"发展的政策，却不涉及农村资本供给；而银监会则主要从信贷角度，拟定新型金融机构的监管规则，对于保险在改善农村金融环境和提供信贷保障方面的作用缺乏系统考虑。政策导向的割裂不利于农村金融可持续发展能力的增强，农业贷款的不良率较高除了寻租外主要是受到自然灾害等客观风险因素影响，如果能够实现保险与信贷的紧密协作，可以改善农村金融生态脆弱的现状。

第四，政策导向仍局限于银行主导的农村金融供给模式，各相关主体对农村金融供给规模存在认识上的局限性。以四类金融机构的发展为例，对于村镇银行以及贷款公司都限定必须由商业银行主导，这就限定了民间资本和其他类型的国有资本参与提供农村金融供给的空间。对于不同类型的金融机构采用同样的限制政策，既缺乏相应的理论依据，也不符合大型商业银行的发展定位与经营实践，其政策效果必然大打折扣。

第五，金融供给主体结构不合理。根据"最优金融结构"理论：在农

---

① 杜雨：《中国农村金融供给：分层结构及其FIR比较与评价》，载《湖北经济学院学报》2012年第29期。

村金融活动中，以中小金融机构为主的金融结构由于具有规模小、信息灵等优势，更适合于向县域经济中的涉农经济组织提供贷款并能够提高资金配置效率。傅昌銮关于县域农村金融结构与经济增长的实证研究表明了中小金融机构市场份额的提高确实会促进县域经济的增长①。因此，当前农村信用社作为农村金融供给的绝对主体甚至垄断局面不利于农村金融服务供给质量的提升。

（五）中国农村信贷资金供给的区域性差异

中国是一个地区发展差距很大的发展中国家，地区间农村金融发展也存在显著差距。从区域这一中观层面研究农村金融供给显得尤为重要。当前我国农村地区的金融机构主要有中国农业银行、中国农业发展银行、农村信用社、农村合作银行、农村商业银行、邮政储蓄银行以及村镇银行、贷款公司、农村资金互助社等新型农村金融机构。从农村金融机构的构成来看，农村信用社及农业银行在我国农村金融机构中占有明显的优势。

农村金融机构的区域差异也十分明显，这表现在：第一，东部农村地区商业性金融机构数是省均最多的，这在一定程度上反映了其相对较为发达的农村经济对商业性金融的需求。中部地区农村信用社的机构数明显高于东西部地区，农业发展银行机构数也占优势。中部地区是我国的传统农业区，农村信用社作为县域金融服务的主体在中部农业经济发展中发挥着重要的信贷支持作用，而农业发展银行向中部地区的倾斜是长期以来国家对农发行"收购银行"职能定位的充分体现。第二，西部地区在新型农村金融机构的设置上存在比较优势，新型农村金融机构约占全国总数的五成，这与国家的政策导向有关。我国政府目前正致力于在农业占比高于全国平均水平的县域、中西部地区、金融机构网点覆盖率低的县域，以及国定、省定贫困县和中小企业活跃县域设立新型农村金融机构。第三，农村信用社（包括农村商业银行和农村合作银行）营业网点在全国各区域内分布不均衡导致农村金融服务"宽度"仍不足。截至2013年年末，全国农村信用社的营业网点数量近7.7万个，其中东部、中部、西部分布占比分别约为37.79%（2.91万个）、31.82%（2.45万个）、30.39%（2.34万个）②。经济发达的东部地区与经

---

① 傅昌銮：《县域农村金融结构与经济增长——以浙江省的为例》，载《农业技术经济》2014年第7期。

② 东部地区包括北京、上海、河北、山东、江苏、浙江、天津、福建、海南、辽宁、广东等；中部地区包括河南、安徽、湖北、黑龙江、山西、湖南、江西、吉林等；西部地区包括内蒙古、广西、重庆、云南、四川、贵州、陕西、甘肃、新疆、西藏、宁夏、青海等，本书不包括西藏。

济欠发达的西部地区相比，营业网点分布占比相差超过 7 个百分点。这主要是由于资本的逐利性，农村信用社更愿意在经济发达的东部地区设立网点，而西部欠发达地区投资动力不足。农村信用社的网点布局主要集中于四个区域。农村信用社的网点布局是向中心区域收缩从这四个聚集区向外，越远离的省份其网点数量越少。新疆、宁夏、青海、海南四个省（区）的网点还不到 2100 个。这说明西部欠发达地区农村金融的供给仍有所欠缺。第四，农村信贷存在较大的区域性差异。农村信用社、农业银行和农业发展银行作为我国农村金融机构的"三驾马车"，其金融服务主要是提供农村信贷。截至 2013 年年末在农村信用社各项贷款方面排前三名的是广东（8310 亿元）、浙江（8267 亿元）、山东（7520 亿元），分别占 9.03%、8.99%、8.17%；排倒数三名的是青海（266 亿元）、宁夏（468 亿元）、海南（565 亿元），分别占比 0.29%、0.51%、0.61%。

第二节　中国农村金融供给缺口及内生性分析

一、中国农村金融供给缺口

改善农村金融供给、实现农村金融供求平衡的前提与关键在于合理准确地测度农村金融供给缺口。随着我国社会主义新农村建设进程不断加快，集约型、规模型生产模式正在取代传统的粗放型农业生产模式。农村经济组织形式和经济结构等与以往比较也发生了较大变化，农村经济对农村金融供给的多层次、多样性的动态需求是新常态。而当前农村金融是我国金融体系中最薄弱环节、农村金融供给相对滞后，在金融资源规模与质量等方面均存在较大差距[1]。农村的金融生态环境较差，农民和农业企业贷款难等问题十分突出。据中国人民银行统计，到 2014 年年末，金融机构人民币各项贷款余额 81.68 万亿元，其中农户贷款余额 5.36 万亿元，农业贷款余额 3.4 万亿元，二者合计仅占金融机构短期贷款总量的 10.7%。到 2009 年年末，全国仅有一个金融网点的乡镇高达 8000 多个，缺乏金融服务的乡镇占乡镇总数的 1/3 以上，农村信贷需求依然得不到及

---

① 任碧云、刘进军：《基于经济新常态视角下促进农村金融发展路径探讨》，载《经济问题》2015 年第 5 期。

时有效满足，金融对经济的支持作用发挥不充分①。自1998年以来，中国四大银行已撤掉主要集中在农村的4万多个分支机构，因此，它们在农村地区的营业网点基本撤离。由正规金融所提供的资金供给便与农村金融市场的资金需求之间存在着巨大的金融缺口。所以，分析中国农村金融缺口形成的原因对于完善中国农村金融供给体系是十分必要的。本节的核心内容就是分析中国农村金融供求缺口产生的内生性原因。

金融缺口是金融理论融量与金融实际融量的差额。金融理论融量指一个国家或地区在一定的经济条件下金融的最大或最优规模。金融理论融量可基于戈德史密斯的金融相关比理论进行测算，农村金融的理论融量与统计得来的农村金融实际融量相比较的差额即为农村金融缺口。周立对广东省东莞、惠州、梅州三地农户资金供需状态的调研表明：农户储蓄流失严重、供需缺口加大、农户所需资金多来源于民间；殷俊华对沈阳农村民间借贷的调研表明近1/3的农户面临金融缺口的问题②；田力的研究表明：我国农村金融存在金融缺口并且缺口呈逐年扩大的趋势；张杰基于制度变迁视角认为农村金融制度改革没有体现农村经济的内生要求，正规金融供给严重不足、农户的贷款需求大多依赖于民间借贷。王静、段小燕、彭伟等以涵盖中国大陆30个省级行政单位（省、直辖市、自治区）作为研究样本，并运用金融融量模型和距离函数分别测算了中国东西部各省份的农村金融缺口。依照国家统计局标准将30个省划分为东部、中部和西部三个地区，东部为北京、天津、河北、辽宁、上海、江苏、浙江、福建、山东、海南和广东11个省市；中部为吉林、黑龙江、山西、安徽、江西、河南、湖北和湖南8个省；西部为内蒙古、广西、四川、重庆、贵州、云南、陕西、甘肃、青海、宁夏和新疆等11个省市、区，东中西部三个地区历年金融融量及缺口值如表6-4所示。

通过表6-4可以发现，从区域来看，西部区域的金融缺口相对较小，中部区域的金融缺口增幅较大，近几年东部区域的金融缺口波动幅度大。从时间上分析：三大区域在2001~2005年金融缺口逐渐增长，2005~2007年缺口迅速增大，在2008年到达低谷后再次出现较高增长态势。2008~2011年金融缺口波动较大，原因是2008年全球性的金融危机致使金融资产总量相对缩水；在2008年年底我国政府为了刺激经济实施了总

---

① 《中国人民银行2014年金融机构贷款投向统计报告》，http://www.pbc.gov.cn/publish/diaochatongjisi/126/index.html。

② 殷俊华：《金融缺口、非正规金融与农村金融制度改革——沈阳农村民间借贷研究》，载《金融研究》2006年第8期。

额 4 万亿元的投资计划，这笔巨额投资势必会通过各种渠道影响金融资产并导致金融资产膨胀和理论融量增加、缺口也会大幅增加，2008 年后各金融相关比率波动幅度超出以往水平也证实了外界重大事件的冲击致使缺口的动荡加大。尽管存在外界的干扰因素，仍能明显看出我国各地区农村金融缺口确实存在；另外，通过表 6 - 4 还可以看出，西部地区农业资金供给稍优于东部地区，但东西部地区均存在不同程度的金融缺口，并且缺口规模呈扩大趋势，反映了农业资金供给的严峻性的研究结论。

表 6 - 4　　　　　　　　东西部地区的金融融量缺口　　　　　　　单位：亿元

项目	地区	2001年	2002年	2003年	2004年	2005年	2006年	2007年	2008年	2009年	2010年	2011年
实际金融融量	东部	312	369	449	586	711	834	1028	1193	1434	1690	1983
	中部	289	342	401	490	574	661	807	934	1140	1347	1576
	西部	153	196	216	268	318	346	419	529	701	822	986
理论金融融量	东部	995	985	1076	1183	1352	1584	1837	1869	2510	2895	3011
	中部	845	907	964	1092	1380	1142	1895	1754	2364	2597	2770
	西部	557	594	662	736	928	1008	1430	1337	1689	1919	2082
金融融量缺口	东部	682	616	627	597	641	750	809	677	1076	1204	1028
	中部	556	566	563	601	806	781	1088	821	1225	1551	1194
	西部	404	398	446	468	610	662	1011	808	988	1097	1095

资料来源：王静、段小燕、彭伟：《中国东西部农业资金配置比较研究》，载《统计与信息论坛》2014 年第 8 期。

二、农村金融供给缺口内生性分析

对于从外部进入农村地区的正规金融机构而言，其所面临的最大问题就是不完全信息，即信息不对称。他们既不清楚农户经营能力、所耕种土地的肥力与产量等个体差异，也无法保证高度分散的借款农户严格按照约定的用途使用贷款，更无法时刻监督借款人是否尽最大努力来使用贷款，以获得经营的最大收益来保证贷款的安全性。这种信息的严重不对称必然会影响到正规金融中介在农村市场上的行为选择，使其背离信贷市场的最优均衡点。

我们在这里假设信贷市场上存在两类借款者：第一类借款者生产收益率较低但稳定；第二类生产收益率高但不稳定。正规金融机构无法区分潜在的两类借款人的类型，也就是说对借款人具有不完全信息，所有市场参与者都处于完全平等的地位，所有市场行为也都处于完全理性状态。对不同的借款人放贷人会索取不同的利率 $i(n)$，农户经营成功的概率为 $p(n)$，所有借款人如果不能借到资金用于生产经营活动，其就业机会的收入效用为 w；如果借到资金并用于农业生产经营活动所产生的收益率为 R，$R > w > 0$，w 也可以看作是借款人从金融机构借款的机会成本，假设不同类型借款者的保留效用相同，即：

$$[w(n) = w]$$

对于农村金融机构而言，其无风险利率为 r_f，$R > r_f$，r_f 是农村金融机构能接受的最低贷款利率，也就是农村金融机构的贷款成本。我们可以得出：借贷交易能否达成主要取决于下列最大化问题是否有解：

$$\max p(n)[R(n) - i(n)]$$
$$\text{s. t. } i(n)p(n) \geqslant r_f$$
$$p(n)[R(n) - i(n)] \geqslant w$$

由于农村金融机构无法区分两类借款人，所以只能确定唯一的利率水平 i，而均衡条件下这个均衡利率必然高于第一类借款人所能接受的最高利率 i_1^*（因为有第二类风险较高的借款人参与），而低于第二类借款人所能接受的最高利率 i_2^*，即：

$$i_1^* \leqslant i \leqslant i_2^*$$

这时信贷市场上的第一类借款人将退出信贷市场，而第二类借款人将继续留在信贷市场上。而当第一类借款人全部退出后，整个金融信贷市场的风险也大大提高了。由于农村金融市场上存在着严格的利率管制，因此农村金融机构不能将利率提高至 i_2^* 来覆盖风险敞口，此时农村金融机构的贷款意愿必将大幅下滑，因而信贷市场均衡解不存在。而即使贷款利率被允许提高至 i_2^*，对农村金融机构而言，放贷风险加大，预期收益反而会减少。在这种情况下，即使面对强烈的信贷需求，金融机构也无法用利率实现市场均衡，而只能进行信贷配给。总之，不管是第一类借款者被迫离场，还是对两类借款者实行信贷配给，对借款人不完全信息时，农村信贷市场均衡时的交易规模都较为有限。这使得即使在农村地区具有可交易空间（$R - r_f > w$）的情况下，金融机构也不会过多地进入农村信贷市场，农村金融供给不足的问题是由农村地区特有的信息分布特点内生决定的。接下来从农村金融机构所面临的外生变量与其决策变量的实际选择方面进行分析。

首先，从借款人（农户等）生产经营活动的预期收益率 R 上看，贷款所投入的实际经营活动的预期收益应不小于农村金融机构放贷的机会成本（r_f）与借款人机会收益之和，即：

$$R \geqslant r_f + w$$

上述结论并不难理解：如果这个公式不满足，则贷款人将不再贷款而是投入无风险市场，借款人也不再借款而是直接就业获取工资效用 W。此时的预期收益率 R 完全是外生的，主要由借款人所从事的产业性质和效益所决定。目前来看，中国大部分农村地区仍然停留在农业产业结构较为单一、产业化水平低，只有少数农村开始出现产业多元化的趋势。作为弱势产业的农业的收益率与第二、第三产业相比还是非常低的，而其风险甚至比第二、第三产业还要高。所以，单从农业借款者生产经营的预期收益率水平上看，农村信贷交易均衡的实现是相当困难的。农村地区贷款难不仅仅是体制原因，而是被农村经济与农业经济本身所内在决定的。所以，如果农民的预期收益率不能得到大幅的提高、风险不能得到有效防范、农村经济依旧停留在落后产业发展阶段，农村金融供给缺口就将长期存在。

其次，从农村金融机构的放贷机会成本 r_f 来看，在农村地区之外的城市部门依然有着巨大的资金需求。基于较高的市场经济水平和较好的基础设施建设，城市经济部门往往有着更好的投资项目即拥有更高的预期收益率。另外，城市经济部门单笔资金需求量大，贷款管理规模效应明显。资本的逐利性就必然决定了农村市场对商业性金融机构是非常没有吸引力的，这也是农村金融供给不足的另一个内生性原因。

最后，从借款人的保留效用与机会收益 W 来看。中国长期以来传统的多子继承制、加上中国农村人口的严重过剩，也必然会导致中国农村土地零细化的后果，从而无法出现大规模的农场经营。农村土地资源生产"内卷化"、"过密化"倾向明显，农村存在大量的剩余劳动力和隐性失业人群。在家庭还作为一种生活保障时，这些剩余劳动力还没有底气离家出走以获得更高的劳动报酬，即：

$$R(n)p(n) - W \geq i(n)$$

由上式可以看出，当借款人预期综合收益率较高时，借款者则有可能能接受较高的利率水平 i。当上式不成立时，借款者则不会通过借款来用于农业生产。那么一种疑问是：在非正规金融的利率水平比正规金融机构高出很多的情况下，为什么非正规金融仍然呈现快速发展势头呢？主要原因在于农户借款者向非正规金融申请的绝大多数贷款都不是生产性贷款，而是生活性贷款。在生死存亡与离谱的高利率之间，农户还是会选择高利贷的。而正规金融由于在贷款的用途上的严格限制且信息不完全，在生活性贷款的市场上便没有发展的空间，也没有发展的意愿。在这种情况下，即使借款人表现出强烈的借款愿望，但是由于自身没有强硬的经济基础不能提供有效抵押，不能从正规金融机构获得贷款，因而只得转向非正规金融机构。因此，农户在信贷交易的过程中，必然处于相当弱势的地位，对利率失去了话语权，从而使得非正规金融市场上的利率过高的情况不能被有效抑制。

上述对于农村金融缺口及其缺口内生性的分析我们可以得出，农村资金供给缺口的存在是由其自身内部性因素决定的。而农村资金供求缺口的合理弥补并不像许多人提出的增加农村正规金融供给所能根本解决的。农村金融问题不只是金融问题，归根结底是农村经济发展和农民增收问题。因此，需要把它放在更加宽阔的视角去分析和解读，只有这样才不会走入强制性金融制度变迁的制约。

三、中国农村金融缺口制度性原因

（一）农村金融市场滞后及金融供给主体约束

当前中国农村金融供给不足（尤其是正规金融供给不足）。长期以来，关于中国农村金融资源供给不足问题，理论界的主流观点认为其根源在于中国农村存在着严重的金融抑制现象，即无论是金融机构网点的覆盖率、信贷资金的支持力度，还是金融服务业务和品种的开展等都无法满足广大农村对金融的需求。但这只是问题的一个方面，而并非问题的全部。通过深入山东省威海、聊城等市基层实地调研发现，随着国家小额信贷政策的逐渐落实，有些地区小额信贷的覆盖率已经超过90%，而当地农村信用社（包括农商银行）的存贷比竟不足60%。

引导农户提高自生能力虽然具有典型的正外部性，但这部分支出不可能寄希望于商业化运作的金融供给主体。因此，在市场机制缺位的情况下，政府的介入就具有必要性和必然性。正如前面的分析，由于物质资本的匮乏，中国农户的保守思想随着历史形成的习惯和认知顽强地影响着他们的行为，这使得采用新技术的动力和积极性受到非常严重的抑制。在不能确定采用新技术能否给自己带来收益之前，农户普遍采取的策略是等待和观察，而不是主动承担风险。在这种情况下，农户的技术革新和生产转型都需要示范。如果考虑到中国经济一直是强势政府主导下的农村经济，且农户也对政府权威有较高依赖度并形成高度的信任。在这种情况下，由政府出面建立相应的"示范—扩散"体系，引导和推动农户实现生产转型、提高自我发展能力就具有现实可行性并且成本较小。

农村金融供给主体约束源自于供给体制缺陷。我国涉农金融机构在改革过程中，存在改革的主体错位和缺乏全局观念，没有依照"三农"需要系统性进行考虑，改革也是"头痛医头，脚痛医脚"。农村金融体系改革主要比照城市金融定位，在体系建设、模式设计、风险管理、资金供给等方面都是按照与市场经济匹配、与城市和工业发展对应的模式进行制度安排，与落后的农村市场显得"水土不服"。在这种大一统金融体制下，信贷资金由上级控制，决策由上级负责，表面上涉农金融机构齐全，但实际上作用有限。虽然存在着多种形式的涉农金融机构，但由于农发行"有头无脚"，与农户无信贷业务关系；农行"洗脚进城"，与农户脱离了信贷关系，而"'三农'事业部"改革成效并不明显；邮储银行信贷业务刚刚起步，与农户信贷关系尚不紧密；农村信用社在现有改革框架下也朝着省联社引导下的现代商业银行模式转化，管理集权、资金集中使其服务于"三农"的比重逐步下降、农村金融短缺局面较明显，金融业距农村的距离也越来越远。农村金融体系缺陷导致农村金融供给严重不足，难以满足农民和农村经济的需要。

（二）非对称改革仍制约着与农村金融供给

国家优先发展工业和城市的非对称改革战略是造成农村金融供给抑制的重要因素。新中国成立以后，政府选择了优先发展重工业的战略以便迅速实现现代化。但是资本高度密集的重工业与当时落后的经济发展水平、资本短缺及资源动员能力差产生了直接冲突。政府为降低重工业发展的成本便全面排斥了市场机制的作用，人为地扭曲了产品和生产要素的相互价格。以此来为重工业发展提供廉价的资金、劳动力、原材料以及进口的技术和设备。为了保证国家对农业剩余的占有，政府必须比以前更大程度地介入乡村及农户的社会改组。主要表现为，国家政权基层机关和乡村的经济单位重合、公有产权的绝对垄断、生产经营的高度集中化、严格的户籍控制将农业人口捆绑在土地上。在金融制度安排方面，国家为了保证以重工业为核心的经济增长所需的资源则采取的是国有垄断的金融产权形式，并使之成为城市国有企业资金供给的配套单位，在功能上实际是政府财政的一部分。为了有效地动员农村经济资源剩余，这种内生于经济发展战略的财政性金融自然要延伸到农村，强制性地使农村金融服从于计划经济体制和经济发展战略，成为国家控制下向工业和城市输送农村经济资源与剩余的管道。国家通过对农村经济资源和剩余的控制，为工业化发展提供了大量原始积累。在国家赶超战略的推动下，城市和工业得到了优先发展，农村和农业则成为工业化的原始积累基础，新中国的二元经济结构由此形成。

改革开放后，中国的城乡二元结构并没有随着改革开放和经济增长得以缓解，反而呈现出进一步拉大的趋势。在建立市场经济体制的过程中，中国制定了优先发展二次产业、高新技术产业和东部地区的政策以追求整体发展的需要，并将高新技术和东部地区作为经济发展的重点，希望带动整个经济的快速发展。

从产业结构角度看，政府首先将东部工业特别是原材料工业作为经济起飞时期的起点，资金向这些部门和行业倾斜；从区域角度来看，获得优惠政策的是东部沿海地区和城市的经济发展，通过政策和金融管制使金融信贷资金向城市和工业、高新技术产业倾斜。四大商业银行垄断储蓄信贷市场70%以上的信贷资源，而且逐年降低对农村经济贷款比例，金融资源大幅度向城市及大企业集中。上述政策和管制限制了金融资源向农村流动，限制了农民根据自身的比较优势调整资源配置、优化农村生产结构的能力；从农村内部信贷结构看，20世纪90年代中期之前，农业贷款大于乡镇企业金融信贷，之后农村乡镇企业的金融信贷大于农业贷款，即使在向农村和农业的贷款中，真正直接面向农户、为农村生产提供金融支持的资金非常少。中国农业银行贷款业务基本上与农户没有直接联系，对农村乡镇中小企业的信贷支出也显著不足；农村信用合作社是与农业、农户直接打交道的主要正规金融组织，但经营活动受到当地政府太多的行政干预、偏离了合作金融的性质，农村信用合作社难以为农业和农民提供金融服务。

过度管制导致了农村金融供给的闭锁效应。根据诺思提出的制度变迁与路径依赖理论，上述机制使制度变迁一旦走上某一路径，它的既定方向会在以后的发展中得到自我强化。沿着既定的路径，经济和政治制度的变化可能进入良性循环的轨道并得以迅速优化；也可能顺着原来错误路径往下滑，甚至被"锁定"在某种无效率的状态下而导致停滞。一旦进入了锁定状态，打破路径依赖的改革就会变得十分困难。因此，路径依赖对制度变迁有极强的制约作用。回顾中国农村金融的产生和发展历程可以发现，中国农村金融供给抑制的形成具有深远的体制根源，与中国政治经济社会改革密切相关。中国经济体制改革形成的路径依赖，对农村金融供给产生了很强的闭锁效应，即在不彻底转变原有金融体系改革思路的前提下，促进农村金融供给的系列改革最终难以达到目的。

（三）农村金融效率低下和金融资源流失

整体来看，目前中国农村金融监管正处于一种形式与实质的悖论之中，形式上的审批制度和行政管制虽在一定程度上有助于控制金融风险，但却是以牺牲效率为代价。金融寻租和腐败行为在国家针对"三农"异常优惠的政策环境中有了广泛的滋生空间。所以，单纯以短期内放开和做大农村金融市场为目标、监管制度又长期滞后致使隐藏在农村金融体系中的风险可能远远超乎人们的想象。鉴于此，实施农村金融扶持和鼓励政策必须是鼓励竞争与加强监管相结合：除了通过有效的法律制度规范金融机构的准入、运作和退出外，还应考虑将广泛存在的非正规规金融正式纳入监管框架和监测范围，通过审慎监管减少在相对宽松的政策导向下可能滋生的各种机会主义行为，真正做到积极推动和稳健发展相结合。

从中国政府的农村金融安排的变迁我们可以看出，既有的制度安排没能化解农村资本稀缺的问题，农村正规金融不仅未能发挥其在促进农村经济发展中的主体作用，而且还成为农村资金外流的导管。不论是经济发展前期为了发展城市经济，从农村"抽走"大量资金剩余，还是后期促使农村资金"回流"影响的都是农村贷款规模。农村金融发展规模这一中间变量是农村金融转移功能得以实现的重要传导机制。在农村金融发展的前三个阶段，农村金融转移的功能是支持城市和工业的发展，同时农村金融机构出于自身盈利性追求，大量农村金融剩余流向城市。农村资金通过金融渠道流出量逐年递增，"贷款难"成为严重制约农村经济发展的重要因素。2006年以来，国家通过各种政策鼓励支持农村资金实现"回流"。截止到2014年年底，各类农村金融机构的贷款平均余额约为19万亿元，与2013年相比增加了12.4个百分点，贷款余额1年增加2.45万亿元；2014年农户的贷款平均余额约为5.4万亿元，与2013年相比增长19个百分点；2014年农业贷款平均余额约为3.4万亿元，与2013年相比增长9.7个百分点。此外，利率市场化以后的农村金融机构难与传统小农经济相适应，农业资金供给与农户需求目标不完全一致，金融机构不可能提供全面有效的金融服务，资金供求规模更难均衡，农村资金紧张的矛盾不断被激化，资金要素越来越成为农村稀缺的要素。

总的来讲，过去的农村金融改革没有根本改变中国农村金融的基本格局，主要表现在：（1）地方政府控制农村金融的局面没有根本改变，金融机构的商业化仍然面临政策性贷款和利率管制的双重制约；（2）农村金融市场的结构没有根本改变，中国农业银行和农村信用社仍然垄断着农村信贷市场；（3）农村金融机构的绩效没有根本好转，这与过去二十多年整个经济特别是农村经济的蓬勃发展是不相称的（谢平等，2005）。农村资金外流现象严重与新农村建设对资金的大量需求相互矛盾。据中国银监会初步测算，到2020年，社会主义新农村建设需要新增资金15万亿~20万亿元人民币，重点是加快乡村道路和水利建设、发展农村通信、完善农村电网、积极发展适合农村特点的清洁能源等农业公共物品的投入。

目前中国在农村资金投入方面面临的突出矛盾是：农村有需求但力量不足、财政有意愿但财力不足、银行有资金但手段不足，且形成金融市场化与政府干预双重失灵的局面，导致农村面临严重的"资金饥渴症"。资金的趋利性导致农村资金正从以下三个渠道不断外流：一是基层国有商业银行的贷款权限上收，演变为单纯的吸收存款机构，并将吸收的大量农村资金通过上存流向中心城市和经济发达地区。二是邮政储蓄以"贴水"揽储方式抽取了大量的农村资金，加剧了农村资金"体外循环"。目前，每年约有近千亿元资金通过邮政储蓄转存央行从农村流入城市。三是农村信用合作社在盈利动机的驱使下，把资金更多地投向获利机会较大的非农领域，从而削弱了其支持"三农"的资金实力。上述渠道严重弱化了县域银行资金"蓄水池"功能，农村经济大量"失血"直接加剧了新农村建设所需资金的紧缺。农村资金大量外流及金融资金供给渠道的狭窄并存局面与建设社会主义新农村的要求和巨大资金需求形成鲜明反差。

（四）农村金融供给环境约束导致农村金融供给不足

制约农村金融供给的农村金融供给环境因素包括以下几个方面。

1. 农村土地抵押和流转面临法律瓶颈

目前，农业贷款扶持的农业、林业等产业资产多为农产品、林业资源，而农村住房、宅基地林权等相关物权抵押、评估、流转、处置等方面的法律法规仍显滞后。基于上述抵押物的贷款安全很难得到制度的有效保障，金融机构借贷业务的范围和空间受到相当程度的限制。以威海市为例，尽管近几年来农村金融机构积极创造性拓展应收账款、农房抵押等信贷业务，但由于农村产权市场建设滞后，创新性信贷业务品种普及率并不高。

2. 农业风险分担机制及中介服务缺乏

农业的高风险性及农村信贷风险补偿机制的缺失直接导致安全系数较高的城镇资产抵押类贷款成为金融机构的首选，而潜力巨大的农村信贷市场却正在被金融机构所遗弃；中介服务发展滞后、农户信用信息数据库尚未建立、农村信用环境和金融基础设施差，农户信用信息处于零散分布状况。农业贷款担保机制尚未成熟，如目前威海市已成立的担保公司规模偏小，且主要以解决城市小微企业融资为主，基本上无暇顾及农业及农村地区的借贷领域。信贷过程中中介收费过高直接增加了农户的借款成本，在一定程度上也抑制农户的资金需求。另外，某些部门出于部门利益的需要而出台的政策举措也不利于农户融资，如有些地方的土地部门要求土地抵押的评估费高达7‰，使农民望"贷"兴叹。

3. 财政支农与金融支农很不协同

随着农业产业化的加快，财政杠杆与金融杠杆在支持"三农"中并没有形成功能耦合的有效机制。财政部门没有通过有效的杠杆及时应用于金融部门，没有为农村金融系统输入足量的激励机制。因此，财政杠杆与金融杠杆在支农方面的耦合机制缺失制约了通过农村金融市场的杠杆效应不断向"三农"输入贷款。于是出现了有关农村金融供给的各项政策安排存在一定的冲突和抵制，难以形成财政政策与货币政策的相互补充、相互推进良性循环。

4. 涉农金融机构不良贷款比例偏高

由表6-5可以看出，从总体上看，所有银行业金融机构的资产质量都在不断提高，不良贷款率由2010年的2.4%降低到2012年的1.6%，下降了33.33%，其中农业发展银行、农业银行和农村信用社等主要农村金融机构的不良贷款率下降明显，分别下降了84.13%、55.17%和40%。另外，农业发展银行、农业银行和农村信用社的不良贷款率仍相对较高，其中农村信用社的不良贷款率更是远高于其他银行业金融机构，农业发展银行的不良贷款率也远高于政策性银行和国开行，农业银行的不良贷款率在国有商业银行中一直都是最高的。因此制约了农村金融机构发展的可持续性。对于既承担政策性支农服务又以追求商业利润为主要目标的农村金融机构来说，由于始终没有建立起良好的法人治理结构和机制，且内部经营管理相对较差，风险意识比较淡漠。因此，农村金融机构与同类型的其他金融机构相比还存在较大的差距，特别是作为农村金融主力军的农村信用社的经营状况更是令人担忧，农村金融的风险管理功能依然很脆弱，很大程度上制约着金融机构未来在农村业务领域发展空间的大小以及生命周期的长短。

表6-5　　　　　2007～2012年中国银行业金融机构不良贷款　　　单位：%

年份	2007	2008	2009	2010	2011	2012
银行业金融机构不良贷款率	Na	Na	Na	2.4	1.8	1.6
国家开发银行不良贷款率	0.6	1.0	0.9	0.7	0.4	0.3
中国进出口银行不良贷款率	2.5	1.5	1.1	1.0	1.5	0.8
中国农业发展银行不良贷款率	6.3	3.8	3.6	2.8	1.5	1.0
国有商业银行不良贷款率	8.0	2.8	1.8	1.3	1.1	1.0
其中：农业银行	Na	Na	2.9	2.0	1.6	1.3
农村信用社不良贷款率	Na	7.5	7.4	5.6	5.1	4.5

资料来源：相关年份《中国金融年鉴》、《中国银监会年报》和相关金融机构年报及其计算而得。

第三节　农村信贷配给对农村金融供给水平与结构的影响

一、基于风险视角的农村信贷配给机制

（一）农村信贷配给模型分析

信贷配给本质上属于信贷供给无法满足信贷需求的一种信贷供求"失衡"，其具体含义是指在利率水平调节资金关系的条件下，银行面对超额的资金需求因无法或不愿提高利率而采取一些非利率的贷款条件，致使部分资金需求者退出借贷市场的现象。接下来通过模型分析中国农村信贷配给的形成机制。

1. 模型基本假设

（1）在农村信贷市场上，假定贷款人为正规的农村信用社、农业银行等农村金融机构，借款人为农户、乡镇企业等涉农经济组织，它们都是追求利润的最大化、风险中性的经济利益主体。由于农户等贷款对象较为分散，农村金融机构审查农户的资质和监督农户的活动等都需要更高的成本，因而农村金融机构与农户之间存在严重的信息不对称：农户对贷款项目的成功概率和项目最终收益拥有比农村金融机构更多的信息，因此他们会倾向于隐瞒信息以做出对自己有利的选择。

（2）每一借款农户投资项目需要的资金为 L 个单位，全部由贷款来满足。当贷款利率 r 升到很高水平、超过借款者任何可能的收益时，理性的借款人不会再需要贷款；当利率低到零时，人们会衡量自己使用资金的能力和所能承担的还本风险，而不会无限制地借款。一般情况下，贷款利率越高，贷款需求越少，即贷款的需求曲线斜率为负。

（3）每一借款农户的投资项目有两种可能会出现的结果，即成功或失败；项目成功的概率为 p，项目失败的概率为 $1-p$，$0 \leqslant p \leqslant 1$。成功时的收益为 $R > 0$，失败时的收益为 0。投资项目的期望收益为 $\overline{R}$，$p \times R = \overline{R}$，即成功的概率与收益之间具有负相关的关系，$R$ 越高，则 p 越低。借款农户违约（逃避债务）时，损失抵押物的价值为 M。显然只有当 $M < L(1+r)$，农户才会选择违约。

（4）在农村信贷市场上，所有农户的投资项目具有相同的平均收益 T，而农村金融机构只知道这个平均收益 T。由于存在着事前信息不对称，所以农村金融机构并不知道每个投资项目的具体成功概率。根据假

设（2）和假设（3），投资项目成功时农户的利润为 $R-L(1+r)$，投资项目失败时农户的收益为 0，农户选择违约要损失抵押物价值 M。

2. 信贷配给的形成机制

借贷双方信息不对称表现在信贷市场上借款者拥有自己用贷风险程度和能否按期还贷的私人信息，借款者如果不对金融机构如实报告其贷款投资的情况，金融机构在面对按期还款不同的众多借款者时，难以从借款者过去的违约情况、资产状况和贷款用途的资料中，在事先就确定借款者的违约风险。根据上述假设，可以得到获得贷款的农户的期望利润为：

$$y = p[R-L(1+r)] - (1-p)M \tag{6.1}$$

由式（6.1）可知，当 $y=0$ 时，存在一个临界收益 R^*，且仅当 $y \geqslant 0$，即 $R \geqslant R^*$ 时农户才会申请贷款。而项目的平均收益 $pR-(1-p)M$，上述结论意味着，当 $R=R^*$ 存在一个临界成功概率 p^*，根据假设（3），当 $p \leqslant p^*$ 时，农户就申请贷款。由式（6.2）、式（6.3）联立的方程组解出 R^* 和 p^*：

$$p[R-L(1+r)] - (1-p)M = 0 \tag{6.2}$$

$$T = pR - (1-p)M \tag{6.3}$$

$R^* = L(1+r) - M + \dfrac{(1+r)M}{T}$，$p^* = \dfrac{T}{L(1+r)}$ 时：

$$\frac{\partial p^*}{\partial r} = -\frac{T}{L(1+r)^2} < 0 \tag{6.4}$$

假定 p 在 $[0,1]$ 区间上密度函数为 $f(p)$，分布函数为 $F(p)$。由于 $p \leqslant p^*$ 时，农户才会申请贷款，则所有申请贷款的项目的平均成功概率为：

$$\bar{p}(r) = \frac{\int_0^{p^*} pf(p)\,\mathrm{d}p}{\int_0^{p^*} f(p)\,\mathrm{d}p} = \frac{\int_0^{p^*} pf(p)\,\mathrm{d}p}{F(p^*)} \tag{6.5}$$

$\bar{p}(r)$ 求关于 r 的导数：

$$\frac{\partial \bar{p}}{\partial r} = \frac{\dfrac{\partial p^*}{\partial r} p^* f(p^*) F(p^*) - \dfrac{\partial F(p^*)}{\partial r} \int_0^{p^*} pf(p)\,\mathrm{d}p}{F^2(p^*)}$$

$$= \frac{\partial p^*}{\partial r} f(p^*) \frac{p^* F(p^*) - \int_0^{p^*} pf(p)\,\mathrm{d}p}{F^2(p^*)}$$

根据式（6.5）$\dfrac{\partial p^*}{\partial r} < 0$，而 $\dfrac{p^* F(p^*) - \int_0^{p^*} pf(p)\,\mathrm{d}p}{F^2(p^*)} = \dfrac{p^* F(p^*) - \int_0^{p^*} p\,\mathrm{d}F(p)}{F^2(p^*)}$，

又因为 $p^* F(p^*) > \int_0^{p^*} p\,dF(p)$，所以，$\frac{\partial \bar{p}}{\partial r} < 0$。这表明利率越高，项目成功的平均概率越小，农户不能还款的概率就越大。但是根据假设（4），农村金融机构并不知道每个项目的具体成功概率，于是只能实行无差别的定价。如果农村金融机构把贷款利率定得太高，只会吸引项目成功概率小、风险大的农户来借款，而低风险者会离开这个市场，这就是农村信贷市场上的逆向选择。

从农村金融机构来看，其期望收益不仅取决于贷款利率 r，还取决于借款人农户还款的概率。若农村金融机构满足所有借款人的要求，则每个项目贷款的期望收益为：

$$\bar{\pi}(r) = \frac{\int_0^{p^*} \left[pL(1+r) + M(1-p) \right] f(p)\,dp}{\int_0^{p^*} f(p)\,dp}$$

对 $\pi(r)$ 求关于 r 的偏导可以得到：$\frac{\partial \bar{\pi}}{\partial r} = \bar{p}(r) + \left[L(1+r) - M \right] \frac{\partial \bar{p}}{\partial r}$

$$(6.6)$$

对式（6.6）进行分析：第一，$p(r) > 0$，表示每提高一个单位利率，期望收益增加 $p(r)$ 个单位，即提高利率的收入效应；第二，$\frac{\partial \bar{p}}{\partial r} < 0$，当 $M < \left[L(1+r) \right]$ 时（抵押物价值不足），$\left[L(1+r) - M \right] \frac{\partial \bar{p}}{\partial r} < 0$，表示利率每提高一个单位，借款农户平均成功概率下降，即违约的概率将上升，农村金融机构的期望收益下降 $\left[L(1+r) - M \right] \left| \frac{\partial \bar{p}}{\partial r} \right|$ 单位，表示利率提高的风险效应。所以，贷款利率与农村金融机构期望收益的关系并不是严格单调的，取决于收入效应与风险效应的对比，而收入效应与风险效应又取决于贷款金额、贷款利率、抵押物价值等。

对农村金融机构而言，存在一个最优贷款利率 r^*，当 $r < r^*$ 时，收入效应大于风险效应，$\frac{\partial \bar{\pi}}{\partial r} > 0$，期望收益随 r 的提高而增加；反之，当 $r > r^*$ 时，收入效应小于风险效应，$\frac{\partial \bar{\pi}}{\partial r} < 0$，期望收益随 r 的提高而减少。$r = r^*$ 时，期望收益最大。上述分析的经济含义是：当农村金融机构不能观察到借款者的投资行为时，提高利率反而会使低风险者退出信贷市场（逆向选择行为）；或者诱使借款者选择风险更高的项目进行投资（道德风险行

为），从而使农村金融机构贷款的平均风险上升、预期收益降低，其原因是：那些愿意支付较高利息的借款者正是那些预期还款可能性低的借款者，结果，贷款利率的升高不能增加农村金融机构的预期收益，从而金融机构会在较高的利率水平上拒绝一部分贷款，从而不愿意选择在高利率水平上满足所有借款者的贷款申请。

在贷款发放以后，农村金融机构无法完全控制借款者的用贷和还贷行为，借款者有可能采取风险行动，农村金融机构面临着违约的贷款风险。因此，农村金融机构的预期利润率不仅取决于贷款利率，而且取决于贷款风险的大小。农村金融机构不是总能通过提高利率来增加期望收益。根据假设，农村金融机构是追求利润最大化的，在最优贷款利率 r^* 上，存一个最优贷款供给 L^*。当 $r < r^*$ 时，由于期望收益随 r 的提高而增加，在贷款成本不变的条件下，农村金融机构的信贷供给量也会随着贷款利率的提高而增加。当 $r > r^*$ 时，农村金融机构的信贷供给量则随着贷款利率的提高而减少。另外，在非对称信息下，如果贷款需求大于农村金融机构的最优贷款供给量 L^*，农村金融机构就不会愿意继续提供贷款，即使在贷款利率提高的条件下。因而最终导致一部分农户获得贷款，而另一部分被拒绝，或者农户获得贷款的数量小于其申请的数量，即形成非对称信息下农村信贷市场上的信贷配给。信贷配给是非对称信息下农村信贷机构实现自身效用最大化的必然结果。

3. 农村抵押品作用机制缺失

农村抵押品作用机制的缺失强化了农村信贷配给。抵押品在信贷配给研究中有着重要意义。抵押品可与利率共同构成农村信贷机构的信用甄别体系，并且在避免贷款的事后道德风险方面也有着重要的作用，根据式（6.6）可知：

当 $M > [L(1 + r)]$ 时，则 $[L(1 + r) - M] \dfrac{\partial \overline{p}}{\partial r} > 0$，贷款利率的风险效应完全消失。目前在农村贷款过程中普遍存在抵押品不足、抵押品价值变现难的问题，金融机构难以获得高质量的抵押品。违约发生后，农村信贷机构又往往难以对抵押品进行有效的追索，严重阻碍了抵押品在农村信贷过程中正常作用的发挥。

（二）农村信贷配给的经济效应

1. 弱化了农村货币政策传导的利率机制并加剧了经济波动

根据新凯恩斯主义的信贷配给理论：在信贷配给状况下，市场均衡利率并不是由资金供求均衡所决定的，实际贷款利率是使金融机构收益最大化的利率，其主要决定因素是投资的风险项目和安全项目的概率，即它们之间的相对风险及其变化（斯蒂格利茨、韦斯，1992）。在潜在借款人风险特征分布变化的情况下，金融机构为了保证最大化利润，即使资金供求没有变化，也会相应地改变贷款利率。另外，在投资项目的风险分布即相对成功概率不变的情况下，资金或货币的供求变化只会引起资金供给曲线或资金需求曲线位置上的移动而不改变其形状。货币供求变化的影响通过资金供求曲线的上下移动全部作用于信贷量的变化，对市场利率不发生任何影响。这是新凯恩斯主义利率决定论与传统利率决定的根本区别，但是利率水平在一定条件下不受货币供给影响的结论与传统凯恩斯主义关于在流动性陷阱情况下货币供给不能影响利率的结论存在着根本的区别。所以，在农村信贷市场利率机制本来就弱化的情况下，货币政策冲击对农村经济的作用主要通过信贷配给机制影响投资来实现。外生冲击（包括货币供给的变化等）和信贷配给相互作用的结果，使得较小的外生冲击就能产生较大的宏观经济影响（斯蒂格利茨将这种作用称为信贷配给的乘数效应）。当农村整体经济状况不好时，农村金融机构一般会提高利率水平、紧缩信贷供给以控制金融风险。

根据前面公式可发现：

$$p^* = \frac{T}{L(1+r)} \text{ 和 } \frac{\partial p^*}{\partial r} = -\frac{T}{L(1+r)^2} < 0$$

综合来看，模型的经济含义是：减少信贷额度 L 和提高贷款利率 r 均有助于提升临界成功概率 p^*，但是强化了利率逆向选择效应和刺激效应。由于利率逆向选择效应和刺激效应的存在，提高利率会使相对低风险的农户离开市场或带来道德危险，有可能进一步恶化农村金融机构收益。所以，为了避免不必要的风险，农村金融机构只好紧缩信贷以提高农户质量的方式保证农村信用社的收益。这样，一般风险借农户也被排除出去，随着社会投资的减少和经济衰退的继续，金融风险会进一步恶化，他们也预期到将来可能会遭到更严重的信贷配给。因此，他们总是减少当前投资以力图保持较高的流动资金状况。此外，由于部分正规农村金融机构信贷具有示范效应，正规农村金融机构信贷的减少会导致其他金融机构也拒绝向借款人提供贷款。信贷紧缩的结果导致了信贷和投资的全面萎缩。投资萎缩使经济衰退持续下去并进一步恶化，造成金融风险的下一轮上升。风险上升又会导致农村信用社进一步紧缩信贷。经过风险、信贷、投资的反复作用，较小的冲击就会造成宏观经济的较大波动。经济膨胀时的情况与上述情况恰好相反。

2. 信贷配给对农村社会福利及融资的影响

信贷配给是农村金融机构等微观经济主体利益最大化经济行为的结果，对农村社会福利以及资本积累等具有重大影响。信贷配给均衡不同于瓦尔拉斯一般性均衡，瓦尔拉斯的一般均衡论认为：资金供求应该相等，当资金供给大于需求时利率水平会下降，反之利率水平上升。从长期来看，资金供求保持平衡，信贷市场利率等于均衡利率。信贷配给状况下的实际贷款利率比瓦尔拉斯的均衡利率要低。对于农村金融机构来说，信贷配给优于体现帕累托效率的瓦尔拉斯均衡。因为，当信息不对称时，农村金融机构无法根据每个涉农经济组织的实际风险状况给出相应的贷款利率，只能根据自身的平均收益最大化来确定一个统一的贷款利率，此时的市场利率不是市场出清的均衡利率，而是使农村金融机构收益最大化的利率；另外，农村信贷配给现象是农村信贷市场信息摩擦的后果，在不健全的经济体系中，信贷配给现象的存在意味着盈利能力强的农业部门可能得到了较少的贷款，甚至没有得到贷款，而大部分的贷款被投向了盈利能力弱的农业部门。即多数的农业信贷资金被分配给了低效率的农业部门，信贷资金配置并不能保证具有最高社会效益的农业项目获得投资，因而信贷市场的资源配置具有低效率的特征。

二、中国农村信贷配给程度及特征

（一）中国农村信贷配给程度

目前中国农村信贷市场的情况是：在扩大农村信用社贷款利率浮动范围的情况下，政府强调加大对"三农"的信贷支持，并采取了一系列的货币政策，但是农村贷款在整个贷款中的比例逐年下降；一方面政府发放支农再贷款，另一方面农村资金却通过包括信用社在内的金融机构大量流出；一方面是农户和乡镇企业贷款难，另一方面却是金融机构放贷难，大量信贷资金闲置。由于利率管制、逆向选择和道德风险、交易成本高、产权制度缺失等原因，中国的农村信贷配给现象非常普遍和严重。

若用信贷需求缺口与信贷需求之比衡量信贷配给的程度（徐强，2005），对 1997～2011 年中国农村信贷配给进行测度结果如表 6－6 所示。根据表 6－6 可以发现，中国农村信贷配给程度具有较大的波动性且没有明显的变化趋势。20 世纪 90 年代中期以来的农村金融体制改革进一步地满足了农村经济的信贷需求，在一定程度上缓解了信贷配给程度（见表6－6）。所以，继续加大政策性支农贷款力度仍是目前缓解农村信贷配给程度的举措之一。

表 6 - 6　　　　　　　　　　中国农村信贷配给度　　　　　　　　单位: %

年度	1997	1998	1999	2000	2001	2002	2003	2004
信贷配给程度	39.5	34.0	29.1	26.9	24.9	24.1	21.0	20.9

年度	2005	2006	2007	2008	2009	2010	2011
信贷配给程度	20.5	26.5	20.4	29.8	40.6	35.2	30.6

资料来源: 利用《中国统计年鉴 (1997~2012)》中有关数据计算整理而得。

中国农村信贷配给主要源于农村信贷市场的信息不对称,转型时期的"二元经济"导致的农村信贷市场分化使农村整体受到信贷配给。另外,农村金融体系本身存在的一些问题,如近似完全垄断的农村信贷市场、金融风险补偿机制、风险分担和转移机制欠缺等都在一定程度上加重了农村信贷配给的程度,并扩大了农村信贷配给的范围。所以,中国农村信贷配给状况要比西方信贷配给模型描述的情况复杂得多。

(二) 中国农村信贷配给的特征分析

1. 关系型信贷配给较为普遍

关系型信贷配给是指信贷机构不是根据自身利润最大化原则选择贷款对象,而是依据信贷机构与借款人的关系等因素进行考虑,乐于将贷款贷给熟悉的、有特殊关系的客户,形成特有的信贷关系网。中国农村贷款对象尤其是农户经营分散,农村金融机构审查农户的资质和监督农户的活动等都需要更高的成本,农村金融机构与农户之间存在严重的信息不对称,于是农村信用社基于降低信息搜寻成本的考虑就造成关系型信贷配给较为普遍。关系型信贷配给使得高风险、低质量涉农经济组织充斥农村金融市场、贷款的平均质量下降。在新增的农业信贷投入中,盈利能力强的农业部门得到了较少的贷款,甚至没有得到贷款,而大部分的贷款被投向了盈利能力弱的农业部门。即多数的农业信贷资金被分配给了低效率的农业部门,农业信贷配给效率较低。

2. 中国农村信贷配给呈现出双重性特征

农村信贷配给的双重性特征表现为政府管制引起的政府主导型信贷配给与市场经济环境下农村信用社理性选择的均衡信贷配给并存。西方信贷配给模型是以发达的国家市场经济、宽松的政府管制为背景的,而目前中国农村信贷配给现象存在的原因可以说是多方面的,有政府干预的、有技术操作形成的、有信息不对称导致的,其中政府干预和政策导向造成的信贷配给不容忽视,如扶贫救济性贷款、技改配套贷款、项目配套贷款、救助性贷款等支持农业的政策，及农村信用社在信贷市场中的垄断地位，这是中国农村经济体制遗留下来的最大的信贷配给制；利率市场化进程加快又产生了信贷机构自主选择导致的均衡信贷配给。2004 年 10 月以来，商业银行可以运用利率浮动手段对不同风险状况的借款人进行贷款定价，农村信用社贷款利率定价能力得以提高，农村信贷配给的产生原因逐步由政策性因素为主转变为政策性因素与非政策性因素并存的格局。

3. 农村信贷配给存在结构性不平衡

农村乡镇企业和农户面临着不同的农村信贷配给程度。农村信贷机构在对企业贷款上有着更多的信息优势和更大的期望收益，加剧了对农户的信贷配给程度。在农村信贷市场上，假定农村信用社面临乡镇企业和农户两类借款人：乡镇企业和农户，对农村金融机构而言，存在一个最优贷款利率 r^*，当实际借贷利率 r 小于最优贷款利率（$r < r^*$）时，收入效应大于风险效应，即期望收益随 r 的提高而增加；反之，当 $r > r^*$ 时，收入效应小于风险效应，期望收益随 r 的提高而减少。$r = r^*$ 时，期望收益最大。农村金融机构不是总能通过提高利率来增加期望收益。当农村金融机构并不知道借款人投资项目的具体成功概率时，只能实行无差别的定价。如果农村金融机构把贷款利率定得太高，只会吸引项目成功概率小、风险大的农户来借款，而低风险者会离开这个市场，这就是农村信贷市场上的逆向选择。所以，农村金融机构在最优贷款利率 r^* 上，存一个最优贷款供给 L^*。当 $r < r^*$ 时，由于期望收益随 r 的提高而增加，在贷款成本不变的条件下，农村金融机构的信贷供给量也会随着贷款利率的提高而增加。当 $r > r^*$ 时，农村金融机构的信贷供给量随着贷款利率的提高而减少。另一方面，在非对称信息情况下，如果贷款需求大于农村金融机构的最优贷款供给量 L^*，农村金融机构就不会愿意继续提供贷款，即使在贷款利率提高的条件下。因而最终导致一部分农户获得贷款，另一部分农户被拒绝。由于农户相对于农村乡镇企业来说财务信息更加不透明，最终导致了农村信贷机构的贷款更加倾向于乡镇企业，对农户贷款量减少，加剧了金融机构对农户的信贷配给程度，实质上造成了涉农经济组织之间的信贷配给结构失衡。

4. 非市场化农村环境与农村信贷配给的特殊性

海肯等（Heikkilä et al.，2009）发现乌干达的农村银行将个体层面的社会资本（如人情关系、政治资源等）作为甄别借款者的重要工具之一。

正规农村金融机构提供的信贷合约中经常隐含着对社会资本的要求①。因此，社会资本（如人情关系、政治资源）的拥有程度有时会取代正式的信贷标准，没有这些社会资本的农户将自动退出信贷市场。另外，农村信贷市场的垄断性和农村金融体系严重滞后。中国农村信贷市场垄断现象严重，农村信用社和中国农业银行基本上垄断了农村信贷市场。农村金融体系滞后使得涉农经济组织融资渠道单一，农户等涉农经济组织对农村信贷机构贷款这一融资方式具有很强的依赖性。以上情况进一步加重了农村信贷配给，农户融资更加困难。根据 2012 年对山东省威海、章丘、聊城三个县（市、区）进行调查所获得 523 份有效的农户调查问卷统计结果显示：需要 5000 元以下贷款的农户所占比例为 21.20%，5000 ~ 10000 元的占 36.4%，1 万 ~ 5 万元的占 16.10%，5 万 ~ 10 万元占 12.90%，10 万元以上的占 13.5%。因此，有相当比例的农户希望获得高金额的贷款。从调查的情况看，大多数农户认为信用社所提供的贷款数额过低，很难进行规模投资或者扩大生产规模；农村金融体系发展滞后还表现在：农村信贷整体供给不足、专门的农村信贷担保机构缺失、抵押品匮乏、农业保险发展供给不足等，这在一定程度上也加剧了农村信贷配给。

（三）农村信贷配给模型对农村金融改革的启示

1. 继续加大政策性支农贷款力度

根据模型分析，信贷配给理论在利率的决定机制和作用机制等方面提出了与其他金融理论迥然不同的论点。信贷配给理论推翻了新古典理论关于利率自主调节、市场自动出清的假说，为政府干预金融市场提供了理论基础。当银行通过信贷配给使信贷市场达到均衡时，市场利率通常小于使市场出清的均衡利率，此时利率不再是反映信贷市场供求状况的指标。根据 2013 年对山东省威海、聊城等地区的调查发现，低收入农户其实对借贷的利率不敏感，资金的获得性远比资金的成本重要，这是中央银行在将利率作为中间目标时需考虑的一个重要因素。因此，在利率失去协调资金供求的功能的情况下，金融市场的数量调节方式（信贷配给）更加重要。虽然货币供给变化不会影响利率水平，但它在一定情况下会增加可贷资金的供给，从而有助于缓解农村信贷配给状况。中国农村金融体制变迁决定了农村信贷配给程度的变迁，近几年政策性支农贷款有效地满足了农村对资金的需求，一定程度地降低了农村信贷配给程度。

---

① 张龙耀、江春：《中国农村金融市场中非价格信贷配给的理论和实证分析》，载《金融研究》2011 年第 7 期。

2. 政府信贷管理与利率调节的关系

不同学者强调的信贷配给机制（逆向选择、道德风险或监督成本）不完全相同，西方信贷配给现象基本上属于市场选择的结果，中国农村信贷配给在很大程度上是政府干预和政策导向的结果，信贷配给不仅不能避免逆向选择和道德风险行为，反而可能强化逆向选择效应和风险激励效应。中国农村金融体系不完善、农村金融服务严重滞后及农业产业化面临大量的资金需求，所以中国农村金融市场的资金短缺和信贷配给状况更为严重。因此，信贷管理在中国农村地区具有更加重要的现实意义，尤其是在部分农业投资项目外部正效应十分显著，或者具有良好的社会效益的情况下，政府从社会福利的角度对信贷投放给予支持。随着农村经济的发展和金融市场的完善，一部分由政府干预或政策导向形成的信贷配给现象会越来越少，至于政府干预和政策导向引发的信贷配给现象其配给量应该有多大、利率水平应该有多高才会提高农村金融的效率有待于继续研究。

3. 完善农村金融体系有助于缓解农村信贷配给程度

面对农业产业化以及农村城镇化过程中的金融需求，目前农村经济发展和社会进步需要多层次的农村金融体系和提供多样化的金融产品和服务，以满足不同经济发展水平的农户的金融需求。农村金融体系创新的基本功能之一就在于克服或减弱信贷过程中的信息不对称。不同的农村金融体系在解决信息不对称问题上有着各自的优势和不足。根据斯泰因（2002）的研究，借款人的信息包括财务报表等客观的、易于观察、传递和验证的"硬信息"和企业家的经营能力、个人品质等难以传递和验证的软信息。分散经营的农户显然严重缺乏企业财务报表等易于传递的硬信息，因此只有便于获取且以较低交易成本处理"软信息"的信贷机构才能克服农村信贷市场中的信息不对称难题。由于小银行在收集"软信息"上有更强的激励，因此在高度依赖"软信息"的农户信贷中具有比较优势；而农村信用社在收集"硬信息"上具有更强的激励，更适合向易于提供"硬信息"的规模大、财务制度规范的经济组织提供贷款。在中国农村信贷市场上，农村信用社尽管从资产规模的绝对量来看属于小金融机构，但相对于经营规模更小的农户而言，就可以称为大银行。目前的农村信贷市场与农户的小农生产特性还不适应，资产规模相对较大的农村金融机构在对小规模经营的农户的"软信息"收集上不具有比较优势。竞争性农村金融机构比垄断性农村金融机构更容易克服涉农贷款中的信息不对称问题。

因此，中国农村金融体系应该是多层次的，除引导商业银行和农商银行、农村信用社等较大金融机构发放涉农贷款以外，政府和政策性银行的作用还要为村镇银行等微型金融模式的生存和发展提供条件，村镇银行有助于解决借贷过程中的信息不对称和缓解信贷配给程度。对中国村镇银行等实施政策优惠和扶持的关键是要使其实现可持续发展。要为农村金融机构提供一定的利润空间。放松利率管制是非常重要的，在印度，微型金融（MFI）的小额贷款利率都没有受到管制。为使农村金融机构实现机构的可持续性，政府需要在基础设施和技术培训等方面提供支持，而不仅仅是进行税收减免等财政性补贴。

4. 完善农村金融风险防范机制

（1）建立健全农村信誉机制。信誉机制是制约借款人道德风险的重要因素，它通过对借款人违约的事后惩罚，增加借款人的违约成本，从而起到抑制道德风险发生的作用。信誉机制发挥作用的前提是实现信用信息的充分共享。中国绝大部分农村的信用信息共享机制还没有建立，对信息资料的获取使用也没有相关的法律法规加以规范。所以，首先要加快农村征信体系建设，引导农村金融机构重视搜集农户和乡镇企业信誉、道德品质等软信息，建立农户和乡镇企业信用档案和信用数据库。加强信用乡、信用村和信用户、信用企业评定工作，为增加信用贷款创造条件；加快社会信用信息方面的立法，建立覆盖全国农村的征信体系和网络化的征信数据库，以及建立覆盖全社会的严格的信用监督奖惩制度，实行长期综合治理。

（2）发展农村信用担保、强化信用担保功能。除了向符合农业政策的农户直接发放政策性贷款外，更重要的是建立农村信用担保体系来分担和转移涉农金融机构的经营风险，以提高金融机构提供农村信贷的积极性。信用担保在一定程度上能够缓解信贷市场的信息不对称状态，但担保机构和农户之间依然存在着信息不对称。在信用担保市场中，信用担保机构承担着双重的"逆向选择"风险，主要表现在：在金融交易中，信用担保机构事实上扮演着风险承担者的角色，而风险的减少或消除则直接增加了资金供求双方机会主义行为的可能性。信用担保行业尤其是为中小企业和农户担保是国际上公认的专业性极强的高风险行业，担保的收益与所承担的风险不对称性及局部排他性（申请担保的农户之间存在竞争），决定了农户信用担保属于准公共品范畴，使得私人部门一般不愿介入或只是有限介入，导致市场自身无法达到最有效的供给。因此，政府成立政策信用性担保机构和补贴商业性信用担保机构是必要的。中国农户和农村中小企业信用担保以政策性信用担保为主，但该类担保机构的资金来源不足（主要是各级地方政府的财政资金），不仅金额少，而且缺乏资金补偿机制，信用担保机构服务能力严重不足。政府要一方面建立政策性担保机构的资金补偿长效机制；另一方面，建立对商业性担保机的补偿机制。只要补偿到位，商业担保机构可以在一定程度上承担政策性担保业务的功能。

（3）对农村金融机构进行合理补贴。农村金融机构涉农金融业务风险补偿分担机制缺乏。风险补偿机制的缺失是金融机构实施信贷配给的关键。风险补偿机制的缺失主要表现在以下几个方面：第一，农户缺乏贷款抵押物。根据前面的模型可知，抵押物可以看作是对放贷人的一种风险补偿，所以贷款抵押物的缺乏扩大了正式金融组织的信贷供给。中国农户缺乏贷款抵押物，根据1995年《中华人民共和国担保法》第三十七条的规定，耕地、宅基地、自留地、自留山等集体所有的土地使用权不得抵押，2000年《中华人民共和国农村土地承包法》也没有明确关于土地承包经营权是否可以作抵押的问题。法律法规不允许或者不明确，限制了类似农村土地使用权等权利作为担保物的可能。第二，农村担保机构规模小、数量少，根本不能满足农民的抵押担保需求。风险补偿是担保机构持续发展必不可少的运行机制。在目前缺乏风险补偿机制的情况下，农村政策性担保机构已普遍出现消极展业、逆杠杆等问题，难以引导社会资金进入农村中小企业融资担保领域。第三，农业保险发展严重滞后。农村信贷在现代农业发展中起着非常重要的作用，但是农业投资的低效性及高风险性，导致一般商业性资金难以进入农村市场，农村经济发展面临严重的资金短缺问题。针对农村贷款风险高、预期收益低的现状，政府应对农村金融机构的收益和风险给予补偿。如为鼓励农村金融机构对"三农"发放贷款，政府对金融机构涉农贷款部分在税收方面给予优惠待遇，对涉农贷款利差提供相应利率补贴。只有对金融机构的"三农"贷款采取税收优惠、利差补贴的办法，才能增加各类金融机构发放"三农"贷款的积极性，有效地引导各类金融机构到农村开拓金融服务业务；建立与完善多类型、多层次的农业、农村保险与再保险体系有助于提高农户应对农产品市场风险的能力，使农村金融机构和农户在遭受灾害后及时得到经济补偿，以适当转移和分散农村金融机构的经营风险。

第四节　农村金融垄断与市场分割对金融供给的影响

一、农村信贷市场垄断供给及资金外流

（一）中国农村信贷市场具有高度垄断性

农村信用社在中国农村信贷市场具有高度垄断性，尽管中国农村信贷市场上，金融机构之间在理论上存在着竞争，但农村信用社的垄断性依然很强。农村信用社基本形成的卖方市场的格局使得农村经济组织借款时的讨价还价能力十分有限。农村信用社信贷基准利率是由中央银行给定的，虽然中国农村信用社贷款利率已基本过渡到上限放开（自2013年7月20日起全面放开金融机构贷款利率管制），但长期以来中国农村经济组织对借贷利率敏感程度较低，农村信用社也普遍未建立或使用贷款利率定价模型。因此，中国农村信贷市场上的利率功能并未充分发挥。中国农村信贷市场概括为"利率既定条件下的垄断型信贷市场"。

在分析金融结构中的金融机构时，戈德史密斯（1969）指出，金融机构的市场集中程度能够反映出金融发展水平。一方面，高度垄断的金融市场牺牲了竞争的效率；另一方面，原子型的市场结构又不具有规模经济效益。中国农村信贷市场属于极高寡占型，农村信用社（部分已改制为农商银行）基本上处于垄断地位。农村信用社（含农商银行）的垄断性质较为复杂，它既是国家的一种农村金融制度性安排又具有行政性垄断的烙印；同时，农村信用社的垄断还具有自然垄断的部分特征，它处于农村金融最基层，网点多、覆盖面广等特点赋予了农村信用社得天独厚的垄断条件；近年来，农村信用社的垄断又是农村信贷市场行为的结果，只不过这种市场行为与其他许多行业的市场垄断行为截然相反。农村信用社的垄断不是在市场竞争中击败对手而赢得的垄断，也不是金融机构博弈的结果，而是商业银行主动撤离农村以后的"遗弃物"（见表6-7）。

表6-7　　　　　　　　农村信用社在农村信贷市场的份额　　　　　　　单位：%

年份	在农业贷款中的份额	在乡镇企业贷款中的份额	在农村贷款中的份额
2006	83.2	87.3	84.2
2007	86.3	83.3	85.7
2008	88.5	85.5	82.5

年份	在农业贷款中的份额	在乡镇企业贷款中的份额	在农村贷款中的份额
2009	87.1	85.1	86.1
2010	87.9	88.1	82.8
2011	88.0	83.1	89.3

资料来源：根据 2007~2012 年《中国金融统计年鉴》整理。农村贷款余额为农业贷款余额与乡镇企业贷款余额之和。

　　农村金融市场的集中度与其行业进入壁垒直接相关。中国农村金融市场进入壁垒的一个鲜明的特征就是国家对农村准（非）正规金融组织的打压。以农村合作基金会的兴衰为例，农村合作基金会是 20 世纪 80 年代中期兴起的准正规金融组织。农村合作基金会的经营资本主要依赖于农户的资金注入，其经营活动归农业部而不是中国人民银行管辖。到 1996 年，农村合作基金会的存款规模为农村信用社的 1/9。农村合作基金会对农村经济的融资需求提供了极大的支持，一项全国性的调查表明，农村合作基金会 45% 的贷款提供给了农户，24% 的贷款提供给了乡镇企业。这不仅大大超过了农业银行的相应贷款比例，而且超过了农村信用社的贷款中投入农村经济的比例（章奇，2004）。由于农村合作基金会不受货币当局的利率管制，因此其贷款利率较农村信用合作社更为灵活，贷款的平均收益也更高（勃兰特，2001）。为了消除来自农村合作基金会的竞争对农村信用社经营所造成的冲击，1997 年国家做出了清理整顿、关闭合并农村合作基金会的决定。随后在 1998~1999 年，包括村级农村合作基金会在内的整个农村合作基金会被彻底解散并进行了清算。由于国家对农村准（非）正规金融组织的打压，农村信用社在农村金融市场的垄断地位得以强化。农村信用社这种垄断地位也为其带来了大量的租金。考虑农户为了促使农村信用合作社真正成为"联系农民的金融纽带"而所承担的交易费用，中国农村正规金融与非正规金融实际上是均衡的，正规金融甚至也具有高利贷特征（谢平、陆磊，2003）。

　　从上面的分析我们可以看出，在当前以小农经济为主体的中国农村金融市场存在明显的垄断特征。在农村金融总供给相对不足的情况下，农户金融需求弹性的缺乏使得农村金融供给方在市场势力中处于绝对强势地位，从而掌握了事实上的贷款定价权。农贷市场贷款方定价权有两个突出的表现：一是农村信用社贷款利率直接浮动到顶；二是有息的民间借贷呈现出明显的高利贷特征。

（二）农村信贷市场的高度垄断性和逐利性导致农村资金外流严重

农业是弱势产业，存在受灾害和价格波动影响大、有效担保不足和外部性无法得到合理补偿等多重不利因素的影响，农村商业性金融机构按照效益最大化原则配置金融资源，在市场机制下必然导致农村金融有效供给不足①。调查表明，目前我国农村金融体系主要是商业银行、农村信用社、邮政储蓄银行等。各种正规农村商业性金融机构为追求利润回报，成为农村资金外流的抽水机，各网点源源不断地将资金带离农村和农业，农村金融供应形势不容乐观。农业银行采取了如提高欠发达地区分支行资金的上存利率，使其向省分行上存资金的收益高于贷款；上收信贷审批权限至省分行，对贫困及主要农产区的县支行制定严格的贷款额度控制指标等措施来限制农村贷款。

表6－8显示，2000年以来，农村资金外流比例逐年递增，从2008年起农村存贷比降至50%以下，2010年资金外流4.01万亿元。涉农金融机构未能向农村经济提供足够的金融服务。农村资金严重外流导致农户和农业中小企业融资越加困难，新农村建设、农业基础设施、扶贫综合开发等农村公共和准公共物品缺乏足额有效的金融供给，"三农"发展面临着严重的资金供给不足问题。农业和农村资金在市场机制作用下向风险更低、收益更高的工业和城市的流动存在客观必然性。

表6－8 　　　　　　　　中国农村资金外流情况 　　　　　　单位：亿元、%

年份	农村存款	农村贷款	农村存贷差	农村存贷比
2000	14998	10950	4048	73.01
2001	16904	12125	4779	71.73
2002	19170	13697	5473	71.45
2003	23076	16073	7003	69.65
2004	26292	17912	8380	68.13
2005	30810	19432	11378	63.07
2006	36219	19430	16789	53.65
2007	42333	22541	19792	53.25
2008	51952	25082	26870	48.28
2009	63846	30652	33194	48.01
2010	76323	36222	40101	47.46

资料来源：《中国金融年鉴（2001～2011）》；农村存款包括农业存款和农户储蓄；农村贷款包括农业贷款和乡镇企业贷款。

---

① 陆强：《拓展政策性金融支农方式研究》，载《经济体制改革》2013年第3期。

二、农村金融市场分割对利率的影响

（一）分割性农村金融市场的利率特点

如果说供给方垄断能够解释农贷市场中的利率"高定价"特征，那为什么农村正规金融和非正规金融的利率差异依然显著存在呢？很显然，农村正规金融和非正规金融的利率不能出现趋同，主要原因并不是一般意义上的风险差异溢价能够解释的，而是农户本身面临着分割的农村信贷市场。

第一，以无息为特征的农村关系型借贷，其范围仅限于亲朋好友等极其有限的关系群体中。此时农村借贷市场的边界是被严格界定在此"人情圈"中，需要说明的是：虽然关系借贷通常是零利率，但这并不代表借款人不需要支付借贷成本。实际上，除了一般意义上的"面子成本"外，"人情债"意味着将来随时给予出借方相应的"对价"，即农村关系型借贷的真正成本隐含在未来经济交往的相关义务中，如当对方出现类似资金困难时，借款人也需要给予对方相应的资金帮助。

第二，作为农村正规金融市场上的垄断者，农村信用社虽然可以根据国家利率政策"一浮到顶"，但利率上限始终还是受制于金融当局的调控，从而无法直接与民间借贷的利率水平"看齐"。不仅如此，即便是金融当局将农村信用社的利率完全放开，作为农村正规金融机构的农村信用社依然面临着斯蒂格利茨和温斯（1981）所指的信息不对称问题。为了减少信贷市场上的逆向选择和道德风险，农村信用社必然遵循"大数原理"确定贷款投向并进行相应的利率定价。这意味着农村信用社不可能像民间借贷那样针对个别农户进行差别化利率定价，而是必然选择一个"风险—收益"均衡配置的借贷利率水平。

第三，作为有息民间借贷的农村非正规金融，贷款者一般都不是规模化和组织化经营的法人主体（往往是个人或农户）而更像是一个个体私营企业，这些贷款者面对的市场也大多局限于几个相邻的村庄，对各个农户的信誉、收入、经营等情况非常了解。因此，相对狭小的经营范围使得贷款者可以针对每个农户每笔的贷款需求进行差别定价（这也是农村民间借贷利率水平往往没有一个明确的基准、利率水平千差万别的主要原因）。此外需要特别注意的是：民间高利率水平借贷活动在农户的融资秩序中处于末端，在关系型借贷和正规金融可以满足其融资需求时，农户一般不会求助于民间高利贷。这意味着，以高利率水平为特征的非正规金融一直是在正规金融留下的"真空区域"中生存，基本上不可能与农村正规金融发生竞争性的替代关系，即农村非正规金融市场和农村正规金融市场同样处于分割状态。

上述分割的农村金融市场和借贷利率水平决定可用图6-1进行简要概括。在图6-1中，虚线代表彼此分割的农村金融市场的特征，三个圈的面积大小大致上分别反映了三种融资来源在农户全部融资中所占的相对比重。

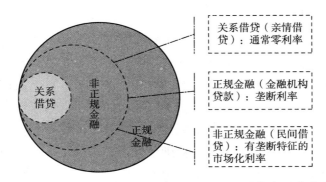

图6-1 分割市场、农户借贷的"扩展圈层结构"与利率决定

上述关于分割市场、农户借贷的"扩展圈层结构"与利率水平决定的结论是在具有典型传统小农经济特征的封闭农村地区得出的。当农村逐渐出现典型的城镇化特征且随着农村金融市场的信息改善和金融供给的自动增加时，上述分割的农村金融市场将由分割状态逐步趋向于融合。在不断融合的农村金融市场上，正规的农村金融和非正规农村金融间将逐渐出现较为一致的农村市场基础利率，而无息的关系型借贷则可能进一步向有偿借贷过渡。目前，在经济较为发达的江浙一带农村地区，农村金融市场已经呈现出了上述融合的动向和趋势。

（二）分割性农村金融市场的利率效应

前面关于当前中国农村借贷市场利率决定机制的研究结果表明，供给方垄断和总供给不足造成了农村金融市场的分割，而分割的金融市场状态进一步导致了多重均衡利率的存在。农村关系借贷始终维持着名义上的利率水平，而正规金融市场和非正规金融市场的利率水平则是分别独立决定的。此外，农村正规金融和非正规金融之间的较高的利差状态普遍存在，这将不可避免地产生两种结果：第一，高利率借贷驱逐低利率借贷所导致的"挤出效应"。1973年麦金农曾经指出，高利率有利于吸引和聚集储蓄资金并引导金融资源向高利率部门流动。很显然，当农村非正规金融的利率水平远高于农村正规金融的利率水平时，必然吸引一部分资金向农村非正规金融领域流动。当农户的剩余资金不是选择就近存入农村信用社而是直接或间接地投入高利贷领域时，在民间融资尚未规范的情况下的农村经济和民事纠纷必然接踵而至。此外，对于那些处于经济总量较小的经济区域的农村信用社而言，农户资金流向高利贷领域必然进一步导致农村信用社的存款萎缩。通过调研了解到，按照维持农村信用社的一个村镇机构网点最简陋的保本经营测算，一般至少需要250万元的存贷款规模。因此，在某些贫困村镇，农村非正规金融对农村信用社潜在的生存威胁不容忽视。非正规金融的高利率对本来就吃紧的农村信用社资金具有明显的"挤出效应"——当农村信用社的存贷规模无法达到盈亏平衡且没有外部补贴时，作为商业性金融机构的农村信用社唯一的理性选择就是以撤销这些网点的形式自动退出农村金融市场。第二，分割性的农村金融市场极易出现寻租性的套利活动。在分割的市场状态下，极大的利率差异提供了资金套利的机会，但由于这种套利是在资金总供给不足的状态下发生的。所以，不会纯粹像理论推论的那样所谓"套利意味着利差逐渐消失，利率水平趋于一致"。分割的农村信贷市场并不能够促进资源有效流动的市场，资金套利的机会更多体现的是一种利差寻租——套利机会只属于那些拥有更多关系资源和信息优势群体。我们在调研过程中发现，部分乡镇企业和个人想方设法套取农村信用社的信贷资金，然后转手以高利贷形式借与急需资金的农户并从中获取一定的利差收益。显然，在这种情况下，分割的市场和总供给不足的双重作用正是套利资金存在的前提和基础，而这种套利活动本身并不会对促进农村信贷资源起到有效配置的积极作用。

需要注意的是：非正规金融和正规金融之间的高利差和多重利率均衡状态是当前农村金融市场分割和垄断供给双重作用下的必然结果。当农户的融资需求依然旺盛而正规金融的信贷总供给依然不足时，这种分割的农村金融市场状态必将延续。因此，非正规金融虽然以较高利率水平的形式出现，但非正规金融在很大程度上弥补了农村金融供给的严重不足，农村信贷的高利率可以看作是对农村信贷资源稀缺性的一种反映；同时，农村非正规金融和农村正规金融之间的高利差可能"挤出"农村正规金融供给并滋长农村金融领域的寻租和腐败行为，因此需要对农村非正规金融进行必要的引导。总之，缓解和解决农村金融市场当前分割状态所导致的种种问题有两个基本的思路：一是对农村非正规金融采取"疏而不堵"的策略,重在加强引导使其发挥积极作用;二是加大农村金融市场的信贷供给,从根上缓解严重的农村金融供给不足问题。显而易见,上述两个基本思路的症结和关键在于后者,只有增加农村金融市场和信贷的有效供给才有助于缓解农村金融市场分割和垄断供给矛盾。

第七章 中国农村金融供给主体分析

第一节 基于微观效率和产权制度的
农村信用社金融供给分析

一、基于微观效率的商业性农村金融供给

从一般性意义上看，商业性金融供给取决于金融机构的微观效率，准确地说就是金融机构的收益与金融机构运营成本的对比，换句话说就是每一单位的交易成本（交易费用）所产生的收益大小。用公式可以定义为：

金融机构效率 = 金融机构收益 − 金融机构交易费用

农村金融机构提供的主要是间接融资服务，间接融资金融机构的交易费用主要包括有负债类业务交易费用、资产类业务交易费用、中间业务费用以及运营费用。从新制度经济学的角度来看，决定如此大量且繁杂的交易费用高低的因素主要有两个：人和金融环境。人的因素所引起的交易费用主要包括有交易前对对方的资信审核、资金的用途调查以及还贷能力调查等方面，贷款发放以后对贷款合同执行状况的检查以防止违约。金融环境因素所引起的交易费用包含的内容较多，主要有政策变化、存贷款基准利率变化、人事变动等可能会增加借贷风险而提高的交易费用。因此，交易费用的构成情况总结为以下的交易费用公式：

交易费用 = 信息费用 + 监管费用 + 界定和保护产权的费用 + 保险费用

信息费用是指金融产品供需双方为获取对方相应的信息所支付的成本；监管费用是指为保障借贷合同顺利履行、防止发生违约风险所产生的金融监管成本；界定产权费用是指在交易发生后，由于发生了产权的转移需要重新界定产权归属所产生的成本，例如在农户取得贷款后，款项需要划入企业账户，抵押物产权要划归农村金融机构所产生的费用等；保护产

权费用主要是指借贷双方发生产权纠纷时，利用仲裁等方式保护产权所产生的费用；保险费用是指借贷双方受市场风险、信息不对称或客观交易环境等因素的影响，为规避风险以减少损失所产生的费用，如在发放贷款时，农村金融机构难以掌握借款人的真实情况以及抵押物的真实市场价值，就可以要求借款人为抵押物购买保险以锁定风险，这期间产生的费用就是保险费用。因为我国农村正规金融机构的基准利率是趋于一致，所以在资金量相同的情况下可以认为农村金融机构收益基本一致。根据金融机构效率公式，要评价某一个农村金融机构的效率高低主要是看其借贷相关费用的高低，借贷成本高则农村金融机构效率低，借贷成本低则农村金融机构效率高。

二、农村信用社内部人控制弱化了涉农金融供给

（一）内部人控制问题

内部人控制是研究公司治理结构缺陷时常用的一个概念，最早是由美国斯坦福大学的青木昌彦提出的，当时主要是针对苏东社会主义国家的经理层在国有企业公司化过程中获得相当大的控制权的现象。内部人控制的内容是指独立于股东或投资人的外部人掌握了公司的实际控制权，在公司的决策中充分体现了自身利益，甚至内部各相关人联手谋取各自利益，从而架空所有的控制与监督，使股东或所有者的收益受到侵害。内部人控制问题是在现代企业制度下所有权与经营权（控制权）分离的前提下而导致的。由于公司经营者与所有者利益的不一致性导致了经营者控制公司，即"内部人控制"的现象。公司的筹资权、人事权、投资权等都掌握在公司的经营者即内部人手中，一般股东很难对其行为进行有效监督和约束。由于权力过分集中于公司"内部人"，因此股东或所有者的利益将会受到不同程度的损害，即公司内部人通过对公司的控制来追求自身利益最大化、损害外部人利益。公司所有权与控制权分离所带来的最直接问题是作为失去控制权的所有者如何监督与制约拥有控制权的经营者，以实现所有者利益最大化为目标去进行经营决策，而不是"内部人"滥用经营决策权，这同时也是委托—代理理论所要解决的核心问题。委托—代理理论是公司治理理论的重要组成部分。该理论将在两权分离的公司制度下所有者（委托人）和经营者（代理人）双方关系的特点归结为：双方经济利益不完全一致、承担的风险大小不对等、公司经营状况和资金运用的信息不对称。公司经营者因负责公司的日常经营而拥有绝对的信息优势，为追求自身利益的最大化其行为很可能与所有者和公司的利益不一致，甚至侵损所有者

和公司的利益，从而诱发道德风险。为了规避这一道德风险、确保资本安全和最大的投资回报，有必要引入公司治理这一机制实现对公司经营者的激励和监督。

内部人控制问题的解决。内部人控制问题本质上属于委托—代理理论研究范畴。委托人与代理人相互之间的利益是不一致性和委托人与代理人之间信息的不对称性，是诱发代理问题和内部人控制问题的关键。委托—代理理论是随着深入研究企业内部信息不对称和激励问题发展起来的，最早是由密西尔·詹森（Micheal Jensen）和威廉姆·H. 麦克林（Willam H. Meekling）在 1976 年发表的论文《企业理论：管理行为、代理成本及其所有权结构》中首次提出的。委托—代理理论的核心目的是研究在利益相冲突和信息不对称的环境下，委托人如何设计出最优契约来激励代理人。委托人和代理人均为经济人，其行为目标都是为了实现自身效用最大化。在信息不对称的情况下，公司经营者的效用函数与所有者的利益并不完全一致，具体表现在内部人控制上，即在公司所有权与经营权分离的情况下，股东（委托人）无法知道公司管理人员（代理人）的努力水平，公司管理人员便可能利用自己拥有的各种优势，谋取自身效用最大化，内部人控制问题由此产生。为了解决这一问题，西方国家的公司普遍采用了董事会、理事会、经理层、监事会相互制衡的治理模式，有的还建立了独立董事制度。

内部人控制问题的解决主要是健全与规范公司法人治理结构。建立符合现代市场经济要求的法人产权制度、健全规范法人治理结构。企业内部应建立健全法人治理结构，依照《公司法》明确股东大会、董事会、监事会和经理层的职责，并规范运作。这是一组相互联结并规范公司法人中相应的所有者、支配者、管理者相互权力、责任、利益等的制度安排。在这种制度下，所有权转化为股权由股东持有，所有者作为持股者只能在市场上交易其所有权（股权），以此来选择、评价、约束公司行为并转移风险，但不能凭股权来分割公司法人产权或直接支配公司行为；公司管理权作为经营管理的执行权由经理掌握；公司董事会作为公司的决策者拥有对整个公司资产组合的支配权。所谓公司法人产权实质上是一种受所有权委托的对他人资产的支配权，董事会代表公司法人成为出资者的代理者，由此相应地产生了所有权、法人产权、管理权的矛盾，因而也就要求相应的治理结构衔接并规范诸方面的利益关系。法人产权制度从公有制的实现形式上消除了政府行政直接干预企业的基础，也从结构上实现了产权多元化，有利于解决中国现行股份制企业产权结构单一的问题。

（二）中国的农村信用社内部人控制问题严重

长期以来，中国的农村信用社内部人控制问题严重存在（唐圣奇，2005；祝晓平，2005）。2003 年国务院、中国人民银行启动农村信用社改革，目的就是建立良好的法人治理结构，在体制上突破农村信用社的内部人控制问题，但农村信用社在完善法人治理结构和突破内部人控制方面尚未取得根本进展。谢平等（2005）对第一批试点 8 个省 49 个（市）信用社联社和第二批 23 个县（市）进行的问卷调查显示，高达 78.2% 的农村信用联社主任认为，作为治理结构核心的农村信用联社主任的任命在改革前后并没有很大的差别，县农村信用联社的理事长、监事长、主任等高级管理人员实质是由行政任命的，只不过借助于社员代表大会、理事会、监事会等完成了产生的法律程序，农村信用社的授权授信管理、劳动用工、薪酬分配、内部核算和费用控制制度并未朝预期方向推进。

对中国的农村信用社来说，也建立了类似的社员大会、理事会、监事会的三方治理结构，但是，委托—代理及内部人控制问题仍然比较突出。在农村信用社治理结构中，社员大会是代表社员（委托人）意志的最高权力机构。但是，社员的经营管理知识匮乏、信息收集及处理能力很低、拥有的股份分散而弱。在这个条件下，普通社员监督经理人员就变成了一件缺乏利益激励、成本高昂、收益为集体共享的事情。事实上，在一些重大决策面前，很多社员往往放弃了这种与自身利益关联度不高的监督权利。农村信用社高管人员在法律上虽然不拥有农村信用社的多数或大量股权，但却拥有对农村信用社的实际控制权。正是由于事实上的内部人控制难以成为法律上的内部人控制，即剩余控制权和剩余索取权严重不匹配，很容易产生高管人员的违规经营。中国农村信用社出现内部人控制的根本缺陷在于缺乏权力制衡机制，理事会、监事会、社主任三方的关系上，究竟是层层隶属，还是彼此制约？这个根本性问题一直没有解决好。第一，信用社主任在业务经营中处于中心地位，由理事会提名和聘任，而且理事长可以兼任信用社主任，这就形成了一种难以制约的权力。从监事会作用看，由于没有对理事会成员和社主任弹劾权，监事会也就形同虚设。出资人难以对其代理人即管理层进行有效的监督，外部社员缺乏有效的管理渠道和机制。第二，委托人与代理人之间存在严重的信息不对称，外部社员几乎无法得到有关信用社风险的信息，经营者有可能向能够为他个人提供利益的主体寻租，也有可能向能够为组织目的带来利益的超经济权利主体寻租。

（三）基于委托—代理模型的信用社内部人控制问题分析

通过构建个基于委托—代理理论的博弈模型来分析中国农村信用社内部人控制的机制有助于提出防范内部人控制问题的对策。接下来首先运用模型分析了中国农村信用社内部人控制问题的机制和原因，然后结合模型从激励和约束两方面提出了解决农村信用社内部人控制问题的思路：完善农村信用社股权结构、加强金融立法、实施股权激励计划、强化监管等措施完善治理结构。

1. 模型的假设

（1）局中人（博弈方）——农村信用社社员和信用社高管人员。农村信用社高管人员主要包括农村信用社理事长和农村信用社主任等，其目标是给定制度的激励安排和制度约束下实现自身效用最大化，管理人员存在冒险、寻租等违规经营的行为动机。农村信用社高管人员合规经营获得正常回报（额外收益为0），违规经营为其产生的额外收益用 R 表示，如果违规经营行为被信用社社员查处，则对其违规经营行为的个人罚款为 f。信用社高管人员违规经营的偏好用概率来表示为 q，高管人员不违规经营（合规经营）的概率为 $1-q$，$0 < q < 1$。高管人员违规经营但未被社员查处给全体社员带来的收益为 L（给某一社员 i 带来的损失为 $L \times k_i$，其中 k_i 为社员 i 在农村信用社中的持股比例，$0 < k_i < 1$）。

农村信用社社员作为农村信用社所有权的终极所有人，其目标是追求投资收益的最大化。农村信用社高管人员违规经营且被信用社社员查处后给全体社员带来的收益为 w（为某一社员 i 带来的收益 $w \times k_i$），农村信用社社员对高管人员经营行为的查处是有成本的，成本为 c。事实上，社员选择对高管人员的查处也是有风险的，即可能选择查处但是没有查出高管人员违规行为，假设社员查处失败的概率为 $r (0 < r < 1)$，社员查处成功的概率为 $1 - r$，如果查处成功，社员将会因工作得力、业绩突出而受到媒体宣传和公众赞扬等，从而获得一定的经济及社会收益。然而，受社员素质等主客观因素制约，违规经营行为也可能查不出来。此时，面对可能引起农村信用社经营秩序的混乱、各方面普遍抱怨等不利状况，有关社员将可能因受到多方诘难而遭受一定的经济损失或社会损失。社员选择查处的概率为 $p (0 < p < 1)$，不查处的概率为 $1-p$。除 p、q、r、k_i 大于0小于1外，还假设其余各量均大于零。

（2）农村信用社社员和信用社高管人员的策略。可供农村信用社高管人员选择的策略有两种：合规经营和违规经营。可供农村信用社社员的选择策略也有两种：对农村信用社高管人员可能的违规经营进行查处和对其经营行为不进行查处。由于农村信用社高管人员和农村信用社社员对其策略的选择都必须避免规律性，否则一旦对方发觉，则会根据这种规律性预先猜到并采取针对性的策略而始终获益。所以，本模型中的两个局中人应随机化自己的可选策略，即采取混合策略而非纯策略。农村信用社高管人员的混合策略集 $\{q, 1-q\}$；农村信用社社员的混合策略集是 $\{p, 1-p\}$。

农村信用社社员和信用社高管人员的支付。根据上述假设和各自的策略选择，将采用数学期望的概念来计算它们各自支付的期望值并给出支付矩阵，如表7-1所示。为了分析简单，我们重点讨论左上方的策略组合 $\{$查处，违规经营$\}$ 状态下的均衡。可以想象，右下方的策略组合 $\{$不查处，合规经营$\}$ 绝对不会是纳什均衡。因为从理论上讲，如果高管人员合规经营，那么监管部门也就失去其存在的意义了。

表7-1　　　　　　　农村信用社社员与高管人员间的博弈

		农村信用社高管人员		
		违规经营 q		合规经营 $1-q$
农村信用社社员	查处 p		$Rr+(1-r)$ $(R-f)$	0
		$r(-c-L)+(1-r)(w-c)$		$-c$
	不查处 $1-p$		R	0
		$-L$		0

2. 博弈模型的求解

根据上述假设和偏导数的经济学意义，可以求出该博弈模型的混合策略纳什均衡解。由以上可知，农村信用社高管人员的期望支付函数为：

$$EU_G = pqR - (1-r) + (1-p)qR + 0 + 0 = qR - (1-r)pf$$

则农村信用社高管人员的最优化条件为：$\dfrac{\partial(EU_G)}{\partial q} = R - (1-r)pf = 0$。因此，$p^* = R/[(1-r)f]$ 就是信用社社员"查处"的均衡概率。由期望支付可知，当 $Rr+(1-r)(R-f) > 0$，即 $p < p^*$ 时，为使期望支付尽可能大，高管人员就应该使 $q = 1$，即始终选择"合规经营"作为其最优策略；当 $Rr+(1-r)(R-f) < 0$，即 $p > p^*$ 时，高管人员就应该使 $q = 0$，即始终选择"合规经营"；当 $Rr+(1-r)(R-f) = 0$，即 $p = p^*$ 时，无论 q 多大，有 $EUG \equiv 0$，此时高管人员可在区间 $(0, 1)$ 内任意选择一个 q 值。

与模型假设同样的道理，可以得到信用社社员的期望支付函数为：

$EU_S = pq(1-r)w - rL - c + p(1-q)(-c) + (1-p)q(-L) + 0 = p(1-r)$

$q(w+L) - c - qL$。则信用社社员最优化条件为 $\frac{\partial(EU_S)}{\partial p} = (1-r)q(w+L) - c = 0$。故 $q^* = C/[(1-r)(w+L)]$ 就是高管人员违规经营的均衡概率。由期望支付知，当 $(1-r)q(w+L) - C > 0$，即 $q > q^*$ 时，为使期望支付尽可能的大，信用社社员就应该使 $p=1$，即始终选择"查处"作为其最优策略；当 $(1-r)q(w+L) - c < 0$，即 $q < q^*$ 时，信用社社员就应使 $p=0$，即始终选择"不查处"；当 $(1-r)q(w+L) - c = 0$，即 $q = q^*$ 时，无论 p 多大，$EU_S \equiv -qL$，则此时信用社社员可在区间（0，1）内任意选择一个 p 值。

3. 模型的政策含义

农村信用社高管人员违规经营将严重影响农村信用社社员的经济利益和社会经济资源的有效配置。根据模型我们可以采取相应措施来防范农村信用社内部人控制问题。由上面计算结果知，$(p^*，q^*)$ 是本博弈模型的纳什均衡。因此，要遏制高管人员违规经营、防范内部控制，就必须尽可能降低 q^*；同时，为了减轻农村信用社社员的查处成本，也应该降低 p^*。由于 p^* 和 q^* 并非自变量且对其难以施加控制，所以必须找出能够控制的自变量，通过实施适当的控制，从而达到降低 p^* 和 q^* 的目的。下面通过影响 p^* 和 q^* 的部分变量（f、w、c、k_i 和 r 等）并结合现实情况分析防范信用社内部人控制的具体对策。现实中，真正可以控制的变量只有 f 和 w，c 和 r 在一定程度上也可以控制，而对 R 和 L 是很难施加控制的。农村信用社社员持股比例 k_i 将是影响农村信用社社员查处效率的关键因素，k_i 将主要取决于农村信用社的改革情况。具体可通过以下几种措施来实现治理目标：一是坚持以资本授予为基础并优化农村信用社的股权结构，要明晰农村信用社的产权，把信用社基本决策权交给所有者、理事会和其任命的经营管理层；二是强化农村信用社信息披露制度，建立一系列风险管理政策、程序，以及监测、计量控制操作风险的程序、制度和方法，以有效的内部控制和强有力的外部监督；三是强化对农村信用社高管人员的约束，加大对严重"违规经营"的查处力度和惩罚力度，使高管人员违规经营造假风险大大提高；四是通过立法和制度完善农村信用社的治理机制。

三、基于双重委托—代理理论的农村信用社治理问题

集中股权下控股股东和小股东间利益关系推动了公司间双重委托—代理关系的形成。中国农村信用社在治理上必然表现出政府干预与内部人控

制的双重特征。股东对公司的控制在经济上表现为"超弱"控制，而在行政上则是"超强"控制。这导致政府、社员与理事会之间无法形成一个有效的治理机制，农村信用社的治理表现为政府行政管理下的理事会主导或内部人控制模式。

（一）双重委托—代理理论及政策含义

1. 双重委托—代理理论的基本内容

控股股东或大股东与经营者之间的委托—代理关系。在以股权分散为主要特征的上市公司，由于每一位股东都无法直接对经营者施加实际的影响，于是就通过董事会来代表全体股东对经营者实施监控。然而在以股权相对集中或高度集中为主要特征的公司，形式上也是通过董事会代表全体股东利益行事，但由于控股股东或大股东掌握着公司董事会的实际控制权，可直接对经营者的行为施加影响，所以实际上是控股股东或大股东在代表全体股东的利益行事。在以股权分散为主要特征的公司，全体股东与经营者之间的利益冲突呈现出经营者强而全体股东弱这样一个特点；而在以股权相对集中或高度集中为主要特征的公司，则呈现出控股股东或大股东强而经营者弱这样一个特征。另外，在以股权相对集中或高度集中为主要特征的公司，在监控经营者问题上，中小股东是一个弱势群体。由于监控成本过高，他们不得不采取"搭便车"的行为。所以，在这类公司，单委托—代理理论中所要解决的全体股东与经营者之间的委托—代理问题，实际上就转化为控股股东或大股东与经营者之间的委托—代理问题。

中小股东与代理人之间的委托—代理关系。在以股权相对集中或高度集中为主要特征的公司，主要是控股股东或大股东在履行监控经营者的职能，这样就较为有效地解决了降低经营者的代理成本问题。然而控股股东或大股东的监控是有成本的，所以公司必须采用一种合理的形式补偿控股股东或大股东监控经营者的付出。由于控股股东掌握着公司实际控制权，他们也有可能以其他股东的利益为代价来追求自身利益，通过追求自利目标而不是公司价值目标来实现自身利益最大化。这样，控股股东常常会利用公司的资源牟取私利，损害中小股东利益，于是就产生了控股股东与中小股东之间的利益冲突。由于控股股东或大股东有其自身的利益，他们在运用其掌握的实际控制权的同时，可能会寻机采用各种方式从中小股东那里掠夺财富。在控股股东或大股东与中小股东之间的利益冲突问题上，控股股东或大股东是强者，而中小股东是弱者。因此，中小股东为了有效保护自己的利益不受损害或受损最小化，除了积极寻找法律保护外，还必须寻找代理人来代表他们的利益行事。中小股东的目标很清楚，就是努力实现控股股东或大股东损害其自身的利益趋于最小化。如果中小股东实现了这个目标，中小股东也就间接地基本上实现了和控股股东或大股东相同的投资回报最大化的目标。所以，在以股权相对集中或高度集中为主要特征的公司，能否基本实现全体股东利益最大化，一方面取决于控股股东或大股东能否有效地监控经营者；另一方面则取决于中小股东能否实现控股股东或大股东损害其利益趋于最小化。同样，作为委托人，中小股东也面临着如何激励与约束其代理人的问题。这个问题也类似于单委托—代理理论中的全体股东或双重委托—代理理论中的控股股东或大股东如何激励与约束经营者。

股权相对集中或高度集中公司的全体股东与经营者之间的委托—代理关系与股权分散为特征的公司相似，都是通过董事会来代表股东对经营者进行监督，但在本质上却是有差异的。股权相对集中或高度集中以后，控股股东与中小股东之间的代理问题也是公司的重要代理问题。因此，在股权集中的条件下，公司不仅存在控股股东与经营者之间的代理问题，还存在控股股东与中小股东之间的代理问题，是双重委托—代理问题。

2. 降低双重委托—代理成本与实现全体股东利益以最大化

可将双重委托—代理理论可以概括为以下三个命题：（1）股权相对集中或高度集中有助于解决股权分散条件下众多小股东因免费"搭便车"行为，从而无法有效地监控经营者行为导致的道德风险问题。由于单个股东都没有掌握足够的影响和控制公司的股权，再加上专业知识和胜任能力的限制，股东没有动机和能力来对公司内部的具体经营产生直接干预或监督，都通过外部市场监督机制运用"用脚投票"的方式对公司进行治理。在股权相对或高度集中的公司，控股股东具有足够的动力去收集信息并有效监督管理层，从而避免了股权分散情况下的免费"搭便车"问题。因此，控股股东对公司的控制有助于增加公司价值，使所有股东都能按照持股比例获得收益。此外，控股股东在某些情况下直接参与经营管理，解决了外部股东与内部管理层之间在投资机会、业绩表现上的"信息不对称"问题。（2）在以股权相对集中或高度集中为主要特征的公司，按照双重委托—代理理论的要求降低双重代理成本，更有利于实现包括中小股东在内的全体股东利益的最大化。（3）根据双重委托—代理理论的政策含义，降低农村信用社双重代理成本的主要途径有两条：第一，作为委托人的控股股东或大股东对作为代理人的经营者能够进行充分的激励与约束，从而实现有效降低第一种代理成本的目的；第二，作为委托人的中小股东对其代理人能够进行充分的激励与约束，从而实现有效降低第二种代理成本的目的。上述两个命题的成立是以控股股东或大股东和中小股东二者都是有效的投资者和委托人为前提的，同时还是以能够基本界定控股股东或大股东获取租金的合理界限与范围为基础的。

（二）中国农村信用社治理结构现状及原因

1. 中国农村信用社治理结构现状

（1）农村信用社存在"控制权双重转移"问题。中国农村信用社运行中所存在的"控制权双重转移"机制，即农村信用社剩余控制权由社员转移到政府手中，其中的部分特定控制权再由政府转移到其选择的代理人即农村信用社高管人员手中。"外部人"的干预和"内部人"的控制必然会使农村信用社"三会"制度形同虚设，进而导致"权力均衡"格局的倾斜，农村信用社运行的动力基本源于"外部人"和"内部人"的利益取向。由此，"内部人"道德风险、中央及地方的财政风险及金融风险均难以控制。事实证明，这样的治理模式是低效的。

在上述问题未能得到有效解决的同时，新一轮农村信用社改革却又增加了治理结构中"权力博弈"的复杂程度。一方面，改革了农村信用社管理体制，按照"国家宏观调控加强监管，省级政府依法管理、落实责任，信用社自我约束、自担风险"的要求，分别确定有关各方的监督管理责任。就中央与地方针对农村信用社管理责权分配的博弈结果看，这一安排具有一定的合理性，它既可以避免地方政府的"道德风险"，也有利于各地区根据情况进行因地制宜的管理，同时，与中央负责相比较，地方负责和管理还具有一定的信息优势。但这一安排仍没有去除农村信用社的"官办"色彩，省级政府管理仅仅具有"比较优势"，而非最合理的设计。其实，中国的省级政府缺乏独立性，中央政府在金融风险损失方面的"隐性"担保并未彻底消除，于是地方政府"非正常"干预金融运作的道德风险依然存在。省联社与作为"外部治理者"的银监部门在对基层农村信用社的管理职权划分上也存在一定的制度障碍。因为目前的省联社是以"自下而上"的方式成立组建的，它并非以出资股东的地位来实施，所谓"内部控制"是在以维护省辖范围内农村金融稳定进而规避省级财政风险为目标的前提下，由省级政府委派的"外部控制者"。

农村信用社的省联社体制在未彻底解决既有问题的同时增加了新外部干预力量，进而增加了农村信用社治理结构中利益主体间协调的难度。省联社体制的出现在很大程度上是通过行业管理来约束内部人控制和屏蔽外部人干预的重要制度安排，这意味着，省联社并非基层农村信用社自发组织起来的行业自律性机构，而更多的是代表省级政府对基层农村信用社实施行政性管制的机构。

（2）农村信用社增资扩股的问题。多数农村信用社不符合合作制原则，在实践中除了少数具有合作制性质外，多数并不符合合作制原则。股份合作制在很大程度上只是一种过渡形式，因为处于这一制度设计中的投资股往往缺乏激励，起码目前仍缺乏可持续发展能力。投资股在理论上应该享受比资格股更高的回报率，但实际上该股份不仅缺乏升值空间，而且没有对风险定价，与资格股分红比例也相同。如果农村信用社"外部人"干预及"内部人"控制的问题不能得到有效解决，简单的"增资扩股"势必流于形式，除了暂时增强资本实力外并不具有改善农村信用社治理的效果。

（3）农村信用社缺乏有效的约束机制。有效的约束机制是完善法人治理结构的必要条件。对于上市公司而言，业绩较差时股价降低，小股东"用脚投票"的方式使经营者面临接管压力；同时，较差的业绩也使经营者在经理人市场受到身价降低的压力。但是，农村信用社在县域农村金融市场处于相对垄断地位，经营者缺乏提高经营业绩的压力，市场上也缺乏评判经营业绩的标准；没有股权交易市场，经营者没有接管压力；缺乏经理人市场，股东难以选拔合格的经理。可以看出，农村信用社的内部控制者较上市公司的经理人有更加宽松的谋利空间，在完善法人治理结构时，内部人控制问题的解决难度远大于上市公司。在市场经济条件下，高级经理应是一个专门的职业和独立的阶层。为了使高级经理走向市场化职业化，必须尽快建立起一个有代表性的、有权威的社会中介组织，专门负责高级经理人才的评价，逐步形成一个高级职业经理市场，让经理人员的选用通过市场来实现，使高级经理人员的价值通过市场价格反映出来。因此，可以尝试通过农村信用社股权交易市场实现社员采取"用脚投票"的方式来约束信用社经营者，制约信用社治理结构中的"内部人控制"问题。

（4）农村信用社法人治理结构流于形式。我国农村信用社建立了类似的社员大会、理事会、监事会的三方治理结构，委托—代理及内部人控制问题仍然比较突出。社员大会是代表社员（委托人）意志的最高权力机构，但是社员的经营管理知识匮乏、信息收集及处理能力很低、拥有的股份分散而弱，于是普通社员监督经理人员就变成了一件缺乏利益激励、成本高昂、收益为集体共享的事情。在一些重大决策上，社员往往放弃了这种与自身利益关联度不高的监督权利。农村信用社高管人员在法律上虽然不拥有农村信用社的大部分股权，但却拥有对农村信用社的实际控制权。正是由于事实上的内部人控制难以成为法律上的内部人控制，即剩余控制权和剩余索取权严重不匹配，很容易产生高管人员的违规经营。农村信用社出现内部人控制的根本缺陷在于缺乏权力制衡机制，理事会、监事会、社主任三个机构的关系上，究竟是层层隶属还是彼此制约一直没有解决好：一是信用社主任在业务经营中处于中心地位，由理事会提名和聘任，而且理事长可以兼任信用社主任，这就形成了一种难以制约的权力。从监事会作用看，由于没有对理事会成员和社主任弹劾权，监事会也就形同虚设。出资人难以对其代理人即管理层进行有效的监督，外部社员缺乏有效的管理渠道和机制。二是委托人与代理人之间存在严重的信息不对称，外部社员几乎无法得到有关信用社风险的信息，经营者有可能向能够为他个人提供利益的主体寻租，也有可能向能够为组织目的带来利益的超经济权利主体寻租。

2. 农村信用社治理结构低效率的原因

（1）农村金融改革低效的原因之一在于股权的高度分散。根据以前的分析可知，社员持股比例过低即高度分散的股权结构导致了多数社员的"搭便车"行为。理性、自利的个人一般不会为争取集体利益支付过高的成本。所有权包括剩余索取权和控制权两个方面。其中，剩余索取权源于股东实际投入资本后取得的股份比例，即现金流所有权；而控制权则源于股东拥有的投票权。在股权分散条件下，由于分散的股东具有免费"搭便车"行为，从而无法有效地监控经营者，董事会实际上并不一定是代表全体股东的，可能是被经营者所控制，于是全体股东与经营者之间的利益冲突是公司治理的主要问题。现有政策规定，农村信用社股金中，单个自然人持股不得超过股本总额的2%，单个法人持股不得超过股本总额的5%，而且合作制经营过程中实行的是"一人一票"制而不是"一股一票"制，这就造成了股权的严重分散，没有绝对控股地位的股东。在分散的股权结构下，单个的股东基于对相应监控成本的考虑，单个股东掌握农村信用社的控制权是得不偿失的，各自均试图"搭便车"而基本放弃对农村信用社经营进行监督的权利与职责。这样，政策因素导致的控制权的转移造成了所有权与经营权的分离。在农村信用社，股东监督权的行使也有成本，某一股东支付了这些监督成本后，并不能较其他股东得到更多的利益，对收益和成本权衡后必然选择不作为。另外，不支付这些监督成本的股东也能得到同样的收益，所以在高度分散的股权结构下，股东的最优策略就是"搭便车"。从整体上看，个人股所占比重较小、力量很弱，对经营者的行为尚难以形成太大的影响。上述状况的结果必然是直接导致经营者的剩余控制权不断扩张、最终形成内部人控制。

（2）政府主导的强制性改革模式。中国农村信用社长期运行和改革始终没有坚持以资本授予为基础的理念；政府对农村信用社的管理权限过大，在农村信用社制度安排上政府不仅仅以监督者，同时还以参与者身份出现，政府没有把信用社基本决策权交给所有者、理事会和其任命的经营管理层。农村信用社社员大会流于形式，一些信用社并没有把社员大会作为最高权力机构，而是把农村信用社理事会凌驾于股东大会之上，理事会、监事会成员由农村信用社社员大会选举产生的比例也不高，社员大会及通过的决议难以形成对理事会工作的制衡作用，出现"用手投票"失灵现象；监事会形同虚设，其地位没有真正确立，监事被理事及农村信用社主任视为从属和被领导的地位，"监事不知事"非常普遍，监督无从谈起，造成理事长或农村信用社主任独揽大权。因此，要改变农村信用社经营过程中高管人员既是运动员又是裁判员的状态，明确人民银行对信用社法人治理结构完善过程中的监督地位，改变在法人治理结构完善博弈过程中的力量对比。由人民银行组织社员代表的选举和代表大会的召开，理事、监事的选举和理事会、监事会的召开，根除了现有管理层操纵选举的可能性。

（3）有关农村信用社的法律缺失。关于农村信用社金融立法滞后导致农村信用社内部控制问题十分严重。农村信用社是不同于一般商业银行的组织形式，国外的农村信用社一般都有独立的法律保障，如美国1932年就通过了《联邦信用社法案》。中国农村信用社没有自己的法律，以致农村信用社的身份、行为、权责等缺乏法律依据。关于农村信用社的法律法规可以明确地保护入股社员的产权和其他合法权益，确定农村信用社的性质、地位、组织形式、权利义务及其社会各方面的民事关系，有助于明确规范农村信用社的法人治理结构。制定《合作金融法》，以法律的形式赋予社员代表大会在农村信用社管理中的最高权力，规定农村信用社社员代表的产生办法和比例结构，明确任何非正当渠道产生的社员代表为非法，并追究主事者的法律责任。法律约束机制不到位导致所有者对经营的失控，并进一步恶化甚至导致内部人控制。因此，农村信用社内部人控制现象也是现有法人治理结构不完善的结果。首先要改变农村信用社经营过程中高管人员既是运动员又是裁判员的状态，明确中国人民银行对农村信用社法人治理结构完善过程中的监督地位，改变在法人治理结构完善博弈过程中的力量对比。

（三）农村信用社治理结构不健全对农村金融供给的消极影响

在充满矛盾和悖论的农村信用社改革和发展过程中，有三个制约其发展的瓶颈：一是经营者努力程度衰减和风险偏好异常变化所导致的农村信用社经营的低效率问题；二是充当"内部人"和管理者角色的地方政府难以真正代表国家的偏好和利益行事；三是农村信用社在高风险偏好和低效率经营的道路上形成了某种惯性依赖，最终偏离了农村信用社市场化改革的初衷。扭曲的权力和利益结构是农村信用社长期经营不善的重要原因。治理结构不健全及地方政府对农村信用社的过度干预弱化了其对"三农"金融的支持。尤其是当农村信用社的"主导权"直接移交给各地方政府后，农村信用社的经营重点也有向城区转移的趋向，这种"去农化"取向更加明显。在农村金融体系中农村信用社已"独木难支"的情况下，由地方政府主导的农村信用社"脱农变异"必将造成大规模的农贷资金分流和农村金融服务的进一步缺位；在地方政府的"授意"下，这部分从农村分流出去的资金绝大部分会直接流向能拉动地方经济增长的大型项目上，而这又将反向推动经济过热并造成国家宏观调控难度增加。因此，地方政府试图对农村信用社肆意改造和行政化干预背后所暗含的内在隐忧不容忽视。当农村信用社的"主导权"直接移交给地方政府后，必须进一步强化其外部的金融监管以防止地方政府控制农村信用社所导致的信贷资源"错配"和风险外部化问题。

第二节　农村非正规金融机构与农村金融供给

一、非正规金融机构相对于正规金融机构的优劣势分析

在农村信贷中，相对于农村正规金融机构过高的交易成本而言，农村非正规金融机构具有相对较低的交易成本优势而且较好地解决了农村信贷中的信息不对称问题。农村非正规金融机构交易涉及的信息大多属于软信息范畴，这使得它对于民营经济、中小企业具有天然的契合性。各种形式和类型的非正规金融机构都有自己特定的获取信息的方式和实施机制，并且都具有一个共同的特征：依靠资金供求双方的人缘、地缘关系获取关于借方的信息特征，在很大程度上克服了信贷市场上的信息不对称难题。通过对正规金融成本的分析，我们知道不管是信息成本还是监督以及执行成本，都是与信息不对称所造成的逆向选择和道德风险有着直接的关联。非正规金融机构具有正规金融机构无法比拟的信息优势，因此，它在农村信贷中的交易成本比正规金融机构具有优势，相对比较低，具体有以下几点。

关于信息成本，正规金融市场中高昂的信息成本问题来源于贷款者无法方便而全面的了解借款者的信用情况。而在非正规金融组织中，这种情况得到了很好的处理，原因主要是非正规金融组织一般是同一个地区内的成员所组成，可以有效地利用长期交往而获得的经验积累，而省去在正规金融组织中调查这些信息所要支付的费用。非正规金融组织所提供着这种机制可以用"信誉"的概念来说明。戴蒙德于1991年在一个信贷关系模型中引入了"信誉"（reputation）的概念，良好的还款记录可以使借款者在借贷市场上获得更好的信誉，从而使融资的渠道更加多样化：信誉较高的借款者可以更容易地获得银行的贷款，信誉更高的借款者甚至可以直接在票据市场上融资。这样，对于那些信誉比较低的借款者，由于没有获得银行贷款的机会，也就不可能建立良好的信用记录，从而总是停留在比较低的信誉水平，成为信贷配给的对象。以"信誉"这个概念为出发点，和更广泛的信贷市场的借款者相比，在一个较小的区域内的成员应该更容易地获得同伴的信任。首先，发生借贷行为的主体共同居住在一个较小的区域内，放债者对借款人充分的了解，即可以建立起信用机制；其次，借款人普遍注重自身的信誉，信誉在民间借贷中成为重要的担保品，这源于"好借好还，再借不难"的多次博弈机制以及由于村落内信息的相对公开所产生的对违约者的一次性博弈惩罚。可以看出，非正规金融组织的上述信息特点使其具有了明显的信息成本优势，很大程度上解决了农村信贷活动的逆向选择问题。由于地域、职业和血缘等原因，农村非正规信贷市场上的借贷双方保持相对频繁的接触，贷款人对借款人的收入状况、资信、还款能力等均比较了解。这种信息沟通的便利使贷款人可以及时地掌握贷款按时足额回收的可能性。信息优势正是非正规金融广泛存在于农村金融市场的原因所在。

关于监督成本，正规金融机构监督成本较高源于信贷市场上的道德风险问题，而非正规金融则很好地解决了这个问题。在效率与公平间寻求平衡是破解农村金融供给难题的一种艺术（陆磊，2003），监管方法措施或所谓的监管艺术都取决于规制市场的结构特征和规制市场的基础①，而非正规金融组织中的解决道德风险问题的重要机制是所谓的"同伴监督"。这里的"同伴"可能来自同一个宗族、同一种职业、同一种年龄或者同一种宗教团体。关于农村中非正规金融的研究显示，大

---

① 米运生、董杰、陈勋：《规制失灵与农村金融市场的双重迷失：法哲学、经济学的视角》，载《经济评论》2012年第4期。

多数金融互助组织的成员都有比较紧密的社会关系，从而使成员之间的相互了解程度要远远大于商业银行和客户之间的程度，在对借款人借款的事后监督等方面具有更大的优势。在贷款的使用过程中，比较紧密的社会关系使紧密的监督成为可能，同伴监督可以使借款人避免从事风险性大的项目以缓解了道德风险问题。因此，非正规金融贷款模式下同伴之间监督可以使借款者不敢从事风险性较大的项目，使贷款机构避免了由于道德风险所造成的损失。

正规金融关于借贷违约的执行成本主要是有关法律手段的费用，法律工具的实施关键在于实施的成本和收益的比较。法律制度对契约双方所起的震慑作用的大小在于双方所具备的法律思想意识的多少。事实证明，中国目前的农村并不具备完全依赖法律解决所有纠纷的前提，即农村纠纷的解决很少以法律为途径。因此，非正规的农村金融市场上对违约者的惩罚不像正规的金融机构那样主要借助于法律这一外部力量，而主要是借助于自身的力量直接对违约者实施惩罚，如舆论压力以及道德谴责，甚至暴力手段等。

以上两个信贷市场的不同监督惩罚机制产生了两种不同的效果。首先，从实施惩罚的成本来考察，非正规金融市场上的实施成本远低于正规金融机构。因而，非正规金融交易中惩罚实施的可能性远大于正规金融市场。正规金融机构所依赖的惩罚和约束的措施需要付出很高的成本，进行银行机构的信息化建设需要大量的资金投入，对违约者提起法律诉讼也要支付一定的成本，与违约者讨价还价仍然需要费用。相比而言，非正规金融活动对违约的惩罚和约束主要依靠社会习惯、信誉和道德习俗等，显性成本较低。其次，非正规金融市场下的暴力性的硬惩罚和道德的软惩罚比正规金融机构的法律性的硬惩罚和信用等软惩罚力度要大很多。农村非正规金融市场上，以物抵债的传统思想和习俗使农村债权人可以自己选择追债的方式，借款人如果失去农机具等劳动工具将直接影响到他们的生产活动，其结果对违约的借款是毁灭性的。因此，在对失信和违约的惩罚和约束上，农村非正规金融市场比正规金融市场有更大的可能性实现和更强的力度实施，即执行成本具有相对优势。农村正规金融活动无法完全替代非正规金融的金融活动。

二、农村非正规金融资金供给的有效性

（一）可贷资金供求模型

借贷双方信息不对称不仅是正规金融交易成本过高的原因，同样也导

致了金融机构期望收益与资金供需平衡时的利率水平相背离。基于期望收益最大化的考虑,正规金融机构在农村地区的信贷供给必然出现资金缺口,即农村信贷资金供给远远小于农村实际资金的需求,这也为非正规金融在农村金融活动中的发展留出了空间。

在金融当局实行利率管制的情形下,流入正规金融机构的储蓄数量虽然与其所计划和预期的数量基本相同,但是借款人预期借入的货币资金数量却远远大于正规金融机构所能提供的数量。在这种情况下,不管正规金融机构采用哪种分配资金的方式都无法满足所有的农村可贷资金需求。在借款人投资的边际收益高于借入资金的边际成本时,那些被正规金融机构拒绝贷款的资金需求者就会试图提高借款利率以争取必要的可贷资金。由于存在利率管制等原因导致正规金融机构利率无法随意提高,这些资金需求者就不得不到非正规金融市场寻求资金支持。随着这种情形的逐渐普遍,非正规金融活动和非正规金融市场的重要性日益凸显。

首先,分析农村正规金融市场的信贷供求。在图 7-1 所示的可贷资金供求模型中,横坐标是可贷资金数量,纵坐标是利率,DD 是可贷资金需求曲线,代表投资需求函数;SS 为可贷资金供给曲线,均衡利率是 r_e,均衡可贷资金数量为 OE。当存在利率管制时,资金供给为 OA,而资金需求为 OF,显然存在一个巨大的资金缺口。换言之,在金融压抑的情况下,农村正规金融机构所能融通的资金数量只有 OA,比均衡状态减少了 AE。

其次,考虑农村非正规金融市场的信贷供求。农户或农村企业在利润最大化动机的驱动之下,根据投资的边际收益率来决定其所愿意支付的最高利率,因此,只有边际投资收益率高于 AK 的投资才能从非正规金融市场获得资金,这样,外溢到非正规金融资金需求量为 AF。但实际的情况是,在边际投资收益大于 AK 的投资需求中,也有一些是可以得到农村正规金融支持的,那么,外溢到非正规金融市场的资金需求量就会小于 OA;同样,在边际投资收益小于 AK 的投资需求中,也只有部分可以获得正规金融机构贷款,那么,外溢到非正规金融市场的资金需求量就会比 AF 少。因此,如果以 A 点作为农村非正规金融市场借贷数量的原点,在 A 点的农村非正规金融数量为 0,沿 AK 向上延伸的射线代表非正规金融市场的利率,是农村非正规金融市场的纵坐标。这样农村正规金融机构与非正规金融市场的资金供求状况就可以显示在同一图形上。图 7-1 表明,农村非正规金融市场资金需求曲线 JQ 的斜率会比原先的需求曲线 DD 的斜率陡峭一些。当农村非正规金融市场的利率等于 r_l 时,JQ 将与最初的资金需

求曲线 DD 在 Q 点重合。

再来看农村资金供给曲线状况。由农村经济体流入农村正规金融机构的资金所形成的资金供给曲线为 SS，在金融监管部门设定农村正规金融机构存款利率水平为 r_l 时，流入正规金融机构的可贷资金数量为 OA。在均衡利率以下的范围内，SGP 可用来表示利率水平与正规金融机构可贷资金供应量之间呈递增关系。从储蓄的观点来看，由于农村正规金融机构受到政府的监督与管理，特别是国有银行，有政府的信誉作抵押，因而基本可将存款看成是无风险资产。但在非正规金融市场上，则有或多或少的借贷风险存在。这是因为，非正规金融市场一般不存在享有信誉的中介机构来帮助放款人分散化解风险，而且在多数强制实施利率管制的发展中国家中，非正规金融市场的借贷合约通常得不到法律的许可和保护，这会提高合约执行成本。因此，若可贷资金由农村正规金融部门外溢到非正规金融市场，自己供给者就会要求一定的风险补偿（risk premium），这意味着非正规金融市场的资会供给曲线应当位于正规金融市场资金供给曲线的上方，二者之间的差距即为放款人所要求的风险补偿。在其他条件不变的情况下，非正规金融市场风险越高，资金供给者所要求的风险补偿就会越高。为分析简便起见，我们假定放款人要求的风险补偿为一常数，即图 7-1 中的 GH。但需要说明的是，由于边际风险规避程度一般随着所负担的风险量的增加而提高。因此，在非正规借贷市场上，放款人所要求的风险补偿通常随着放款数量的增加而递增。也就是说，风险补偿是内生性的，非正规金融市场资金供给曲线的斜率应大于正规市场的资金供给线。为简化分析，我们将风险补偿视为外生变量（设定其为一个常数），并不随贷款数量增加而提高。这样，非正规金融市场资金供给线的斜率就和正规市场的资金供给线斜率相同。在一般情况下，非正规金融市场利率提高将引致更多的储蓄流入这个市场中来。

（二）非正规金融市场均衡

图 7-1 中的农村资金供给曲线 HS'' 与农村非正规市场利率呈递增的函数关系。HS'' 与非正规金融市场资金需求曲线 JQ 相交于 M 点，确定了非正规市场的均衡利率 r_c 和均衡借贷数量 AC。很明显，非正规市场的均衡利率 r_c 高于正规市场的官方利率 r_l，但是非正规金融市场的存在却使社会总体所能融通的资金数量由 OA 增加到了 OC，从这个角度讲，非正规金融市场有利于全社会的资本形成和经济增长。

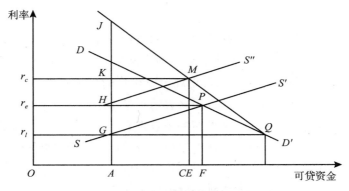

图7－1 非正规金融市场资金供求均衡

我国农村非正规金融在满足农村多样化资金需求、促进农民消费、投资以及应对风险等方面都有无法替代的作用。目前已成为农村正规金融的有益补充。在当前发展中国家的农村正规金融体系还未十分健全和发达、现代的金融机构尚未惠及许多农村地区的情况下，农村非正规金融充分地开发和利用了信息、关系、社区法则等各种社会资源，从而可化解因为资源稀缺和信息不对称性带来的制约，放松农村非正规金融的融资约束目前为一种次优的制度选择；农村非正规金融对农业增长、农村发展和农民增收具有积极作用，不仅有利于农民建立现代信用观念——资金的有偿使用和增值收益，还可以弥补正规金融供给的不足、促进民营经济的发展、实现农村储蓄投资转化机制的顺利运行，但必须规范和引导农村非正规金融的发展：一是要对目前民间自生自灭的各种农村非正规金融进行严格监管，限制和取缔不正常的农村非正规金融活动；二是要积极鼓励正常的农村非正规金融活动，承认其合法性并降低金融市场的准入门槛，让具有一定规模和管理制度的农村非正规金融组织浮出水面，以合理生存和适度竞争推动农村金融机构的良性后续发展。

三、农村非正规金融的缺陷及定位

农村非正规金融是建立在乡土亲情与社会信誉基础上的金融活动，只有在被分割的小规模市场中才显示出其效率优势，而在规模效应和经营范围方面则存在明显的劣势。因此，农村非正规金融具有地域范围和人数等方面的限制，超出一定活动范围、人数和地域之后，农村非正规金融的信息优势将减弱甚至不复存在。另外，农村非正规金融在超越一定的区域范围后则要求有更规范的管理手段及运行机制，势必导致农村非正规金融活动支付非常高的交易成本，借贷成本的急剧上升可能最终导致非正规借贷市场失灵。如果在监管制度和相应的运行机制没跟上的情况下，农村非正规金融盲目扩张则有可能导致农村金融灾难性的后果。农村非正规金融组织相对于农村正规金融组织来说不具备显著和完全的规模经济，所以农村非正规金融在农村金融市场上无法完全替代农村正规金融。同时，由于受到资金来源的限制，非正规金融的业务量必然收到一定的瓶颈制约、盈利和规模很难扩大，其进一步发展的空间必将面临较大约束。农村非正规金融运行存在较多的法律盲区，许多无序的农村非正规融资活动导致如合同纠纷、利率纠纷、担保纠纷和借据纠纷等大量社会性问题。这些纠纷和问题通常依靠一些严酷的惩罚机制、甚至暴力犯罪来加以解决，所以政府开始对部分农村非正规金融活动加以限制甚至禁止。

农村信用社和农商银行的垄断地位已形成，农村金融体系中金融机构缺乏有效竞争，且正规金融与非正规金融力量发展不均衡。正规金融虽有扶持农业的政策倾向，但并不能满足农业的全部资金需求。信息不对称、信贷成本高等问题加上在利率管理方面存在制度性金融抑制，导致正规金融缺少有效竞争而降低了资金使用效率。非正规金融资金规模小、组织架构简单、经营方式灵活等优势则可以弥补正规金融的部分缺陷。因此，农村非正规金融和正规金融在不能完全互相替代的情况下，二者的最优选择优势互补和强化合作。适度降低农村信贷市场集中度有助于改善农村金融供给效率、有助于金融机构开展有效竞争。二者合作可以发挥农村非正规金融的软信息优势和农村非正规金融灵活、便捷、规模小的优点，农村正规金融机构则可以发挥资金实力雄厚、组织制度完善、经营管理人员素质较高、业务进行有严密的控制程序等优点。如何通过农村金融制度创新设计金融新产品和新机制实现农村非正规金融和正规金融的合作，充分发挥各自优势、实现互补，已成为农村金融供给研究一个重要的现实问题。

第八章　农村金融供给模式创新与
新型农村金融机构

关于农村微型金融和农村新型金融机构的理论并不多，正如茅于轼先生所说的那样："小额贷款（微型金融）涉及的理论问题并不多，更多的是实际操作问题，或者说是制度的制定和维护问题"。农村微型金融模式也是在实践中不断完善的，如在信息不对称和无抵押与担保缺失的条件下，农村微型金融面临着信息不对称问题：金融机构无法观测和监督农户的行为，因而向农户提供贷款是有"风险的"；小额、分散、高频的信贷需求所产生的高成本也制约着金融机构对农户发放贷款的概率。他们通过信贷技术和相关制度的创新，如小组联保贷款和动态激励技术及其他一些制度创新，缓解了由于信息不对称造成的逆向选择和道德风险，在将信贷资金渗透到农户的同时实现了自身的可持续发展。

第一节　农村小组联保贷款模式及动态激励方式

一、农村小组联保贷款模式

信息不对称而引发的逆向选择和道德风险问题是导致农村金融市场失灵的重要因素，在信息搜集成本高昂以及缺乏有价值抵押品的农村信贷领域，人们一直认为只有政府或非营利机构的直接介入才能维持市场运行。但在过去几十年中，微型金融机构通过技术和制度创新巧妙地弥补了信贷市场上信息不对称的缺陷，使得传统金融活动中道德风险和逆向选择问题在一定程度上得到了解决，有效地降低了信息不对称的负面影响。

小组联保贷款（Group Lending）是早期小额信贷最重要的模式之一，与通常的基于个体的贷款不同，小组联保贷款合约的责任和义务是建立在人们自愿成立小组的基础上的。小组联保贷款由格莱珉银行（Grameen

Bank）最早实施，也被称之为"格莱珉一代"贷款模式。牛凯龙、张薄洋（2011）认为，格莱珉银行组织管理模式的特征体现在四个方面：一是有一套完整的组织管理机构；二是乡村银行以妇女为主要对象，实行小组贷款制度；三是乡村银行通过中心会议保持业务过程的透明度；四是乡村银行实行分期还款制度，不允许借款人一次性提前还清贷款①。在这种贷款模式下，农户自愿组成小组以后由放贷机构向小组成员直接发放贷款。小组联保贷款与普通贷款方法的根本差异在于贷款违约责任的承担机制方面。在普通贷款模式中，信贷违约责任只局限于借款人自身。在小组联保贷款模式中，如果个人出现违约则整个小组未来的信贷计划都会受到影响。因此，联保小组其他成员为保证自身未来的信贷不受影响，可能会选择替违约者偿还债务。

这种机制可以让小额放贷机构在无须获取任何新信息的情况下，有效降低由于信息不对称所可能产生的负面影响。放贷机构无法获得足够的信息来区分不同类型的借款人，对所有借款人采取相同的利率并且是盈亏平衡的。借款人之间互相知道对方的类型，借款人分为"风险者"和"安全者"。由于小组成员要承担连带的还款责任，借款人倾向于和安全型的借款人组成小组，风险较小的人率先组成小组而剩下的风险较高的人最后也组合在一起。风险者要承担小组成员项目失败后的连带还款责任，否则他将无法获得贷款。其结果，将会有效降低放贷机构的贷款利率并缓解了信贷市场逆向选择的负面效应。

小组联保贷款运行机制大致如下：假设每个人的投资项目需要 1 元，安全者占总人口比重为 q，风险者的比重为（$1-q$），安全者项目一定可以成功并获益 R_s；风险者项目成功的概率为 $p（0 \leqslant p \leqslant 1）$，并获益 $R_r（R > R_s）$，项目失败的概率为（$1-p$），并获益为 0，同时我们假设两类人的预期收益相同 $R_s = R_r p$；安全者组成（安全者，安全者）组合。假设放贷机构收取的利率为 i（包括本金和利息），则 $R_r > 2i$，放贷机构的成本为 k，$k > 1$，$R_s > k$，这意味着，如果风险者项目成功，有能力替小组另一位成员偿还贷款。此时金融机构面对（安全者，安全者）组合的概率为 q，面对（风险者，风险者）组合的概率为（$1-q$），当（风险者，风险者）组合中两人都失败时才不能偿还放贷机构贷款，这种概率为（$1-p$）（$1-p$），而（风险者，风险者）组合偿还贷款的概率为 $\varepsilon = 1 - (1-p)^2$，此时放贷机构的期望收益为：$[q + (1-q)\varepsilon]i$。

---

① 牛凯龙等：《金融抑制、金融改革与"三农"发展》，中国财政经济出版社 2011 年版。

放贷机构为了实现成本收益相等：

$$i = k/[q + (1-q)\varepsilon] \qquad (8.1)$$

如果放贷机构不能区分安全者和风险者的类型，要求的利率如下：

$$i = k/[q + (1-q)p] \qquad (8.2)$$

因为 $\varepsilon > p$，所以由 $k/[q + (1-q)\varepsilon] < k/[q + (1-q)p]$ 成立，即在其他条件不变时，采用小组担保贷款，放贷机构能够降低贷款利率，而利率的降低又能吸引更多的较为安全的借款者。

在早期小组联保贷款的研究中，斯蒂格利茨（Stiglitz，1990）认为小组联保贷款模式下，联保责任的存在使得小组成员有动力去监控其他成员对项目的选择，去评价其努力的程度并对不恰当的行为进行相应惩罚。这些都会有助于缓解事前道德风险的影响。根据以前的分析，只有放贷机构收取的利率水平 i 小于 $R - c/(1-p)$ 时，借款人才会选择努力工作。而超过这个利率水平借款人则会选择不努力工作，利率的提高只会进一步加大放贷机构的风险。在一个由两人组成的小组中，如果两个小组成员都选择努力工作，其净收益为：$(2R - 2i) - 2C$，而两人都选择不努力工作时，两人项目都成功的概率为 p^2，净收益为 $(2R - 2i)$，但只有一人投资成功，则投资获得成功的一方负责偿还另一人的债务，净收益为 0。两人都选择努力工作只有：$(2R - 2i) - 2c > p^2(2R - 2i)$，即 $i < R - c/(1-p^2)$，因为 $p < 1$，所以 $p^2 < p$，$(1 - p^2) > (1 - p)$，$R - c/(1-p) < R - c/(1-p^2)$ 即在小组联保贷款中，放贷机构可以收取的利率水平（即不触发事前道德风险的最高利率）要更高一些，这能提高放贷机构的盈利水平。

在借款人投资成功后，借款人可能会隐瞒其真实收益状况（如谎称投资失败而拒绝偿还借款）。放贷机构无法知道哪些借款人会如实偿还贷款，哪些人会瞒报收益。在小组联保贷款中，由于联保责任的存在，小组成员将会有动力去监控其他人的这种瞒报行为。我们假设这种监控成本为 k，借款人可以观察到其他借款人实际收入的概率为 p，用 d 来表示瞒报真实收益的借款人所面临的社会惩罚成本，i 表示银行收入的利率，

借款人选择偿还贷款只有 $R - i > R - p(d + i)$，即 $i < [p/(1-p)]d$。

当不存在小组成员之间的监控时，即 $p = 0$（放贷机构完全无法观测到借款人的实际收益），贷款资金量为 0。而在小组联保责任方式下，小组成员之间的相互监督（$p > 0$）有效降低了放贷机构面临的事后道德风险，并使贷款成为可能。

二、微型金融的动态激励方式

根据信息经济学的原理可知，在重复博弈情况下，即使不借助于新的

信息或抵押品，经济主体的最优选择也可能会发生改变。当博弈从单期转到多期时，经济主体决策从所依赖的成本收益考虑，需要将其决策可能产生的对未来的影响考虑在内。因此，重复博弈中经济主体因遵守合约而能得到未来收益看作是其"声誉"的价值，即在贷款人通过与借款人建立起连续进行交易的机制中，农村金融机构将借款人的"声誉"作为一种质押品，并进而降低了自身的风险。在现实经济生活中，经常采用的动态激励方式有停止贷款威胁、渐进式贷款、分期还款的制度安排以及灵活的抵押机制等。

（一）停止贷款威胁

首先假设借款人面临的两期生产决策的情形，项目每一期需要的投资为 1 元，在第一期末，借款人收益为 R，（$R>1$），并面临是否要违约的选择，如果选择瞒报收益和违约，借款人的预期收益现值为 $R+\delta vR$，δ 为借款人收益的贴现率，v 表示违约后仍然能获得银行贷款的可能性，如果借款人在第一期末选择还款，放贷机构一定会对借款人发放第二期的贷款 $v=1$，借款人的预期收益为 $R-i+\delta R$，i 为放贷机构收取的贷款利率。对比两种选择的收益，借款人在第一期项目结束后选择偿还贷款的条件为：$R+\delta vR<R-i+\delta R$，此时放贷机构发放贷款的利率为：$i<\delta R(1-v)$，只有当 $v=0$（即如果在第一期末违约，借款人在第二期将得不到贷款），i 的取值会达到最大。因此，在借款合约中加入停止贷款的威胁，将会有助于减少放贷机构面临的违约风险。

（二）渐进式贷款

如果把停止贷款威胁看作是对借款人违约的一种惩罚，那么渐进式贷款相当于是对借款人按时还款的一种激励。渐进式贷款的含义是：随着借款人按时还款次数的增加，放贷机构会逐步提高贷款人的贷款额度。假设：借款人如果在第一期末选择按时偿还贷款，第二期可以获得贷款额度将扩大为 λ，（$\lambda>1$），此时第二期借款人的净收益为：$R-i+\lambda\delta R$，借款人选择还款的条件为 $R+\delta vR<R-i+\lambda\delta R$。此时放贷机构发放贷款的利率为：$i<\lambda\delta R(1-v)$，因为 $\lambda\delta R>\delta R$，$\delta R(1-v)<\lambda\delta R(1-v)$。不难发现，由于增加了借款人违约的机会成本，渐进式贷款方式能进一步强化停止贷款威胁的有效性。

（三）灵活的抵押机制

传统观点认为：由于农户的收入水平和财富积累水平都很低，难以在农村信贷市场上提供有价值的抵押品。所以，普遍认为抵押机制在微型金融领域不存在太大的保证作用。不过如果从激励的角度讲，抵押品的价值高低取决于其对借款人的重要程度，而不仅仅取决于其市场价值的高低。借款人持有的生产工具、家具用品、无产权的土地等，虽然市场价值很低甚至为零，但对于维持他们的生活却至关重要。该重要性意味着借款人的抵押品事实上有很高的价值，完全可以提供有效的激励约束效果。在这种新的观念下，一切对借款人具有较高价值的资产（包括声誉）都可以充当抵押品。过去实践已经充分表明，这种观念已经取得了相当的成功。但需要指出的是：这种抵押品尽管在提供有效激励机制、防范由于信息不对称而产生的道德风险方面有着积极的作用，但是一旦由于一些不可抗力发生违约，放贷机构将会遭受较大的损失。

（四）分期还款的制度安排

传统的贷款合同规定借款人获得贷款之后便可以进行投资，然后在贷款到期后将本金和利息归还。但是在小额信贷的还款计划中，借款人可以选择在获得贷款之后若干周就开始偿还贷款，还款的过程可一直持续到贷款到期日。如孟加拉国乡村银行的传统信贷模式规定：一年期的贷款往往在借款人拿到贷款后几个星期就开始偿还了且每周偿还一次，每次偿还的额度等于贷款本金和利息之和除以 50。分期还款制度安排的优点有：第一，可以在早期甄别那些可能出现还款问题的借款者以及能提前发现那些具有较大潜在风险的贷款，从而避免所有的信贷风险在期末的时候集中暴露，这可以为小额信贷机构赢得更多的时间处置不良贷款以尽量减少损失。第二，可以使贷款机构更有效地控制贷款的现金流以保证现金流不至于完全被挪作他用。贷款机构在注重自身现金流管理的同时，对借款人的现金流入也提出了较高要求。孟加拉国乡村银行模式的简单平均计算周期还款额的方法，事实上要求借款人具有平滑稳定的现金流入。这事实上将借款人从事的那些项目排除在外，缓解了乡村银行对信贷风险的忧虑。乡村银行还从分期还款制度中获得了充足的现金，更加健康的财务状况得以建立。第三，因为要在贷款所进行的项目获得收益之前还款，这种安排也意味着借款者要有额外的收入来源。虽然理论上客户可以用贷款资金投资的项目产生的收入来满足周期性还款的要求，但这在一般情况下是不可行的，因为只有很少的项目可以在投资几周以后就开始周期性的产生收益。所以，小额信贷机构一般是在更大的程度上要求借款人提供某种形式的担保性资产，但这样的自有资产要求比起传统银行对正式担保（抵押）品的要求而言，已经灵活了许多。

第二节　新型农村金融机构的定位及发展

一、新型农村金融机构产生的机遇

在大型商业银行逐渐撤离农村、脱离"三农"，农村信用社也趋向于"托农变异"，及政策银行无法将金融服务有效延伸至农户的情况下，如何弥补农村金融供给出现的真空成为当前农村金融改革的关键。农村信贷资金具有"量小、频高"的特点，依据比较优势原理，大型商业银行机构从事农村信贷业务面临规模不经济问题，其逐步淡出农村信贷市场是必然的。因此，通过组建具有亲农性质的新型农村金融机构，让具有比较优势的新型农村金融机构将金融服务延伸至村庄村落，为农业、农民和农村经济提供更有效的金融服务。

在大型商业金融机构不愿或无力支持农村金融市场的背景下，发展具有立足农村本地、天然贴近农村等特色优势的新型农村金融机构具有合理性。在政策引导和支持下，中国农村金融市场如果能"内生出"一批既符合农村金融需求、又具备可持续发展的农村金融机构是非常理想的模式。

我国农村微型金融主要体现为农村新型金融机构，其发展就是微型金融机构不断正规化的过程。在借鉴孟加拉国、印度尼西亚等国微型金融成功经验的基础上，中国在 20 世纪 90 年代开始进行微型金融小范围的项目试验，希望找到适合中国国情的微型金融扶贫方式。1993 年，中国社会科学院农村发展研究所首先将与国际规范接轨的孟加拉国"乡村银行（GB）"小额信贷模式引入了中国。最早是以"扶贫经济合作社"的形式在 6 个县开展了微型金融。从 2000 年开始，在中国人民银行的推动下，农村信用社作为正规金融机构借助中央银行再贷款的支持，在加强信用户、信用村镇建设的基础上以主力军身份出现在微型金融舞台，中国微型金融事业开始步入正规化阶段。2004 年以来，在"鼓励农村金融制度创新"的中央一号文件的政策激励下，中国人民银行、银监会分别选择部分省份开展了商业性微型金融组织试点，国务院扶贫办和财政部在全国选择安徽等 14 个省的贫困村开展建立了村级生产发展互助资金试点，非试点地区也采取多种形式探索成立新型微型金融组织，并掀起了新一轮微型金融试点高潮。2009 年中央一号文件《中共中央国务院关于 2009 年促进农业稳定发展农民持续增收的若干意见》更是明确提出，鼓励和支持金融机构创新农村金融产品和金融服务，大力发展小额信贷和微型金融服务，农村微小型金融组织可通过多种方式从金融机构融入资金。我国主要的正规金融机构均可参与到微型金融业务中来，在农村也创新了专门面向农村社区的微型金融机构，如村镇银行、贷款公司、农村资金互助组织等。随着邮政储蓄银行的成立及其微型金融业务的开展，中国微型金融向正规化之路更进了一步。

2005 年以来，为了更加有效地促进农村金融市场竞争，满足"三农"多元化金融需求，中国银监会调整并放宽了农村地区银行业金融机构准入政策，在全国范围内设立各类新型农村金融机构试点，银监会按照低门槛、严监管的工作原则，积极稳妥地培育了村镇银行等新型农村金融机构。截至 2012 年 9 月末，全国已组建村镇银行、贷款公司和农村资金互助社等三类新型农村金融机构 858 家，其中村镇银行 799 家。此外，全国还建有小额贷款公司 5629 家，农民资金互助合作社数千家。机构的 80% 的贷款投向"三农"和小企业，成为我国农村金融领域一个新的生力军，而且有效激活了农村金融市场。从实践来看，村镇银行、贷款公司、小额贷款公司、农村资金互助社等新型农村金融机构充分发挥了利用熟人信息降低交易成本、保证资金在农村内部循环等优势，增加了农村资金供给规模。另外，新型农村金融机构的快速发展对解决农村地区金融机构网点覆盖率低、金融服务供给不足和金融市场竞争不充分的问题具有重要作用。

我国农村微型金融的特点有：组织和资金规模不大、易于管理；扎根基层，服务于较小的区域，服务对象是当地的小型企业和个体农户，主要是满足当地经济发展的实际需要；方便快捷，工作人员多为本乡本土人员，贷款不需要太多信用调查，流程简单，后台处理成本低；风险较低、借贷额度小，资金运作有制度和农村社会道德的双重约束。基于对低收入人群究竟需要何种金融服务的不同理解，长期以来不同机构和项目在小额信贷应该仅仅向其客户提供小额贷款服务，还是应该提供包括小额储蓄、小额保险、汇款和租赁等在内的综合金融服务，存在着激烈的争论。但越来越多的机构已经认识到，除小额贷款外的其他金融服务对于低收入人口至少具有同等的重要性，这意味着国际范围内小额信贷的发展，开始逐步从传统小额贷款向为低收入客户提供全面金融服务的微型金融过渡。

小额信贷的规范发展是一个重要的世界性命题。小额信贷对于促进经济社会发展、缓解社会矛盾等方面具有重要的地位，特别是在促进"三农"和中小企业融资难方面有巨大作用。2008 年 5 月，《关于小额贷款公司试点的指导意见》发布，有关小额贷款公司的一系列制度终于以规章的形式确定下来。各地小额贷款公司随后纷纷成立。小额信贷机构的发展一定程度上决定着一个地区小额信贷的成熟度和现实作用。小额信贷对于加强金融改革、提升金融服务功能的现实需要具有深远意义。我国的小额贷款公司试点引起政府和社会各界的高度关注，被人们寄予厚望。但由于尚处在试点阶段，可供借鉴和学习的经验不多，因此，小额贷款公司的可持续发展问题应该引起重视，同时要对国外典型模式有所借鉴，从而采取积极有效的经营模式以实现小额贷款公司的持续发展。按照《关于小额贷款公司试点的指导意见》规定，"小额贷款公司在坚持为农民、农业和农村经济发展服务的原则下自主选择贷款对象。"因此，理论上农村小额贷款公司的设立能够有效补充正规金融涉及不到的空白领域，解决农民尤其是处在贫困地区的农民融资难的问题，改善农村金融供给服务薄弱现象，对我国农村现有金融体系的完善和补充具有重要意义，发展农村小额贷款公司也是促使民间金融阳光化的有效途径。

农村小额贷款公司能在一定程度上弥补我国农村乡镇企业资金短缺问题。资金短缺是我国乡镇中小企业一直面临的问题，中小企业资金链比较紧张、资金流动困难。小额贷款公司审批手续便利、门槛低、还款方式灵活的优点能够及时有效解决企业生产经营临时资金流动性不足的问题，对处于金融服务短缺的中小企业、微小企业来说是一个有力的帮手，开辟了新的融资渠道。对威海市首家小额贷款公司——威高银泰小额贷款公司调研了解到，公司自2009年4月成立至今，公司发放贷款减少了很多银行审批手续，放宽中小企业贷款申请条件，企业申请贷款快则当天可以发放，贷款到期如企业暂时无力还款，公司会根据对企业的实地考察进行贷款展期。从威高银泰小额贷款公司运营情况看，小额贷款公司对当地中小企业的扶持作用是显而易见的。

农村小额贷款公司具有贷款手续简便及还款方式灵活等优点。我国农村资金需求有资金额度小、使用急的特点。在商业利益的驱使下，商业银行为追逐利润而不愿办理额度小、笔数多的农村贷款。银行贷款手续烦琐，这对急需资金的农民来说也很不方便。农村小额贷款公司服务对象主要是农村地区、办理小额贷款业务，且申请手续简便、审批时间少，对农民来说方便快捷，有力地为满足农民资金急需开辟了新径。

农村小额贷款与农村经济自身特点较为适应。由于农村种植业、养殖业的周期性特点，对资金需求也呈现出周期性，资金使用期限往往为一个农业生产周期。而我国目前银行贷款还款期限固定，资金到达使用截止期限后强制还款，而此时由于农产品还未出售，手头资金短缺，造成还款困难。小额贷款公司一改银行还款政策，采取灵活还款方式，还款期限适应农业生产周期性特点，利于农村种养殖业发展，为农民提供资金使用便利和经营便利、有力地支持了农村产业经济发展。

在选择与小额贷款公司合作的人群中，小额贷款公司贷款手续简便、还款方式灵活是最吸引客户群体的原因。此外，小额贷款公司的建立也为大企业的剩余资金找到了一个新的投资渠道，同时，小额贷款公司还有利于增加社会就业渠道、有利于和谐社会建设。综上所述，小额贷款公司作为我国金融体制改革的创新之举，对社会的贡献不容忽视。大力推进小额贷款公司建设是构建和谐社会、推进新农村建设、支持中小企业发展的重要举措。

二、新型农村金融机构试点遇到的问题

（一）机构数量盲目扩张增加了农村金融风险

为了缓解农村金融服务和资金供给不足，同时探索发展农村金融组织的新模式，政策和监管当局近年来逐步降低了农村金融市场的准入门槛，尤其是在政策导向上多以扶植、鼓励为主。作为农村金融改革和发展的"边际增量"，农村新型金融机构获得了较过往金融机构更为宽松的政策环境，如更低的准入门槛和几乎完全放开的利率限制等。从农村金融市场主体的竞争关系来看，如果新型农村金融和农村金融市场上原有的农村信用社、农商银行等存量金融机构之间形成了互补关系，新型金融机构的进入无疑丰富了农村金融供给品种、完善了供给结构；若是新型农村金融和农村金融市场上原有的存量金融机构之间依然是基于原有市场、原有业务的同质竞争关系，则这些新型金融机构的进入仅是农村金融市场外延量的变化。

在相对宽松的政策推动下，短时间内涌现了一批新型农村金融机构，这对于颇有几分"摸着石头过河"味道的农村金融改革而言，其实验性的实践意义也是毋庸置疑的。然而，随着越来越多的新型金融机构涌入农村金融市场，有的地方甚至出现在地方政府推动下"一窝蜂"式的发展势头。在某些省市，我们在一条街上几乎每隔几百米就能看到一家挂牌的新型农村金融机构，新设金融机构数量迅速膨胀。新型农村金融机构供给过快增长对于农村金融市场的长远发展和有效增加金融供给的影响是多方面的。

一般而言，作为中介的金融机构必须要拥有一定规模的客户群才能具备持续生存的发展空间，如果过多的金融机构追逐有限的客户资源时，金

融机构将难以获得自我维系的最基本收入来源。在准入门槛极低的情况下，金融机构的特许权价值将大幅降低，这有助于强化金融机构的风险倾向并降低其审慎经营动机。基利等（Keeley et al.，1990）研究发现，竞争加剧、银行特许权价值的减少和银行破产概率上升具有内在联系。因此，当前部分地区出现的村镇银行、贷款公司等新型农村金融机构"蓬勃发展"局面注定难以持续。目前有学者认为，新型金融机构的破产风险自有其股东承担，其影响程度尚不至于波及整个农村金融体系，对可能出现的新型金融机构危机现象不必"过于担忧"。事实上，这种类似于"放任自流"的观点极大地低估了过度竞争导致金融机构大面积倒闭这一结果可能带来的负面效应。在过于拥挤的市场环境中，面临生存压力的金融机构将不可避免地走向无序竞争，当大量的劣质借款人因为这种过度的竞争而获得贷款并最终充斥整个金融市场时，不仅大批的金融机构濒临破产边缘，整个市场的信用秩序和信贷环境也将出现混乱，其结果是：崩溃的不仅是过多的金融机构，还有市场交易赖以存在的信用基础。

因此，农村金融新设机构数量并非越多越好。从农村金融市场结构看，新型农村金融机构数量超常规增长将导致过于拥挤的金融市场状态，面临生存压力的农村金融机构将不可避免地走向无序竞争。逆向选择将导致大量劣质借款人因过度竞争并充斥整个金融市场时，其结果可能是农村金融机构和市场信用恶化。从定价机制来看，当大量新型金融机构涌入农村金融市场并采取超高利率策略时，无法满足收益率要求的"'三农'投资"项目和正常投资者群体将被挤出信贷市场，最终导致整个市场的高风险投资者聚集，金融机构的破产概率增大——特别是在那些已处于市场过度竞争状态的地区，最终导致农村信贷市场崩溃。

（二）新型农村金融机构"内生性"与金融供给缺陷

发展新型农村金融机构并非单纯地增加农村金融机构数量的增加，而是要实现金融数量供给与发挥功效的双重目标。构建农村金融供给体系的思路要逐步从"存量调整"转变为"增量培育"与"存量调整"相结合。"增量培育"与"存量调整"相结合表现为设立新型农村金融机构和原有农村金融机构互补的复合型农村金融体系。

中国新型农村金融机构发展过程主要是依靠政府外力推动的，新建机构或组织大都存在"内生性"不足的先天性缺陷。一方面是政府势力的强力介入；另一方面则是农户和金融机构的被动参与，两者之间始终难以理顺的利益关系导致了扭曲的激励机制结构，"外生嫁接"的农村增量金融组织始终无法将农户真正内化其中。于是出现了农村金融市场中的各种悖论与现实难题：政府出钱、出政策、出力以大力推行农民经合组织，但农户的合作意愿并不强烈，获取国家财政资金成为普通农户加入经合组织的最大动机；尽管在《农民专业合作社法》中有限制大户大股东的规定，但在农民专业合作社的实践中，"一户一票"的决策机制和民主管理实事上成为一纸空文，较为普遍的现象是"权威机制"而不是"合作机制"。农民专业合作社中，存在"大户大股东问题"的合作社占了较大的比例。普通的弱小农户无力自己组建合作社，因此，大户大股东基本掌握了农民专业合作社的实际控制权。当前的现实状况及制度设计导致农民专业合作社始终存在以下悖论：合作社没有大股东则无法成立或正常运行，有了这些大股东则普通农户的从属地位从成立之初就已注定。这意味着，最初的民主决策框架最终演变为基于权威决策的制度框架。

农村金融改革困境实际上是以农民为主体的互助金融组织和制度的缺失。因为历史和文化的缘故，中国农村长期沿袭的分散化经营模式既在一定程度上削弱了互助合作组织的生存基础，也削弱了农民在市场经济中的地位与谈判能力。中国农村金融发展的"两难困境"是由政府的强势主导和农户的弱势地位共同演绎的。建立在农户互助与合作基础上的"横向金融"才是真正适合农村需要的，而分散化经营模式下农户的合作意愿与合作能力都处于较低水平，这意味着单纯依靠农户和农村社会的自发性力量很难自然衍生出具有"内生性"特征的农村金融组织体系；同时，政府虽有意愿、有能力去主导和组建符合农村社会经济发展需要的金融组织体系，但以城市为导向的金融体制长期脱离了农户和农村社会的生长环境，结果导致许多基于旧有体系的、向农村市场进行外生嫁接的金融制度尝试都很难达到预期目的。

（三）贷款利率机制不利于农村金融供给的长期发展

放开贷款利率上限并尽可能提高贷款利率未必能够实现农村金融的可持续发展。农村金融市场本身的复杂性和特殊性决定了农村新型金融机构重量而不重质，简单上浮利率的定价策略也注定是难以维持的。

政策上对于农村新型金融机构的贷款利率上限已基本放开；根据法定标准，基准利率4倍以内的利率定价都属于法律保护范围。政策当局放开农村新型金融机构贷款利率上限的意图非常明显：一是因为涉农贷款尤其是涉农小额贷款的经营成本较高，贷款利率覆盖成本才能实现财务上的可持续性；二是放松贷款利率管制有利于给处于探索阶段的农村新型金融机构更加灵活的经营机制和更大的利率定价空间，促进其主动开发适用于农村金融市场的利率定价模式，以便于有针对性地区别不同贷款需求进行分类定价。但政策当局试图利用市场机制来引导新型金融机构进行合理定价的"良苦用心"很容易被急功近利的新型金融机构的市场化策略给予简单化。从实践情况看，很多新型金融机构选择了将贷款利率浮动到顶（即浮动到同期基准利率的4倍）的定价策略，各类新型金融机构的总体平均上浮水平也大致达到了同期基准利率的3倍。但放开贷款利率并尽可能提高贷款利率很难实现农村新型金融机构的可持续发展。因此，对于刚刚设立的部分新型农村金融机构来说，多数自上而下、从外到里的"外生嫁接"式的推动诞生并非从当地民间金融中"自然衍生"，在其发展初期仍然面临信息收集成本高和信息不对称问题。此时通过简单地提高贷款利率的做法来覆盖风险可能导致与预期目标相反的结果。

（四）新型农村金融机构贷款利率的负面效应

大量新型农村金融机构的贷款利率上限基本放开（最高法院1991年规定：只要借贷利率不超过国家基准利率的4倍就受法律保护），高利率策略导致的负面效应是：第一，高利率挤出了投资收益率相对较低的"三农"项目投资。许多新型农村金融机构的贷款利率水平在20%以上，贷款利率水平明显超出了一般农业生产和经营所实现的正常收益水平。根据对山东省威海部分农村地区种养殖业收益水平和贷款利率承受程度问卷调查显示：近3年农户种养殖业投资收益率约为12.1%、从事运输和农村工商户的年收益率约为14.7%，如遇较大自然灾害或者类似禽流感等，种养殖业投资收益率则为负数。调查结果还显示，如果贷款利率超过12%，农户贷款需求会明显下降，若贷款利率超过15%，除农户满足流动性需求以外，农户则几乎不敢申请生产性贷款。因此，在此背景下，新型农村金融机构在增加农村金融供给的方面的贡献是有限的。第二，存在逆向选择效应，即过高的贷款利率水平进一步挤压了农村正常投资者，可能导致整个农村金融市场高风险投资者增加，农村金融机构破产的概率随之上升。特别是在部分农村金融已过度拥挤的地区，伴随着过度竞争的高利率政策，可能导致严重的逆向选择和道德风险，甚至农村金融市场的崩溃。

（五）新型农村金融机构的金融服务功能没有真正有效发挥

很多村镇银行仍浮于表面、没有真正沉下去，农村金融服务功能没有真正有效发挥。调研发现，目前多数金融机构仍停留在中心镇，离村里的农民很远。原先定位于服务"三农"的村镇银行及小额贷款公司仍向大企业和城镇金融集中，偏离了服务"三农"的轨道。村镇银行筹集资金也困难重重，农户对村镇银行缺乏了解、认可程度不足，客观上制约了其储蓄存款的增长。疏于监管也导致农村金融市场出现违规金融服务现象，一些地方打着农户合作的名义进行资金借贷的高利贷业务，一些地方的农户被当地金融机构冒名贷款，形成潜在金融风险。从目前农村新型金融机构现实状况来看，大多数农村新型金融组织无意"三农"业务（赵天荣，2012）①。农村新型金融机构并不强调放款规模和贫困人口改善生产生活的状况和程度，而注重的是贷款的回收质量，其经营活动违背了农村扶贫的新型金融理念。农村新型金融组织功能已经异化成为服务农村高收入群体和企业，与一般的银行金融机构在农村市场进行竞争，造成这种状况的根本原因在于制度的缺陷。

第三节　制约新型农村金融机构发展的"瓶颈"

一、制约村镇银行发展的主要"瓶颈"

2007年1月22日，中国银监会出台了《村镇银行管理暂行规定》，规范了村镇银行的性质、组织形式、设立方式、法律地位、股东资格、业务经营、组织结构、市场退出、审慎监管等问题。从实际运作状况来看，村镇银行充分发挥了贷款流程便捷简化、决策链条短、反应迅速、定位于农户和农村小微企业的特点和优势，很大程度上改善了农村金融供给，支持了农村经济发展。但在发展过程中还面临以下问题：

第一，金融产品同质化现象严重、在竞争中的劣势明显。大部分村镇银行从事的业务品种仍局限于传统的存贷业务，产品同质化现象明显。无论是在贷款品种、贷款管理和风险控制方式等方面，基本上沿用了农村信用社固有的经营模式，因此竞争中并无优势。在与农村信用社竞争的客户目标群中，村镇银行得到的贷款客户多为农村信用社筛选剩余客户，这种类似捡剩的客户（如贷款额度超过农村信用社授信额度或在农村信用社有过不良信用记录的客户）在很大程度上彰显了村镇银行比较优势的缺失。

第二，吸储难问题较为突出。因为村镇银行成立时间短、网点较少、资金实力弱等原因，加上20世纪90年代农村基金会事件导致的负面影响，农民对村镇银行的信任度和认可程度较低，对其安全性程度和信誉度普遍持观望和怀疑态度。根据对农户的调研统计发现，约82%的农户认为村镇银行不能保证存款资金的安全，约60%的农民仍选择将钱存入四大银

---

① 赵天荣：《农村微型金融组织的制度缺陷与功能异化》，载《经济问题》2012年第4期。

行、邮储银行或农村信用社。只有不到10%的农民表示愿意将钱存入村镇银行，其初衷主要是为了从村镇银行获得优惠贷款。受到地域、经济落后、开放程度低等条件制约，农民收入水平低、闲置资金有限，这也限制了村镇银行储蓄存款的增长。

第三，公众认知程度低导致其业务发展受到制约。四大商业银行和农村信用社因为具有政府和政策背景而一直受到社会和农民的高度认同和信赖。作为草根银行的村镇银行，老百姓对其认可度明显偏低，而且在认识上存在较多的误区。根据对山东省威海市农村地区调研结果显示：多数农民和农户村镇银行需要由一家银行机构发起并控股，以为有钱就能办村镇银行；甚至还有农户认为村镇银行贷款属于政府的政策性扶植资金，获得贷款以后不需要偿还，将村镇银行贷款等同于政策性扶贫资金；绝大多数农民担心上当受骗而不敢将钱存入村镇银行。

第四，村镇银行经营管理缺乏独立性。当前多数村镇银行的从业人员全部是大股东（商业银行）的派出人员，其工资、薪酬也由大股东（商业银行）全额支付。很多商业银行在发起设立村镇银行的初衷便将村镇银行作为自身业务在农村地区的延伸平台。村镇银行的经营理念基本上被商业银行所同化，实际操作过程中或多或少地要求村镇银行与其保持一致。由于村镇银行在信贷技术、管理能力和资金方面都严重依赖大股东，于是村镇银行在一定程度上成为商业银行的影子机构，无法真正实现其贴身服务农户的预期目标。

二、制约农村资金互助社发展的主要"瓶颈"

农村资金互助社作为增加农村金融供给的新型农村金融机构，其性质应该定位于为农村低收入群体提供金融服务，其基本目标是通过其社员之间的互助合作实现农户改进生产经营条件并促进农户增收的目的。农村资金互助社的定位应该是：以地缘社区为纽带、以入社社员为服务对象、以互助资金为手段，帮助社员发展生产和持续增收以实现脱贫的新型农村金融供给方式。当前农村资金互助社主要存在以下问题。

第一，部分农村资金互助社有着强烈的吸储冲动。根据当前的情况，大部分农村资金互助社的管理人员素质、资金实力和风险控制能力还没有达到运用和管理公共存款的能力。一旦存款运用失败则极易引起群体性事件，造成当地金融秩序的混乱和农村金融环境的恶化。根据调研发现，山东省某些农村资金互助社具有强烈的吸储动机。在农村资金互助社自我发育不足、管理机制不完善和外部监管不到位的情况下，金融当局对农村资金互助社的上述动机倾向应给予关注，特别要制止其变相高息揽存行为的发生。第二，农户入社行为存在一定的短期性，农村资金互助社的互助性功能弱化。调研结果显示，农村资金互助社主要靠乡镇"大户"带动设立、普通农户主动参与互助社的意识并不强。多数农户参加互助社的目的并非基于长期的经济合作而是期望分享扶贫资金的好处。入社农户一旦有了自有资金就不愿再向互助社借款。农民入社动机和行为的短期化导致互助社的长期合作功能被弱化。因此，无论是从农村资金互助社的功能看还是从资金运作来看，农村资金互助社的长期持续发展将受到很大制约。第三，农村资金互助社的自我管理能力低下、激励约束机制缺失。根据规定，农村资金互助社是指经银行业监管机构批准、由乡或行政村农民和乡镇小企业自愿入股组成、为社员提供存款、贷款、结算等业务的社区互助性银行业金融机构。在政府的强势主导下，互助社也带上了浓厚的"官气"：多数农村资金互助社主任由村长或支部书记兼任，很容易将行政管理色彩带入农村资金互助社的资金管理，混淆了资金管理和行政管理的责任。这种既缺乏风险管理细则、又没有相应的惩戒措施和办法，再加上外部监督机制缺失，结果导致农村资金互助社的风险管理意识淡薄、资金运作方面具有很强的随意性、违规操作和擅自变更借款用途现象时有发生（如资金管理和行政管理集于一身很容易将互助资金作为财政资金使用），严重影响了农村资金互助社的持续发展、偏离了农村资金互助社最初设立的基本内涵。第四，政府主导的发展模式与农村资金互助社的内生性金融目标存在差距。农村资金互助社的定位决定了其应该为农户自愿合作的形式，应该具有典型的内生性特征。因为中国农户的对外合作愿望处于较低水平，在短期内难以实现自然发育的状态下，依靠政府作用推动就成了现实选择。调研结果显示，目前绝大多数农村资金互助社是在政府强势主导下组建的，农户自发组建的农村资金互助社很少。因为内生发育为外力推动所取代，所以大部分农村资金互助社就出现了"有合作之名、无合作之实"的现况。

三、制约农村小额贷款公司发展的"瓶颈"

小额贷款公司目前还处于探索阶段，其自身存在的问题不容忽视。通过对威海市威高银泰小额贷款公司进行调研发现，公司自成立至今，资金短缺现象时有出现。由于公司资金规模较小，当融入资金不能解决时，公司采取暂停放贷的方式缓解资金短缺压力。尽管当前资金短缺并不十分突出，但从长远考虑，资金来源问题必然成为困扰威高银泰小额贷款公司发展的重要因素①。因此，从长远来看，公司仅依靠自有资金和部分银行融入资金维持运营。银行融入资金无法满足不断增加的业务量，这样公司根本无法扩大规模，公司有时尚需暂停放贷。于是公司可持续发展很成问题，支持"三农"和促进中小企业发展的作用必然降低。基于小额贷款公司存在以下很多问题，如果不尽快拓展其融资渠道以增加后续资金，其可持续发展前景不容乐观。

（一）资金来源渠道不畅

《关于小额贷款公司试点的指导意见》中，对小额贷款公司的资金来源问题规定如下：小额贷款公司的主要资金来源为股东缴纳的资本金、捐赠资金，以及来自不超过两个银行业金融机构的融入资金。在法律、法规规定的范围内，小额贷款公司从银行业金融机构获得融入资金的余额不得超过资本净额的50%。按照指导意见的规定：小额贷款公司"只贷不存"，对小额贷款公司资金来源的规定具有一定的不合理性，小额贷款公司在实际运行中的资金来源主要是股权资本，后续资金不足，这是因为：（1）由于小额贷款公司是追求利润最大化的商业性公司，所以很难获得国际组织或者国家的捐赠资金；（2）由于小额贷款公司经营风险高，商业银行在向其提供贷款时往往要求公司提供抵押、质押资产，但小额贷款公司缺少抵押质押资产，同时，商业银行贷款审批手续烦琐，使得小额贷款公司很难，也没有积极性从银行获得资金；（3）对小额贷款公司"只贷不存"的规定本身就违反贷款公司的经营常规，使公司缺乏持续发展的资金支持，加之支农资金的周转期长，公司无力扩张。尤努斯认为，这种"只贷不存"等于是锯了小额信贷的"一条腿"。

（二）小额贷款公司定位不明晰

一是法律地位不明确。小额贷款公司至今仍没有一整套法律来界定其法律地位。《中华人民共和国商业银行法》第十一条规定："设立商业银行，应当经国务院银行业监督管理机构审查批准。未经国务院银行业监督管理机构批准，任何单位和个人不得从事吸收公众存款等商业银行业务。"《贷款通则》也规定贷款人必须经中国人民银行批准经营贷款业务，持有中国人民银行颁发的金融机构法人许可证或金融机构营业许可证，并经工商行政管理部门核准登记。目前的小额贷款公司是依据《公司法》成立的

---

① 威高银泰小额贷款公司注册资本金为8000万元，受山东省政策优惠，公司可以较方便地得到中国银行和中国农业银行的资金支持。按照国家规定，威高银泰小额贷款公司可以从这两家银行各得到2000万元的融入资金。

企业，并不涵盖在《中华人民共和国商业银行法》的范围之内，央行对小额贷款公司只能进行业务指导，并没有行政管理权限，也不能为其颁发"经营金融业务许可证"。《小额贷款公司指导意见》中规定，小额贷款公司是不吸收公众存款、经营小额贷款业务的有限责任公司或股份有限公司。由此可见，小额贷款公司是普通公司而非金融机构，但是它从事的业务却是金融类的服务。定位的模糊为其日后发展增加了很多不确定因素。二是农村小额贷款公司定位不明晰。部分小额贷款公司违背设立初衷，贷款发放对象集中于中小企业，排斥农户贷款申请。小额贷款公司在坚持为农民、农业和农村经济发展服务的原则下自主选择贷款对象，小额贷款公司的设立初衷即为支持"三农"，推进农村产业经济发展，提高农民收入水平。但由于小额贷款公司的商业性，公司不愿办理农户贷款业务，这是因为：（1）农户贷款单笔贷款额度小，使得单笔贷款所获利息额少，但贷款发放所需要的信用等级评定等程序所需成本费用不会因贷款额度小而降低，从而使得小额贷款公司单笔农户贷款较之企业贷款所获利润减少；（2）农民缺乏抵押物。考虑当前我国人民基本生活保障问题，农民住宅一般不能作为抵押物进行抵押贷款，可以作为抵押物的林权、海权等又因自然条件的不确定性而具有不稳定性，从而农民一旦无力还款，公司无法以抵押物变卖来补偿损失；（3）农民信用意识薄弱，还款积极性低，且由于国家并未对小额贷款公司出台贷款损失分散的相关政策，一旦农户贷款不能收回，公司将承担全部损失。由于上述原因，加之国家并未规定小额贷款公司贷款总额中农户贷款最低额度，部分小额贷款公司在商业利润驱使下便违背设立初衷、排斥农户贷款申请，支持"三农"作用自然就无法发挥①。

（三）外部监管不力

一是监管不到位。《关于小额贷款公司试点的指导意见》中规定，"凡是省级政府能明确一个主管部门（金融办或相关机构）负责对小额贷款公司的监管管理，并愿意承担小额贷款公司风险处置责任的，方可在本省（区、市）的县城范围内开展组建小额贷款公司试点。"由于小额贷款公司没有金融许可证，不属于金融机构，所以不受银监会监管，一般是省级人民政府制通过省金融办或相关机构负责试点的监督管理。目前我国试点

---

① 威高银泰小额贷款公司农户贷款仅占公司累计发放贷款额度的2%，公司贷款负责人表示不愿办理农户贷款。排斥农户贷款的公司还有很多。这一现象急需得到国家重视，扶正小额贷款公司业务发展。

的小额贷款公司都是在工商行政部门注册，由当地政府和人民银行主导日常监管①。二是监管内容不明确。到目前为止还没有一部法律来系统规范小额贷款公司，监管和法律制度的缺失造成对小额信贷公司的监管方面无法可依。人民银行对小额贷款公司的监管也仅限于是否在《公司法》和《小额贷款公司试点办法》的规定下运作；单笔资金是否超过限额；是否超出经营区域等，并不负责监管他们的内部经营和制度管理。当前很多试点地区采取对小额贷款公司多部门监管，这种多头监管容易造成监管的真空，并且对监管什么、如何监管等仍无章可循。

（四）风险控制机制不完善

小额贷款公司只能在注册地行政区域内开展业务，不允许跨行政区域经营。这种规定使得公司经营缺乏风险分散的能力，如果小额贷款公司开展业务的区域突遇自然灾害等，将使公司陷入巨大的经营危机。小额贷款公司的风险控制机制不完善表现在很多方面：第一，在商业利润追逐下，公司往往注重贷款规模的扩张和市场份额增长，从而忽视资本占用和风险管理，风险意识较弱；农村小额贷款公司建立初衷即服务"三农"、面向农村地区，与金融机构相比设立欠规范，在人员任命和选拔方面的不太严格使得小额贷款公司普遍缺乏贷款风险管理的技术和人才；小额贷款公司因其身份的特殊性并没有纳入央行征信系统，不能通过合法渠道对贷款人的情况进行详尽了解，信息不够充分。由于未纳入央行征信系统，公司只能借助银行力量对贷款人的信贷历史进行了解，信息不对称为公司发展带来极大不便。小额贷款公司风险控制机制不完善是制约其发展的一大问题。第二，小额贷款公司员工专业知识不足，缺乏信贷管理经验且公司对员工的技术指导和专业培训欠缺。公司员工专业素质不高影响和制约了公司自身经营效率和营运能力、金融创新能力和风险控制意识，因而很难靠自己的力量把公司发展壮大。从对我国小额贷款公司经营情况了解到，员工知识和经验的欠缺是致使小额贷款公司至今缺乏系统的信贷风险控制机制的重要因素。小额信贷是一个技术性和专业性都很强的行业，员工知识、经验积累不能满足行业的需要，这会从根本上影响到公司贷款风险控

---

① 威高银泰小额贷款公司由环翠区金融办牵头、山东省金融办负责监管、中国人民银行总体指导。但是小额贷款公司是开展信贷的机构，金融办、中国人民银行由于不是专门的银行业监管机构，缺乏专业的监管技术和监管经验，能否履行好监管职能值得怀疑，而且监管机构监管并不到位。银泰小额贷款公司成立近一年，省金融办对公司的实地考察只有一次，平常只是对公司下发文件，公司是否落实文件精神，金融办并不能掌握。

制和小额信贷产品创新①。

（五）小额信贷的支农作用相对有限

小额贷款公司设立源于尤努斯设立的孟加拉国乡村银行，设立的初衷是为了消除贫困。但在当前我国的现有体制下，如果小额贷款公司倾向于扶贫性质，就很难生存和实现可持续的发展。所以在现实中，小额贷款公司受到商业利润的影响，一定程度上偏离了小额贷款公司支农支小的设立初衷。所以，要想实现小额贷款公司支农支小和商业可持续性的平衡，就需要政府通过政策加以引导和鼓励。具体来说，小额贷款公司要逐步消除以下不良倾向：一是贷款投向倾向高风险行业。小额贷款公司往往将资金集中投入房地产等高风险、高收益行业。因为高风险行业既有强烈的资金需求动机，也愿意承受较高的利率。相比较而言，小额贷款公司则不倾向于向分散的农户和无抵押的农村小微企业发放贷款。二是小额贷款公司放贷利率保持较高水平。小额贷款公司在实际运行中一般保持较高的利率，在一定程度上也限制了农户、农村小微企业获得贷款的机会。现有规定小额贷款公司的贷款利率在贷款基准利率的 0.9～4 倍，但在实际中小额贷款公司出于利润最大化的原则一般将利率设在贷款基准利率的 4 倍略下浮动的位置。三是小额贷款公司贷款集中度高，大额放贷冲动较强。小额贷款公司试点办法中强调小额贷款公司应该坚持"小额、分散"的原则，规定小额贷款公司的 70% 资金应发放给贷款余额不超过 50 万元的小额借款人，其余 30% 资金的单户贷款余额不得超过资本金的 5%。但是实际操作中，由于利润最大化的驱动，小额贷款公司对个体农户发放贷款意愿不强，而往往通过拆分等形式进行放款，导致贷款的集中度较高，小额贷款公司存在潜在风险。在 2012 年的山东省分类评级中，大多数评级较低的小额贷款公司普遍存在的一个问题就是未能有效的坚持小额发放、分散配置的原则。

---

① 威高银泰小额贷款公司员工只有 6 名，6 名员工均无高等教育学历，公司录用员工时要求员工具有 3 年以上工作经验，没有学历要求。这样，从眼前考虑，公司不需培训成本。但我们可以发现，银泰小额贷款公司缺乏新鲜血液，员工缺乏积极性，没有进取心，不能对公司前景进行合理规划，也不能有效控制经营风险，并且公司自成立至今从未对员工进行培训。从长远考虑，公司软件的落后必将制约公司走向成熟。

第九章　中国农村金融供给体系的完善及供给模式创新

第一节　构建与完善农村金融供给体系的原则

根据前面章节的分析可以发现，被压抑的农村金融以及由此导致的农村金融资源的持续外流正是中国长期以来农村金融供给不足的重要机制。因此，要打破这种位于结构性障碍和体制性束缚中的二元金融结构，首先需要"破题"农村金融、恢复和重建资本支持在农村经济发展中的纽带和导向作用。对此，谢平等（2005）认为，农村金融的全面改革已经到了刻不容缓的重要时刻："如果说传统的农村金融体系曾经支持了中国农村经济的发展，那么这种透支式的金融支持方式已经很难再持续下去了。农村金融改革的滞后不仅不能继续支持农村经济的发展，其低效率还可能会成为农村经济发展的障碍。因此，全面改革现有的农村金融体系已经刻不容缓。"

圣保罗（1992）认为，金融发展与经济增长之间存在着多重均衡关系。这一命题对于当前的"三农"困境而言，其核心要义在于：如何通过农村金融的发展和重构来引导经济走向更高水平的均衡增长，从而超越"发展陷阱"的桎梏。作为同一问题的另一个侧面，农村金融支持的重要性还在于：当农村经济的发展长期得不到相应的金融支持时，经济甚至存在滑入更低水平陷阱的危险。在研究"三农"问题中的金融支持及相应的改革方案时，深入细致地研究改革的初始条件是非常重要的。农村发展经济学家罗泽尔（2006）也指出："改革所产生的效果在不同国家并不一致，它主要依赖于改革的初始条件。"这就意味着，研究中国的农村金融问题需要立足中国的实际，而不是依赖单纯理论模型的简单推演或者国际经验的简单移植。这也是我们在本书中的一个基本立足点，即特别强调基于中国农户、农业和农村的现实来分析和思考相关问题。

虽然有学者已经指出，实现二元经济的转型是解决"三农"问题的关键（林毅夫，2004），但对问题研究并不能止步于此。虽然二元经济结构对当前的农村金融发展造成了极大负面影响，但二元经济内部还存在一个动态演变的特征。例如，传统的农村金融市场分析是建立在城乡分割的二元经济基础之上的——此时二元经济被分成为内部同质的两个部门（农村部门与城市部门），并假定农村仅限于单纯的农业生产、而城市则限于非农产业（费拉尼斯，2001）。然而，如果试图对中国农村金融全景进行概要描述的话，那么透过中国总体经济的二元性我们还能看到，在某些发达地区的农村中存在着大量的工业，而这些工业的技术和组织形式与城市部门有着较大的差异。这意味着，部分学者所提出的"双重二元"图景可能更适合作为农村金融研究的基本宏观背景。一是城市部门与农村部门之间的二元性；二是农村内部的农业与农村工业部门的二元性。如果联系到中国改革开放后经济发展的实际过程，则有一点是显而易见的，即当前的某些已经存在大量工业部门的农村，在转型之前同样从事的是传统的农业生产。换言之，如果以一个连续的视角来看待中国农村的发展和转型，传统农区逐渐朝着"新型农村"（以农业部门的工业化或者现代农业生产为代表）演变的动态机制确实是存在的。此外，深入剖析二元经济内部的动态演变机制和规律有助于以发展的视角来审视当前的农村地区差距问题。关于以动态连续视角看待中国农村经济的发展以及深入解读中国农村金融发展的很多现实问题，不仅需要在宏观分析上形成基于动态的连续和全面的视角，还需要对不同层面的特殊性进行细致考察。正如世界银行（2002）所指出的，农村地区表现出的贫困并不是同质的，特定的政策、方法在不同的社会和经济条件下的效果是不一样的。对于中国而言，农村金融问题的复杂性不仅存于区域和产业结构失衡的经济纽结中，还存在于政治和经济体制长期约束所造成的路径依赖中，甚至渗透于深受历史文化传统影响的某些特殊的经济行为中。这些彼此交结的现实因素不仅是中国农村金融问题的复杂性的根源，更是正确研究中国农村金融现状和未来发展的基点和初始条件。

一、综合农村金融服务的原则

金融功能是决定金融体系模式变迁的根本原因，经济制度、经济发展水平、法律、政治在金融体系演进中将发挥重要作用。构建现代农村金融服务体系的重要目标之一是如何能够有效增加金融供给以填补农村金融供给的真空地带。农村金融供给服务体系构建与完善主要体现在两方面：第一，资本的可获得性，即如何增加促进"三农"发展所需的资本以解决制约"三农"发展资本不足的问题，为涉农经济组织和农户发展生产提供资金上的支持，特别是为农村弱势群体的发展和生存创造金融支持；第二，风险的保障性，即如何解决"三农"发展面临的高风险以及农业的脆弱性特点，增强农村金融及"三农"的可持续发展能力问题。所以，新型中国特色农村金融服务应体现两个显著特点是以普惠制的服务和综合性金融服务为导向。随着时间推移和区域的变化，只有农村金融机构不断创新和竞争才能促使金融体系具有更强的功能和更高的效率，根据农村特定环境设置或改革农村金融组织及金融体系。

金融体系的基本功能是为了在一个不确定的环境中实现在不同地区或国家之间以及在不同时间的优化配置和使用经济资源。具体地说，可以将金融体系的功能分为以下六种：（1）聚集和分配资源的功能，即金融体系具有的为企业或家庭聚集或筹集资金，为企业或家庭的资源重新进行有效分配的功能。积聚或筹集资金可以有两种方式，一是通过完善的金融市场直接筹集；二是通过金融中介间接筹集。（2）清算和支付结算的功能，即金融体系提供了完成商品、服务和资产交易的清算和支付结算的方法。不同的金融工具在功能上可以互相替代，但是运作它们的金融机构可以是不同的。（3）在不同时间和不同空间之间转移资源的功能，默顿与博迪特别强调了证券化在这方面的作用，资产证券化的发展趋势有效地解决金融活动中信息不对称的问题。（4）管理风险功能，金融体系既可以提供风险管理和配置的方法，又是管理和配置风险的核心。因此，风险管理和配置功能和作用能使金融交易的融资和风险负担得以分离，从而让企业与家庭得以选择他们愿意承担的风险与规避他们不愿承担的风险。（5）提供信息的功能，必要的信息是协调各经济部门分散决策的重要条件，金融体系则是一个重要的信息来源渠道。一般来讲，金融市场上的金融工具和金融品种越丰富及多样化，市场参与者能够从金融资产价格中获取的信息就越多，信息越丰富就越有利于资源配置的决策。（6）解决激励问题的功能，这里的激励问题主要是指企业的代理人问题，激励问题的存在会增加社会成本，而通过金融创新可以有效地缓解激励问题。金融体系的这六种功能并不是彼此独立的，实际上，任何一家金融机构所从事的金融业务都可能是在行使这六种功能中的一种、两种或者更多种功能。从金融功能观理论可以得出的结论是：一个良好运作、功能健全的金融体系是现代经济发展的必要条件。混合型农村金融体系模式是适合我国农村当前国情的最优选择，根据当前我国的农村经济发展水平、融资结构状况、信用环境、资本市场状况等，构建与完善混合型农村金融体系模式是未来金融体系的发展方向。构建与完善我国农村金融供给体系必须打破条款分割的传统落后观念，以金融综合经营理念推进农村金融改革，这既能够满足农村资本需求与风险保障等综合金融需求的内在要求，也是建立健全具有可持续发展能力的农村金融供给体系的重要保障。

农村经济具有自然依赖性高、先天弱质性等特点，这是阻碍农村资本供给的主要客观因素。实践证明，政策性金融支持、政策担保与保险机制是解决这一问题的有效方法和工具。加强财税政策与农村金融政策的有效衔接有助于引导更多信贷资金投向"三农"以切实解决农村金融服务短缺问题，如拓展农业发展银行支农领域、加大政策性金融对农村改革发展重点领域和薄弱环节支持力度、大力开展农业开发和农村基础设施建设中长期政策性信贷业务等。在美国、法国、德国等欧美发达国家，农村金融起步本身就具有一定的综合性，如农业保险一开始就在农村金融发展过程中发挥着重要作用。在农村金融发展过程中除了有大量的、相对独立的合作制保险组织提供农业保险外（如法国安盟保险的起源），信贷主体自身也提供农业保险服务。孟加拉国格莱珉银行起步最初也提供农村保险服务，在扩展后的第二代格莱民银行经营模式中，逐步取消小组成员担保制度，但是推出了更具吸引力的保险产品，这既提高了贫困群体的可持续发展能力，也进一步提高了农业信贷的还款率。

二、农村金融政策区域差异化和普惠制相结合

中国不同的农村地区在经济发展水平、社会习惯特点、金融服务需求、金融环境和金融基础等方面存在较大差异。因此，政府在农村金融政策实施和农村金融支持方面要充分体现区域差异。根据不同农村地区的经济发展水平、社会习惯特点、金融需求、金融环境和金融基础等尝试和实施不同的金融供给模式，即根据农村地区的综合情况选择适合当地实际的金融供给模式和金融制度安排，大致模式包括市场主导型金融供给模式、政府主导型金融供给模式、市场与政府相结合的混合型农村金融供给模式。另外，在农村金融组织体系、金融产品设计等方面均要具有差异化安排。

基于普惠制原则构建中国特色农村金融供给体系。目前，在中国农村金融供给总量不足的状况下，金融供求发生了严重错位，即农村金融市场的主要需求是农民需求，即农民的生活、生产、发展需求；农村工业企业

的金融需求是次要需求。针对次要需求的供给远远大于主要需求，大多数农户和创业型的农村工商企业却被现有金融体系抛弃。农户资金金融需求的主要特征是数额小、抵押不足，同时具有很强的季节性和时效性，因此需要相关手续简便灵活。这是中国建设农村金融供给体系所必须面对的环境约束条件，只有适应这一客观条件才有可能增加对"'三农'发展"的资金支持，解决广大农民脱贫和农民增收问题，充分发挥农村金融对农村经济的促进作用。因此，创建普惠制的农村金融体系是矫正现有农村金融供给体系供求错位的必然选择。

普惠制金融体系的核心是不同区域、不同收入阶层的公民都有公平的享有金融服务的机会，特别是贫穷地区、具有强烈脱贫意愿的低收入阶层和弱势群体的金融服务都能得到有效满足。人民银行研究局在国内率先提出了普惠制金融的概念（焦瑾璞，2005），并构建了普惠制金融理论的框架，即能以商业可持续的方式为包括弱势经济群体在内的全体社会成员提供全功能的金融服务。普惠制金融包括三个方面的内容：第一，以价格相对合理的产品为中小企业、微型企业、农户等低收入群体对象提供金融服务；第二，为客户提供存款、贷款、保险、汇款、养老金、理财等全方位的金融服务；第三，强调放松金融管制，允许社会各种性质的资本在贫困地区设立为中低收入经济群体服务的多种类型的金融机构，使普惠制金融体系包括专门的小额信贷机构、银行金融机构等各类金融机构。各个机构坚持商业性经营原则，且整个体系具有可持续发展的制度基础。

综合上述分析可发现，普惠制的金融供给体系正好针对中国当前农村金融供给体系的弊病：偏好强势群体、国家强力干预与严格控制、信贷配给、利率管制、低效率、资产质量恶化、抽血效应严重等，其所倡导的经营理念与中国现阶段农村发展阶段相符，与农村居民的金融需求相符，代表了中国特色新型农村金融供给体系的发展方向。作为普惠制金融理念的倡导者和实践者，孟加拉国格莱珉银行的开发性扶贫模式已经在包括美国在内的100多个国家推广，数百万个家庭得以脱离贫困，其成功经验为中国建立普惠制金融体系提供了实践基础。

三、多层次和动态原则

（一）多层次的农村金融供给体系

完善中国农村金融供给体系的政策环境还处于探索阶段，农村政策拟定部门在"监管者"和"经营者"的身份仍存在部分错位现象，国家干预色彩仍较浓重。中国未来的农村金融供给体系应朝着"印巴模式"演变，这就必然导致鼓励新型农村金融机构发展的政策会在利益博弈中被再次扭曲。农村金融需求的多层次决定一个功能健全的农村金融供给体系也应是多层次的，各类不同的金融机构应在彼此竞争合作中寻找市场定位与发展方向。因此，农村金融改革要取得更大突破，必须坚持市场化的改革方向，构建新型农村金融供给体系的政策体系。坚持从改革和发展两个角度统筹考虑农村金融供给。当前农村金融改革发展要从存量改革和政府主导向"存量搞活、政府引导、资本主导"的模式转变。增加农村金融供给，一方面要从改革的角度出发，理顺存量，通过政策引导注重发挥农业银行、邮储银行、农村商业银行以及信用社等现有正规金融机构的主力军作用，解决农村地区工业化和城市化发展需要的资本支持。大型商业银行在服务"三农"的过程中责无旁贷，但存在着信息不对称等劣势，这就需要其在组织体制和经营机制上进行创新①。另一方面，要从发展的角度出发，积极培育新型金融主体并引导各类民间金融依法合规运营，激发各类资本参与农村金融服务的积极性，以有效扩大针对农村弱势体的金融供给，增加农村地区的经济活力。

进一步放宽农村金融市场准入门槛、增加农村微型金融供给。中国农村经济主要是以家庭为单位的小农商品经济，这就决定了农村金融需求具有分散性强、单笔额度小、机动性大的特点。而国内大型商业银行和正规金融机构又缺乏针对农村金融需求提供服务的兴趣和有效模式，这种局面不适应农村经济发展的需要，发展农村微型金融、创新金融服务模式和产品类型已成为当务之急。

适度调整和放宽农村地区银行业金融机构准入政策，降低准入门槛并加大政策支持，促进农村地区形成投资多元、种类多样、覆盖全面、治理灵活、服务高效的农村银行金融服务体系，以更好地改进和加强农村金融服务来支持社会主义新农村建设。我们应开放农村金融市场，在农村地区积极推广各类创新型农村金融组织形式，促进整个农村金融市场的健康发展，有效地促进农村经济发展。营造一个完善的农村金融环境，不仅仅对于改善农村金融领域信贷资金的大量外流、农村经济主体融资困难、推动农村产业结构升级和贫困农民增加收入等产生深远的影响。更重要的是，在这些政策的推动下农村金融市场将出现多元投资主体并存、多种形式金融组织良性竞争的局面，有利于有效动员农民储蓄和民间资金，有序引导

---

① 王曙光：《大型商业银行在构建多层次农村金融体系中的作用和创新机制》，载《中国农村金融》2011 年第 7 期。

农村闲散资金流向农村生产领域，对民间信用的合法化和规范化有着非常重要的意义。

银监会在 2006 年发布《关于调整放宽农村地区银行业金融机构准入政策更好支持社会主义新农村建设的若干意见》，2007 年发布《关于银行业金融机构大力发展农村小额贷款业务的指导意见》，进一步开放农村小额贷款金融市场，形成多种资本成分共同参与竞争有序的农村金融市场。完善小额贷款市场的准入制度并允许运行良好的地方政府小额贷款机构同正规金融机构合作，合作建立村镇银行等正规性的商业化小额贷款机构；确立非政府组织小额贷款机构的合法地位，允许符合条件的非政府组织小额贷款机构转化成为商业化小额贷款机构，并允许其合法地参与农村小额贷款扶贫。待到时机成熟时，再鼓励该类小额贷款机构朝着村镇银行方向发展，允许它们汲取存款、经营商业银行的其他业务等，以扩大其扶贫的覆盖率实现财务上的可持续性；对于只贷不存的小额贷款公司，人民银行应降低设立门槛，在总结成功试点案例经验的基础上，允许其多渠道筹集资金（包括吸收存款），并考虑放松其经营的区域限制，实现跨县经营。

政府金融主管部门要改变以管制代替监管的金融监管和金融发展思路，尽可能消除资本的寻租空间，为农村金融发展创造良好的外部环境。监管部门应找准自身的职能定位，在加强监管维护农村金融稳定的同时，注重引导和保证市场机制在农村金融化发展中的发挥主导作用；对于不同类型的农村金融机构在政策上要区别对待，逐步放宽对银行类金融机构准入农村金融领域的门槛，取消贷款类机构的准入限制，鼓励各类金融机构在农村地区提供金融服务。

（二）基于动态一致理念改革农村金融供给体系

根据金融供给与金融需求关系通常可以总结以下两种发展模式：一种是需求追随模式，该模式强调随着经济发展，经济主体会产生对金融服务的需求。作为对这种金融需求的反应，金融体系不断发展、强调金融服务的需求方，正是经济主体对金融服务的需求才促进了金融机构与其相关的服务产生。另一种是供给引导型模式，这个观点强调的是金融服务的供给方供给在先，从而引导了经济与金融机构的发展。它强调金融机构金融资产与负债和相关金融服务的供给是先于需求的。在经济发展的初期总是供给引导型金融占主要地位，但随着经济发展各种金融需求不断被刺激出来，需求追随型的金融逐渐进入主流。任何一个金融体系的有效性取决于金融需求的有效满足程度，金融需求实现相关延伸资源的优化配置：一方面金融供给决定于金融需求；另一方面金融需求有赖于金融供给，推动并在其推动下产生更多需求。

在金融需求和金融供给的动态平衡中寻求农村金融体系的发展之道是我国农村金融体系构建的纲领性原则。在改革路径上，一直存在"渐进改革"与"休克疗法"两种路径的争论。前者起步容易但是深入推进具有一定难度，因为渐进改革本身就蕴含了阻碍改革的力量（强势利益集团的兴起）；而后者起步代价太大，经济社会能否如设想的一样在经历重大冲击后迅速走上均衡发展的路径，存在很大的变数。因此最理想的改革路径是在动态一致的路径上进行，依靠有利的社会和经济机遇果断破除渐进改革中形成的路径依赖。中国农村金融问题的复杂性不仅存在于区域和产业结构失衡的"经济纽结"中，还存在于政治和经济体制长期约束所造成的"路径依赖"中，甚至渗透于深受历史文化传统影响的某些特殊的经济行为中（陈雨露，2010）。

农村金融供给最优制度安排的动态一致性在本质上体现了农村金融制度变迁从量变到质变的过程。当社会经济条件变化之后，就必须启动新一轮农村金融改革。农村金融供给从某一均衡路径向更高均衡路径的跨越，是农村经济改革与发展由量变到质变的跳跃，这就需要激进的措施来打破农村金融体系固有的路径依赖，造成农村金融改革路径依赖的深层次原因是利益因素。一种制度形成以后，会逐渐形成既得利益集团，由于改革初期社会福利改进具有帕累托改进特征，因此这些利益集团的形成在某种程度上也是改革成功的标志，符合中国一贯倡导的效率原则和一部分先富起来的方针。既得利益集团或出于政治利益考虑，或出于自身经济利益需要，对现存路径有着强烈的依赖，他们力求巩固现有制度，阻碍选择新的制度变革和路径选择。我国农村金融渐进式改革的不彻底性必然会出现新的制度冲突，农村金融渐进改革策略的后期必然是制度建设的攻坚阶段，在市场经济已经发展到一定程度之后，应将农村经济增长迅速推向一条新的均衡轨迹，使广大农村地区居民能够分享社会发展成果，这是最优制度安排的动态一致的内在要求。

我国要沿着"新兴"和"转轨"两个主线改革和构建农村金融体系模式，农村金融供给体系建设与经济体制相一致，农村金融体制安排必须服从于国家整体发展战略，只有与经济体制改革的系列制度安排耦合才能实现金融体系改革的动态一致性与有效性。但是，这一金融体制改革是以农村金融压制和对农村利益掠夺为代价的，其自身也蕴含着否定这种安排的内在动力。我国鼓励并引导（并非强制和主导）农村地区发展符合信用合作原则的农村信用合作社曾作为农村金融供给的中介主体，极大地促进了农村经济的发展。由于农业的特殊地位，农村问题已影响到了整个社会的稳定和生存。由于农村经济制度和金融制度变迁，原有的农村信用社已经彻底失去了"合作制"的基础。为满足农村的金融需求，各地开始出现了大量的农村合作基金会并影响到了国家正规金融体系尤其是"信用合作社"的生存，农村金融供给体系演变成为以国家正规金融为主、民间金融为辅的状态，在形式上接近巴西和印度模式。与美国单一银行之下众多的以服务社区为主的中小商业银行不同，由于中国实行的是分支银行制度，主要金融资源被四家大银行和全国性股份制商业银行所控制，金融机构主要经营远离农村使农村本已匮乏的金融资源雪上加霜，农村金融供给功能极大削弱。构建新型农村金融供给体系，促进现代农村经济发展已成为政界和学界的共识。现代经济是市场经济，农村金融供给体系建设必须符合中国农村市场经济机制确立的要求。从全球经验看，有效率和持续发展能力的农村金融供给体系必然是多元化、市场化、综合性和民主性的，任何强有力的国家控制即使能够在短期获得一定成效，在长期必然难以为继（如巴西和印度）。为了促进农村金融改革走上动态一致的最优路径，就农村金融领域的改革而言，必须以综合金融的视野统筹考虑而逐步放弃国家主导的陈旧观念，充分调动包括农民和民间资本在内的一切资本的积极性。变政府主导为政府引导、变严格管制为有效监管、变国有控制为多元竞争，充分依靠市场机制，创造商业金融、合作金融、政策金融、国有资本以及民营资本充分竞争的政策环境，改变政府主导农村金融体系改革发展的单一模式，探索自上而下引导、自下而上主导的多元化发展道路，打破农村金融供给的沉寂局面，开辟各类主体生存发展的空间。

四、农村金融供给模式的区域多样化原则

中国农村经济的区域性发展程度千差万别，决定了农村金融供给很难简单复制某一国家的模式，而是需要借鉴各国农村金融发展的成功要素，汲取发展中国家的经验教训，总结中国 20 世纪以来农村金融建设的成败经验，建立一个多层次、多元化的农村金融中介体系。中国有自己独特的发展历程和发展阶段，具有发达的城市经济与完善的经济结构，从整体上看，已经成为一个世界性的经济大国和最大出口国，并已深度融入全球经济。当前，中国的城乡二元经济已经到了难以为继的地步，中国的经济发展模式已经到了被迫转型的紧要关头，而这一切都将以解决过大的城乡收入差距为前提，因此我们不可能像美国和欧洲那样依靠"草根力量"慢慢发展起完善的合作金融体系和区域性的商业金融体系。中国需要合理利用

政府的力量创造条件以充分调动国内资本，尽快建立起能够有效满足不同发展水平、不同区域的农村金融需求的新型农村金融供给体系。在发展路径上，应借鉴日本和孟加拉国的经验，避免重蹈印度和巴西的覆辙，通过改造和实现农村信用社转型、新设小额信贷和村镇银行等微型金融机构、功能扩展（政策性金融机构和保险机构、信用担保机构）等方式，最终建立起类似美国的农村金融供给中介体系。

我国农村金融供给中介体系的改革及完善要考虑以下几个方面：在充分吸收合作金融优点的基础上，发展符合国际合作原则的真正意义上的农村合作金融，发挥合作金融在普惠制金融体系中的独特作用以有效满足农户等农村群体的融资需求；要建立起必要的政策性金融体系和农业补贴制度为农村基础设施和公共产品提供金融服务，弥补农村金融市场失灵；要充分发挥商业金融的作用，为农村第二、第三产业的大额融资提供服务；要大力发展新型、区域性、商业化金融机构，普及小额信贷业务的覆盖面。通过良好的机制设计，建立一种资本回流和金融可持续发展机制，以与合作金融形成有效互补；要充分发挥大型保险机构的比较优势，在提供保险保障服务的同时，直接开展信贷资本支持服务。

五、防范及控制农村金融风险的原则

（一）完善农村金融发展的法律体系

为保障农村金融供给、保证农村金融发展的可持续性，多数农业发达国家都注重通过立法，加强对金融机构的引导和优化金融发展环境。农村金融体制较为完备的国家都是通过国家制定相关的法律来规范、约束农村金融业的发展。同时，完善的农村金融法律和政策体系又促进了农村金融的发展，如美国的联邦农业贷款法案等。美国还把农业金融的运作融合到其他的相关法律体系中，从而使金融支持农业发展有法可依，如美国的农业信贷组织机构是分别根据《1916年联邦农业信贷法》等成立的。为此，我国应吸收借鉴国外金融相关经验，积极推进金融支持农业发展法律保障制度建设。

目前，中国农村金融的立法非常稀缺和滞后，这不仅不利于农村金融机构的成长和规范发展，也不利于监管部门进行风险控制和有效的监管。这种立法欠缺主要体现在以下几个方面：第一，没有合作金融立法，使现有信用社在"合作金融"和"商业金融"之间摇摆不定，使新型合作金融组织缺乏成长的法律保障；第二，缺乏专门的农业政策性金融立法，商业银行和合作金融机构承担了大量的政策性业务，影响了资产质量和发展的可持续性；第三，对民间金融以及小额信贷组织缺乏系统性的立法，导致这类机构发展无法可依，存在较大的风险隐患。

构建新型农村金融供给体系必须在立法方面对农村各类金融机构有完善而规范的法律支持与法律约束，使其发展有一个稳定的预期和良好的法律环境。2010 年中央提出要求搞好信用环境建设，目前要尽快制定《合作社法》以及《农村信用合作法》，取代现行的《农民专业合作社法》，使合作组织遍及生产、消费、流通、住房、医疗、金融等所有领域，促进合作金融的快速发展；应该尽早制定农业政策性金融法，以严格界定中国农业发展银行的功能和业务结构，把政策性金融业务与商业性金融业务严格分离，不再使农业银行和农村信用合作社承担政策性业务，使其能够按照比较优势和商业化原则寻求在农村金融供给体系中的发展定位；要完善统一的规范民间金融发展和小额信贷的法律法规，引导各类民间金融规范运作，并逐步走向规模运作，为农村金融供给提供有益的补充；要修改现有的法律法规关于严格分业经营的规定，允许金融机构在农村地区开展综合经营，为农村居民提供一站式、综合性金融服务。此外，应通过立法加强对金融债权的保护，减少基层政府对农村金融活动的行政干预。

（二）完善农村信用环境和农户信用体系建设

建立和完善农户基本信用系统。农村金融供给系统是农村社会经济系统的一个重要组成部分，不可能脱离农村环境独立发展。因此，优化农村金融环境是建设新型农村金融供给体系的一项重要内容。良好的信用环境有利于缓解农村信贷市场的信息不对称，有利于降低农村金融市场的交易成本、促进交易顺利进行，并提高金融的运行效率；良好的社会信用有利于增加农村金融机构对农村金融市场的供给和促进农村经济发展；健全的信用体系有利于完善的农村金融体系的建立及其金融功能的充分发挥。因此，良好的农村信用环境是农村金融和农村经济健康发展的重要保证。

目前中国人民银行已组织建成全国统一的企业和个人信用信息基础数据库，为全国 1300 多万户企业和近 6 亿自然人建立了信用档案，信息服务覆盖全国银行类金融机构各级信贷营业网点。为配合、推动农户小额信用贷款业务的开展，中国人民银行还组织开展了信用户、信用村、信用乡（镇）创建与评定工作；今后要进一步推动建立电子化的农户信用档案和信用评价系统，加强征信知识宣传与教育、规范农户信用指标体系，扩大对农户家庭成员、财产、经营、收入等定量信息的采集，逐步探索建立一套符合当地实际情况的便捷、有效的农户信用评价方式方法，为建立健全农村地区"守信激励、失信惩戒"机制、改善农村金融基础服务做好基础性工作。截至 2011 年年底，全国已建立农户信用档案 9000 多万户，评定信用农户约 8000 多万户，金融机构对已建立信用档案的 5900 多万农户累计发放贷款 12700 多亿元，贷款余额 7800 多亿元。

政府牵头建设农户基本信用体系。由中国人民银行或政府金融办成立农户征信部门，在基层政府协助下将农户的身份信息、家庭状况以及分散在金融组织、工商、税务等部门的信息集中统一到农户基本信用数据库中，实现全乡、全县最终实现全国农户基本信用数据库的共享。金融组织在符合规定的前提下，可以免费查询农户基本信用数据库的信息以便于了解农户的基本信用状况。

鼓励由市场产生商业性的农户征信公司向金融组织提供农户的特定信息。农户征信公司是从事农户信用调查、信用评价和信用咨询等业务的专业公司，它要调查核实农户的个人信誉、能力、经济实力和信用记录等信息，并加工处理这些信息，评价农户的信用等级，形成农户信用报告。金融组织向农户征信公司支付一定费用后便可获得融资需要的相关信息。通过国家农户征信系统免费查询的农户基本信用信息和农户征信公司付费获得的特定信息，金融组织有了比较完整的农户信息，与农户之间的信息不对称问题能得到充分缓解。

（三）加大财政对农村金融供给的支持力度

1. 通过财政支出弥补农村商业金融的风险补偿

目前中国农村社会正处于转型期，农户和农业在剧烈的社会变迁过程中面临着更大的风险以及不确定性，对未来的预期更加不确定。农村的社会保障体系不健全、农村合作医疗体系不完善。这些问题的存在势必导致农户的生产性投资意愿减弱，现实中，农户的很多贷款是用于治病救人和子女上学的。金融财政化现象严重，如果农村信贷资金被大量用于非营利性的支出，如疾病、教育等，那么贷款质量低也就无法避免，因此信贷的用途应与还债能力紧密结合。从中国财政支农的实际情况来看，虽然中国农业人口占全国人口的绝大多数，但国家的财政资金投入却长期地采取了对城镇和工业倾斜的政策。国家对农业的投入比重偏低，与农民对国家的贡献比例失调。在公共财政未发挥应有作用的情况下，将商业金融机构作为支农的工具，不仅效率低下，而且道德风险问题严重。

支持"三农"很重要，但商业性金融机构不能也不应该代替财政职能，因为，金融机构如果承担过多的财政职能，将扭曲其经营行为和激励机制，不但无法完成支持"三农"的任务，而且会造成资源的大量浪费和损失；农村金融机构不但不能达到金融支农的政策目的，反而会成为农村资金外流的渠道①。因此政府需要推进农村公共财政改革，通过农村公共财政直接投资以改善农村的投资环境，提高农村的技术水平和对一些经济行为给予补助，对农村地区给予更多的教育投资，完善农村社会保障体系等公共产品，以有利于农村地区金融体系的可持续发展。

由于农民处于弱势、农业生产的特殊性、农业收入的不确定性、农业投资的长期性和低收益性以及生产的分散性等特点，导致了农村金融的交易成本、资金的使用成本都比较高，金融风险也比较大。在缺乏成熟的风险分摊机制条件下，正规的商业性金融机构一般不愿意涉足农村金融市场。政府要改变财政转移支付手段，建立和健全财政对农村政策性金融持续投入机制和补偿机制。要通过税收优惠、利差补贴、提供低息和无息贷款资金、提供担保等各种方式直接对农村金融进行补贴，通过对农村金融的扶植改善农村金融的融资环境。中国要借鉴国外的经验，对农村金融机构实行财税优惠政策，为鼓励农村金融机构对"三农"发放贷款，国家对其农业贷款占其贷款总额的一定比例以上的，可以在税收方面享受优惠待遇；对涉农贷款利差提供相应利率补贴。只有对商业性银行"三农"贷款采取税收优惠、利差补贴的办法，才能确保商业性银行增加"三农"贷款的积极性，才能有效地引导各类金融机构到农村开拓金融服务业务；通过用财政资金给商业性银行的支农贷款适当提供利息补贴。充分发挥财政对农村金融的强大支持作用。改善融资环境以切实增强农村金融抵抗风险的能力和信用创造功能，充分发挥其对农村经济的亲和力和推动力，以及对经济资源的组织和调节能力。同时，要把扶持农业经济发展的补贴和保护政策更多地由农村金融通过降低利率、改善贷款条件、增加信贷额度、扩大贷款范围等措施，以市场的方式间接地扶持和补贴需要扶持的农村经济主体。要更好地把农村经济主体对国家政策的被动依赖转变为市场主体能够清醒地判断和把握市场规律，自主做出经济决策并主动进行投资选择，达到有效促进农村经济发展的目的。改善支农再贷款的管理，严格遵循"专项管理、封闭运行"的原则，让农民真正享受优惠利率带来的好处与实惠②。

2. 完善对农村和农业的补贴制度

对农业的直接投入和补贴是农村金融赖以生存和发展的基础。主要农

---

① 谢平、徐忠：《公共财政、金融支农与农村金融改革——基于贵州省及其样本县的调查分析》，载《经济研究》2006 年第 4 期，第 106 ~ 114 页。

② 王银枝：《我国农村金融生态环境问题探讨》，载《金融理论与实践》2007 年第 2 期，第 56 ~ 58 页。

业发达国家为增强农业发展的经济基础普遍对农业实行补贴政策，一方面实行低税或无税政策；另一方面大力增加对农业的投入和补贴，其中尤以直接补贴为主。美国在大危机后，制定了以保障农民收入为目标的财政支农政策，逐步形成了农产品价格保护、农产品出口补贴、农业贷款低息、农村社会保障、低收入补助等一套完整的财政政策。美国农民的收入30% ~ 60% 是来自财政补贴。据统计，欧美主要农业国家目前财政预算用于农业的开支，一般占财政总支出的 20% ~ 50%，其中欧盟、日本对农业的补贴占农业 GDP 的 50% 左右。由于农业产业高度依赖自然环境的特性并缺乏必要的外部支持，所以，农村金融不仅无法实现支农的目标，自身的生存和发展也难以得到保障。从国际经验看，政府对农业的直接补贴和低税政策可以有效提高农业和农民自身融资能力，是农村金融生存和发展的基础。为改变财政政策重工轻农、重城轻乡的局面，中国应借鉴国际成功经验，增加对农业的直接投入和补贴以提高农民收入并改善农业的融资能力，为构建农村金融良性循环机制奠定基础。第一，建立财政支农资金稳定增长的长效机制，改变中国长期以来对工业战略性倾斜造成的农业投入不足的现状，逐步提高直接支农资金占财政支出的比重，增加对农业的直接补贴，切实保证农业发展的资金需要。第二，提高支农资金的使用效率。由于中国农业规模大、农业人口多，国家财力相对有限，要改变间接补贴的低效甚至无效性，逐步向以直接补贴为主的资金运用方式转变。第三，优化财政支农资金的结构，调整资金使用方向，重点加强农业基础设施建设投入，大力支持农业科研和农村教育，提高农业的竞争力，加强"三农"发展的经济基础。第四，设立综合性的农村金融改革协调机构，改变行业割裂的政策倾向。在农村地区和经济不发达地区探索金融市场化改革，除了继续推行利率自由化政策外，还应积极探索金融综合经营。因此，应设立综合性的农村金融改革协调机构，新的机构可以依托现有的一行三会，但是有关增加农村金融供给改革的政策在出台前应进行充分沟通，改变当前信贷资金供给与风险保障服务各自为政的政策导向，统筹农村地区保险业务与银行业务的发展，改善农村地区的金融生态环境，增强农村金融服务的可持续发展能力。第五，充分挖掘大型保险企业的潜力以大金融理念增加农村金融供给。改变当前过于倚重大型银行开展农村（小额）信贷金融服务的政策导向，发挥大型保险机构在建设多层次、广覆盖、小额分散型的农村金融体系建设中的比较优势。充分利用大型保险机构遍布城乡村镇的机构网点与营销网络优势、营业成本优势，充分开发保险的融资功能与分散型金融信贷服务的业务互补优势，开展小额分散型综合金融业务试点，或可成为中国建设具备可持续发展能力的农村金融体系的一个有益探索。

第二节　中国农村金融供给体系的进一步完善

一、构建新型农村金融供给体系

当前商业性金融的高门槛导致单一的商业性金融经营模式无法有效地满足农村地区对金融的需求。因此，将合作性和政策性金融机构与商业性金融机构相结合并发挥好各自的优势是解决农村融资问题的最佳选择。我国农村金融组织体系上是合作性金融机构、政策性金融机构及商业性金融机构并存的模式。多种金融机构形成了一个分工协作互相配合的农村金融体系能够较好地满足农业和农村发展的资金需求。

（一）调整优化农村政策性金融机构职能

金融抑制理论以及农村信贷补贴理论为政策性金融的设立提供了理论依据。金融抑制理论以及农村信贷补贴理论都认为农民缺乏储蓄能力但存在金融需求，同时农业的特殊性又使得商业金融机构不愿涉足。因此，政府应该介入农村金融体系、设立政策性金融机构来满足相应的农村金融需求，从而促进农村的金融发展。要强化农业发展银行的政策性金融功能，调整农业发展银行的业务范围，统一管理农村政策性业务，可使其承担农村信贷担保业务，为农户和农村产业借贷提供担保；探索其承担政策性农业保险的方式，扩展农村金融的混业化经营，降低改革的制度成本；使政策性金融成为农村金融供给体系的必要补充。

政策性金融机构的发展应倾向于中西部等地区以及发展较为落后的地区。因为农村信贷补贴理论的前提是农村居民特别是贫困阶层没有储蓄能力。农村面临的是资金不足问题，而且由于农业的产业特性，它也不可能成为以盈利为目标的商业银行的客户对象。农业发展银行的业务主要集中在粮食收购贷款，但是随着粮产品流通体制的发展和市场化的必然趋势，农业发展银行收购贷款封闭运行的内涵以及收购资金封闭供应与管理方式将发生相应变化，农业发展银行的业务范围将进一步缩减。鉴于此种局面，农业发展银行如果坚持其协调政策实施的职能，就应该更多地倾向于农村金融体系相对落后的农村地区作为农村金融机构的给予支持，突出其政策性金融机构的主导作用以引导更多的资金投向农业产业；尝试进一步扩大农业发展银行的资金来源，探索农业发展银行再寻求合作伙伴建立农村基金、农业基金等。

拓宽农业发展银行的职能和业务范围和充分发挥农业政策性金融机构代行政府职能的作用。第一，要明确农业发展银行定位，农业发展银行应定位在"以支持农业增产、农民增收、农业发展为己任，保证国民经济持续、稳定运行"；第二，要进行融资渠道和融资方式的创新，逐步减少对中央银行和财政的依赖，增加直接融资占比，逐步拓宽融资渠道、增加农业发展银行资金来源；第三，要坚持"保本"经营的底线目标，要建立和完善贷款的风险管理机制，如严格审查贷款项目、确保在实现政策调控目标的同时也保证自身资金的安全性；第四，要从单纯的"粮食银行"转变为支持农业开发、农村基础设施建设、农业结构调整、农产品进出口的综合型政策性银行；第五，要允许农业发展银行开展信贷以外的咨询、项目融资、企业并购、债务重组、承销债券和风险投资等多样化金融业务，以增强其市场应变能力，实现合理的盈利水平，保证其持续性发展。

（二）对商业性农村金融供给主体进行合理定位

中国当前的农村金融体系出现了较为显著的功能异化，不但难以发挥支持"三农"发展的作用，而且还恶化了农村金融资金供给不足的现状。据《人民日报》2012年年初对湖北省农村金融服务调查实地估算，农村存款仅1/3用于"三农"①。因此，中国农村金融改革需要参照国有企业"体制外"改革思路，对农村金融发展实行新老划断，在现有以农村信用社为主导的供给体系外，加快培育多元化的新型农村金融供给主体，构建起以新型农村金融机构为主的多层次、多主体、综合化的新型农村金融供给中介体系。

1. 在立足农村金融需求的基础上定位农村金融机构

当前中国的农户并非超脱于经济理性、束缚于传统和文化的经济个体，其面临种种困境和当前农村金融制度的无力，主要是源于传统农业生产、缓慢的资本积累和现代金融机制的某些非同步性。中国农户的金融需求究竟是否"有效"？如果单纯从当前正规金融机构所使用的通用信贷技术来看，以传统农区为代表有金融需求的大量普通农户（尤其是贫困农户），往往会因为无法满足金融机构的抵押担保条件而被拒之门外。然而，问题的关键在于，不能简单地将"无抵押和无担保"等同于没有信用

---

① 《湖北农村金融服务调查：他们为何不愿给农民贷款》，人民网，www. finance. people. com. cn/GB/17025938. html. 2012 – 02 – 6。

（能力）。实际上，通过对低端农贷市场的问卷调研表明，大量潜在的农户信贷需求不仅是真实的，而且是有效的，这意味着当前关于"大量农户的信贷需求是无效需求"的判断忽略了很大一部分潜在的农户信贷有效需求。目前，我国县域产业结构正在发生深刻的变化，县域经济在国民经济中的重要性不断提高。农村金融机构加快业务经营战略转型进一步强化为"三农"服务的市场定位和责任，充分利用在县域的资金、网络和专业等方面的优势，加大产品和服务创新力度，力争成为县域优质金融服务的提供者和新型金融产品的设计者和推广者，更好地为"三农"和县域经济服务。农村金融机构要做大做强县域业务，充分发挥县域商业金融的主渠道作用，围绕"三农"发展产业化、城镇化、工业化趋势，按照突出重点、分类指导的原则创新产品和服务方式，完善信贷政策和制度并强化基础管理，推进农业信贷业务健康快速发展。

2. 发展农村新型合作金融组织增加农村金融多层次供给

中国农村经济发展具有非常明显的地域性、差异性和多层次性，农村金融需求主体对金融服务的需求也表现出较强的多样性。不同地区以满足农村金融需求为己任的农村金融组织也就应该具有不同的功能。因此，从功能视角出发，要有利于"三农"，农村金融组织就应该多样化①。根据中国农村经济和金融的特点以及现有农村金融结构存在的问题，优化农村金融组织结构的路径在于金融机构的多样化。而实现农村金融机构多样化的途径在于开放农村金融市场，建立多种金融机构并存、功能互补、协调运转的机制，打破和消除垄断格局，真正形成基于竞争的农村金融业组织结构。多种金融机构并存才能促进市场竞争和提高金融市场效率，才能更好地满足多样化的农村金融需求。因此，发展农村微型金融、创新金融服务模式和产品类型已经成为当务之急。

与农村企业和农户分散、小型的特征相适应，农村微型金融机构将在农村发挥重要的作用。发展农村微型金融、创新金融服务模式主要从以下几个方面入手：第一，开放农村金融市场，降低微型金融的进入门槛与适度调整和放宽农村地区银行业金融机构准入政策，降低准入门槛与强化监管约束，加大政策支持以促进农村地区形成投资多元、类型多样、覆盖全面、治理灵活、服务高效的银行业金融服务体系，更好地改进和加强农村金融服务功能。第二，开放农村金融市场、营造完善的农村金融环境有利

---

① 何广文：《中国农村金融转型与金融机构多元化》，载《中国农村观察》2004 年第 2 期，第 12～20 页。

于遏制农村金融资金的大量外流，还有利于形成多种形式金融组织良性竞争的局面、有利于有效动员农民储蓄和民间资金、有利于有序地引导农村闲散资金流向农村生产领域，对民间信用的合法化和规范化有着非常重要的意义。银监会应该在 2006 年、2007 年降低新型农村金融设立门槛并总结成功试点案例经验的基础上，允许其多渠道筹集资金，经营包括吸收存款在内的业务，并考虑放松其经营的区域限制，以实现跨县域经营；实行有差别的监管政策。

（三）规范农村民间金融以发挥其农村金融供给的补充作用

通过监管和立法完善农村民间金融组织体系以实现农村民间借贷行为的合法化和规范化。农村民间金融组织处于欠发育、不发达状态，农民从民间金融组织中借款的比重非常低，这种状况与民间金融秩序较为混乱有关。首先要充分肯定农村民间金融的作用，确立农村民间金融的合法地位。《中共中央国务院关于 2009 年促进农业稳定发展农民持续征收的若干意见》中指出，要"加快发展多种形式新型农村金融组织和以服务农民为主的地区性中小银行"，其中最亟待发展的就是民间金融组织。国家要对农村民间金融的合法地位和功能给予明确的界定，积极稳步地发展各种农村民间金融组织。对农村民间金融要加强监管，保证其运行规范化。尽管目前民间金融组织在广大的农村地区还不普及，但是伴随着农业经济的发展和农村民间金融从业门槛的降低，农村民间金融组织必然会逐步发展和繁荣起来。农村民间金融组织的建立既要发挥其利率市场化的优势，弥补银行导向利率的不足，又要杜绝高利贷的出现和防范违法犯罪现象。国家要引导农村民间金融组织依法办事、诚信经营、树立风险意识。逐步建立关于民间金融监测系统，对农村民间借贷的资金来源、资金投向、利率变动情况等进行定期监测，特别对利率水平、违约纠纷等问题重点关注，及时做出风险预警和提示。

二、构建农村担保和保险为主的金融风险分散防范体系

（一）建立专业的涉农信用担保体系

通过担保可以建立信号传递机制解决农村金融市场的信息不对称，特别是农村金融市场的逆向选择问题。政府应当建立以政策性担保为主的专业涉农信用担保体系以解决农户和乡镇企业贷款担保难的问题。国外担保机构一般分为三类：中小企业贷款担保基金，该类主要靠财政注入资金和向社会发行债券，也可以吸引中小企业出资和社会捐资；以政府为主体，由地方财政、金融机构和企业共同出资组建的担保公司；由主管部门牵头

成立会员制的互助型担保机构。同时构建风险管理和补偿机制，分散支农贷款的风险。发展农业保险业务、提高农民应对风险市场的能力，可采取政府扶持、农民互助合作、多方投资入股、各金融机构联合以及政策性保险与商业性保险相结合等方式，建立多类型、多层次的农业、农村保险与再保险体系，使农业、农村和农民在遭受灾害后及时得到经济补偿，尽快恢复生产经营。

建立农村信用担保供给模式必须处理好以下问题。第一，合理定位担保体系的功能。从信用担保业的运行模式来看，主要有政策性担保、互助性担保和商业性担保三种模式。我国农户信用担保供给存在结构性制度缺陷，结构性缺陷主要表现互助性担保机构和商业性担保机构严重滞后。从政府的担保资金所占比重来看，我国的政府担保在整个体系中处于主导地位，其中政策性担保占有绝对的比重，政策性信用担保机构约占90%，而互助性担保机构和商业性担保机构只占有10%的份额。在日本、美国、德国等政府出资规模较大的国家，政府担保主要是起着引导、推动信用担保体系的发展和完善的作用，但政府担保贷款数额不会超过农户贷款总额的10%。我国担保体系整体功能不强，担保行业的内部结构应做较大的调整，实现功能互补。应改变以往以政府担保为核心的体系定位，着力发展商业担保机构。第二，完善农户信用担保机构的风险分散机制。我国现行的由担保公司承担全部担保责任的机制不利于发挥银行的风险识别作用。担保机构集中了过多的贷款风险，又缺乏风险分散机制，使得绝大多数担保机构尤其是商业担保机构都寻求反担保条款来分散风险，或是提高担保收费转移风险。担保机构过多的反担保要求不仅使得农户向担保机构提出担保申请增大了融资成本，也未能从根本上解决融资难的问题。完善的风险分散机制是保证信用担保供给必备条件之一。结合前面的分析可以证明：担保机构与银行共同承担担保风险有利于增强信用担保的供给能力。根据前述假设，设担保公司在项目失败时只承担 δ 份额的损失，则

$$\pi_g = pi\theta + (1-p)\{C - \delta(1+i)\}$$

通过计算可知：$p'_g > \dfrac{\delta(1+i) - C}{\delta(1+i) + \theta r - C}$，由于 $\delta < 1$，则 $p_g < p_g$。此时，

$\pi_b = p(1+i) + (1-\delta)(1+i)$，同时 $P'_b > 1 - \dfrac{i}{\delta(1+i)}$，当 $\delta > 1 - \dfrac{C}{1+i}$时，

$p_b < p_b$，银行对客户的选择将加强。由于 $C < 1$，所以 δ 有合理的取值区间。借鉴国外的经验，我国农户信用担保的风险分散机制可采取：与贷款银行之间按约定比例共同承担担保风险，共同承保还可降低因担保机构承

保比例高而产生的银行道德风险；运用不同的担保费率与承保比例组合的合约设计或反担保来分散风险；尝试建立全国性的再担保机构，目前我国缺乏全国性的信用保证保险（再担保）机构，担保机构的担保能力受到限制，所以应建立全国性的再担保机构作为最后担保人。第三，健全和完善农户担保机构的资金补偿机制。我国担保体系建设应由政府主导型向市场主导、政府引导型方向发展，政府的扶持方式也应转变为重点建立补偿机制。目前我国政策性农户信用担保的资金来源主要是各级地方政府的财政资金和资产划入，不仅金额少，而且缺乏资金补偿机制，农户信用担保机构服务能力严重不足。更为重要的是，我国农户信用担保体系中财政资金的投入多数是一次性注资，缺乏资本金补充机制，针对政策性担保机构资金实力不强。因此，政府要完善农户信用担保的资本金补充机制，如按财政收入增长的一定比例用于补充担保资金，也可将农户税收收入的一定比例专门用于担保机构的资金补偿，这相当于利用农户自身发展来推动其更大的发展；农户信用担保具有正的外部溢出，农户政策性担保只靠担保费收入是难以维持的，需要得到政府定期或不定期的补充资金。

只要补偿到位，商业担保机构可以在一定程度上承担政策性担保业务的功能。农户信用担保具有正的外部溢出，商业性担保机构只靠保费收入是难以维持的，需要得到政府定期或不定期的补充资金；对担保公司的承保贷款金额补偿率可分不同情形进行支付。如承保贷款金额为 L，政府拟定补偿率为 φ。如果贷款全损，则补偿金额为 $L\varphi$。如果贷款发生部分损失，但损失金额大于 $L\varphi$，则补偿金额也应为 $L\varphi$，如果损失金额小于 $L\varphi$，补偿金额以实际损失额为限。如果贷款正常还本付息，则仍应对担保机构进行补偿和奖励。只要补偿到位，商业担保机构完全可以承担政策性担保业务。

此外，积极探索中国农村融资和信贷担保抵押新途径。在农村地区，担保物应当满足以下两个条件①：第一，农村担保物必须是具有独立交换价值且法律允许转让的财产；第二，农村担保物必须是权属明晰且农村村民有权处分的财产。探索试行集体土地使用权的抵押融资方式，如允许农民将承包的土地使用权用作抵押物向金融机构融资，把土地使用权租赁和转让给其他投资者，或作为投资资产与其他投资者进行合作。引导和鼓励现有中小企业担保公司业务向农村延伸，加强与农村金融机构的合作为农

---

① 高圣平、刘萍：《农村金融制度中的信贷担保物：困境与出路》，载《金融研究》2009年第2期。

户和农村企业提供融资担保服务。

（二）强化农业保险在农村金融供给中的地位

农业保险是防范和化解农业生产中自然风险的重要手段，由于农业生产受自然条件、生态环境的影响较大，且生产周期长、季节性特征明显，从而风险较大。我国农业保险的萎缩既是农村金融抑制的一种表现，同时也加剧了农村金融的抑制状况。农村金融机构往往因面临巨大的风险而会脱离农业生产领域，对农业生产产生不利的影响。因此，建立农业保险体系可以降低金融机构的农业贷款风险，从而可以强化农村金融机构向农业领域贷款的动机。从金融业务性质看，农业保险与农村信贷本身就有很强的互补性，农业保险能够为农村生产经营活动提供风险保障，有助于农村经济的资本形成；农村信贷能够为资本形成提供直接支持，会进一步促进农村保险市场的发展。农村保险有助于形成金融业良性互动发展格局、保障型保险产品的推广。因此，能够有效化解农村信贷风险，有助于增加农村信贷供给能够增强金融资本盈利能力、提高农村金融可持续发展能力。农业保险与现有储蓄信贷机制对农村金融的"抽血效应"不同，保险机制具有资金逆流作用，一旦发生保险事故，所提供的经济补偿远远大于保险费用支出，在为农户提供风险保障、促进恢复生产的同时，实现了区域外资金的回流。正因为保险机制在农村金融中的独特作用，中国几乎所有有关"三农"的重要文件都明确提出要发展农村保险，在 2009 年 1 号文件中更是明确提出，"鼓励在农村发展互助合作保险和商业保险业务，探索建立农村信贷与农业保险相结合的银保互动机制"。但是，由相互独立的法人机构分开操作两类业务，潜在的风险不对等以及经济利益纠纷、较高的沟通成本，导致在现实操作上具有相当大难度，也无法发挥两类保险互补业务的协同效应，最终可能使国家、金融机构和农民失去获得帕累托改进的机会。发展农村保险还可以拓展农村信贷抵押物，通过涉农保险机构给农户提供一系列低资费、多方位的保险服务，不仅能给农户的人身、财产安全提供风险保障和而且能够提升农户的信用度。拓展信贷抵押物有利于降低农户贷款的成本，有效解决农户贷款难的问题。

农业生产的高风险性使得商业性农业保险具有准公共物品的性质，如果完全实施商业化经营模式，必然导致商业性农业保险的市场失灵。但由于农业保险技术复杂、监督成本高，若由政府完全提供，成本巨大而且效果未必理想。所以由政府主导的政策性农业保险制度将是一种更适合的方式，也就是将农业保险作为支持农业和保护农业发展的一项政策措施，运用政府和市场相结合的方式。政府决定农业保险供给的方向和数量并制定统一的制度框架，各种符合资格的组织机构在这个框架中可以经营农业保险和再保险，同时政府对规定的农业保险产品给予相应的财政支持和其他的政策支持。因此，在充分发挥分支机构众多的大型保险机构的比较优势的基础上，要不断健全政策性农业保险制度与存款保险制度。

　　政策性农村金融保险是现代农村金融制度的重要内容。由于受到农产品供求弹性因素的影响，农产品价格波动幅度特别大。按照经典的蛛网理论，一种产品的供求弹性越高，其价格波动越小；反之，产品供求弹性越低，其价格波动就越大。由于农产品的供求弹性较低，决定了农产品价格波动幅度特别大。农产品供求弹性低使得无论源于需求或者是供给任何一方的变化，都会导致农产品价格的大幅度波动。农业风险往往是带有系统性的风险，农民对保险产品的支付能力很弱，保险部门的保险产品的固定成本很高，较低的农民人均收入无力承担保险市场的高额成本，从而使得农村的商业性保险市场很难发展。这就决定了中国的农业保险应当是以政策性的农业保险为主。另外，建立农村存款保险制度有助于提高农村金融机构债权人的资金安全性、有助于社会资金回流农村金融领域。作为一种增强金融机构抗风险能力、保护存款人利益、强化金融监管的制度安排，存款保险制度的建立是中国农村经济发展的客观要求。通过专门的存款保险机构提供显性存款保险，使农村金融机构能够遵循市场化原则有序退出，最大限度地保证存款人特别是中小储户的利益，降低央行和中央财政所承担的责任与风险，保障社会稳定。因此，应当组建一家全国性的农村存款保险公司。考虑到纯私有性质的存款保险机构因财力有限可能会在维持公众信心方面存在缺陷，纯公有性质的存款保险机构则会存在管理效率不高等问题，并有削弱市场纪律的作用。可采取由国家财政、中央银行、农村金融机构共同出资组建农村存款保险机构[1]。

三、农村金融市场体系的培育和创新

　　（一）按照金融功能观定位农村金融市场体系

　　白钦先（2000）提出的金融资源论将金融资源划分为 3 个层次：基础性核心金融资源、实体性中间金融资源和整体功能性高层金融资源[2]。金融机构是作为金融功能的实际基础而存在的，金融功能是金融机构的延伸

---

　　① 赵家敏、黄英婷：《建立我国农村信用社存款保险制度的几点思考》，载《农村经济》2005 年第 2 期，第 60～62 页。
　　② 黄惠春：《我国农村金融市场改革路径选择》，载《经济体制改革》2012 年第 5 期。

和拓展。农村金融机构是农村金融市场功能实现的重要载体，农村金融功能能否实现取决于各类基础性和实体性农村金融资源相互作用的结果，但金融机构目标和金融功能目标不协调可能可导致预设的功能偏离。从实体农村金融机构建设向农村金融市场整体功能目标推进，需要完善的农村金融市场体系约束农村金融机构的信贷行为，以解决金融市场垄断条件下的二元目标冲突和政府失灵。金融机构目标和功能目标不一致还可能会造成农村金融市场功能具有内在不稳定性，而农村金融市场垄断更加剧了机构目标和功能目标的背离。我国农村金融改革应该遵循以农村金融主体的需求为导向来确立我国农村金融市场的功能，稳步推进农村金融市场开放以构建多层次竞争性的农村金融市场。提升我国农村金融市场功能的重要保证就是要因地制宜地制定区域性农村金融市场开放政策：农村经济发达的地区主要引入商业性和外资金融机构以提高县域金融产品和金融服务的质量；在经济欠发达的农村地区则要降低金融准入门槛，重点在于增加农村金融产品和金融服务的数量。

（二）完善农村金融市场赖以生存的基础设施

根据"三叉理论"：建立良好的政策环境是促进农村金融的发展支柱之一。农村金融基础设施既包括直接与金融交易相关联的法律规则、信息系统、制度体系和监管体系，也包括影响金融交易成本和便利性的通信网络和交通系统等。从大多数发展中国家的现状来看，农村金融基础设施不仅总体上是落后的，而且远远滞后于城市金融基础设施的发展速度。农村金融基础设施落后的表现：金融法律和金融规则的缺失增加了借贷等合同制定和执行成本、降低了借贷合同制定和执行效率；土地等综合产权不明晰、不完整导致借贷抵押担保品的流转难题普遍存在；农村金融监管不仅在监督和促进既有金融机构方面是无力的，而且明显滞后于各种新型金融机构的发展速度；农村问题与政治因素彼此纠缠及农村市场信用的发育迟缓，进一步衍生出农村贷款的偿还问题。

（三）完善金融资源向农村转移的市场机制

成立于 2007 年 3 月的中国邮政储蓄银行目前成为农村金融服务体系的重要组成部分。中国邮政储蓄银行目前拥有营业网点 3.6 万多个，其中 2/3 以上的网点分布在县及县以下的农村地区，特别是在一些边远农村地区，邮政储蓄已成为当地唯一的金融服务机构，发挥了重要的拾遗补阙作用。由于受到金融管理体制和银行经营管理体制的制约，邮储资金未能足额有效地返回农村使用和支持"三农"发展。对于中国农业银行和中国邮政储蓄银行，政府应通过主导的金融政策和制度创新以及金融机构自身的业务创新进一步加强其在支农领域的商业化改革，坚持以效益为导向自主寻求在农村的职能定位而不能以牺牲发展的可持续性依靠行政力量强制开展涉农业务；中国农业银行和中国邮政储蓄银行在农村重点服务领域应按照比较优势原则向农村地区的规模企业、基础设施和现代农业产业集群集中。目前，通过邮政储蓄渠道返乡的资金每年占到邮政储蓄自主运用资金的比例还比较低，这与中国邮政储蓄银行存款余额主要来自于农村地区的状况很不相称。在面向农村地区居民开展零售和中间业务方面，邮储银行则拥有覆盖城乡的网络优势和庞大丰富的客户信息优势，也可以充分发挥其网络分销功能去代理商业银行和其他金融机构的相关业务；可以通过不断的业务创新和差异化商业服务模式覆盖农村各层次的金融服务需求。

随着农村利率市场化的不断推进（中国人民银行宣布自 2013 年 7 月 20 日起全面放开金融机构贷款利率管制、对农村信用社贷款利率不再设立上限），农村的利率定价自主权将更大，存款利率将逐步走高，存贷利差将进一步缩小。农村金融机构要适应利率市场化进程，完善利率覆盖风险机制有助于引导金融供给主体的资金回流农村。利率市场化一方面能够提高农村资金资源的配置和使用效率，切实增强农村金融机构提供农村金融服务的融资能力；另一方面还可加快农村金融机构产品、管理和技术创新、提高运营效率，推进农村金融市场的发展。此外，灵活的利率政策能有效动员农村地区的金融资源，显著提高农村金融机构筹资能力、调动农村居民进行货币积累的积极性、提高农民贷款的可获得性。利率市场化是"双刃剑"，利率市场化背景下需要农村金融机构对信贷预期风险进行合理定价，要综合判断金融机构的经营业绩和关注由于信息不对称所导致的道德风险问题。农村金融机构必须进一步加快业务转型升级步伐以规避利率风险、实现资产与负债的合理匹配，不断丰富业务品种。

（四）弱化地方政府对农村金融机构的过度干预

地方政府介入农村金融机构信贷决策很可能导致资金使用出现明显的"错配"现象。在地方政府保护主义的干预下，农村金融机构的信贷资源"错配"的突出表现是农村金融机构信贷资源配置将向地方政府主导型项目倾斜。当可贷资金规模很大或者地方保护主义加强时，农村金融机构的信贷资源"错配"现象将更加严重：即使"三农"项目的收益率大于地方政府主导型项目的收益率，在地方政府保护主义的干预下，农村金融机构的信贷资源配置也将向地方政府主导型项目倾斜。外部金融监管在遏制地方政府的保护主义行为方面具有积极作用，它一方面能纠正地方保护主义所导致的信贷资源过于向地方政府主导型项目倾斜的"错配"现象；另一方面能有效增加国家意欲扶持的"三农"项目的信贷供给。

（五）扶持和培育农村资本市场与保险市场

扶持和培育农村的资本市场、保险市场有助于构建多元化农村金融发展机制。选择性地支持农业上市公司、帮助涉农企业拓宽自己的融资途径可以减少对农业银行和农信社的信贷依赖。通过在多层次资本市场的直接融资既可以实现涉农企业经营规模的扩大，又可以促进涉农企业的技术创新与长期投资。从国际经验来看，农村保险市场能否成功主要取决于政府的财政支持力度和支持方式。由于二元经济的长期积累，我国农民的购买力和投保能力相对有限，还难以覆盖商业性保险公司在农村市场的成本，这就不仅要求政府提高农民投保费用的补贴比例，还要通过税收优惠、商业费用补贴手段引导和帮助保险公司在农村地区开展业务。通过政府的财政支持和政策扶植实现涉农保险机构与银行部门业务的有效对接，充分发挥协同效应促进农村经济的发展。

第三节　农村现行金融制度的完善和制度创新

一、完善金融市场基础性功能的农村金融供给机制

（一）确立竞争性农村商业金融主导模式

随着农业生产方式转型和农业产业化的发展，农村金融市场将逐步完成"拓荒"过程，即传统的小农经济逐渐被现代集约化农业经济模式所取代。农村产业结构的升级和调整将带来大量的金融剩余。在追逐利润的动机诱导下，将有越来越多的商业性金融机构可能在市场这一"看不见的手"力量的作用下自发地涉足农村金融业务。另外，随着农村新型金融机构针对低端市场的专门信贷技术的逐步成熟，存量商业性金融机构和增量商业性金融机构之间的关系也将从"竞争主导"逐步转变为"互补主导"，在一种理想的状态下，不同类型、不同规模的商业性金融机构将形成覆盖不同层次和不同客户群的市场格局，并在各自比较优势的基础上开发出专门的信贷技术和金融服务模式，最终形成差异化的竞争格局和互补型的市场状态。

（二）合理界定农村政策性金融和金融市场的"边界"

合理界定农村政策性金融和金融市场的"边界"也就是区分和合理界定政策性金融和商业性金融的"边界"。在金融市场正常运行时，如果具

有低成本融资优势和规模优势的政策性金融机构过度介入商业金融领域时，势必造成农村金融市场的正常竞争的混乱。只有将农村政策性金融的目标市场应定位于商业性金融不愿或无法进入的农村金融领域，使其发挥补充性功能而非替代性功能，才可以使农村金融市场避免受到行政力量过度扰动而牺牲效率。因此，从农村金融活动范围看，政策性金融只有在商业性金融无法有效覆盖的、具有社会正外部性的农村金融领域发挥作用是其从事金融活动基本原则。否则，农村政策性金融的过度介入或错位将破坏农村金融市场的公平竞争原则并最终损伤金融市场效率。

（三）合理确定政府介入农村金融的路径

合理确定政府介入农村金融供给的路径是发挥农村金融市场功能的关键。政府介入农村金融供给有三条基本路径可以选择。第一条路径是为农村金融供给提供基础平台设施和服务。在农村金融市场机制缺位的情况下，由政府出面建立相应的"示范——扩散"模式体系，引导和推动农户等经济主体实现生产转型，促进农村金融机构和农户的持续协调发展。第二条路径是提供"第二类金融合约"，即针对经济发展水平相对滞后的农村地区和农村的低收入群体，由政府主导的发展金融机构来提供具有扶贫和开发功能的非商业合同，成为区别于纯商业性金融合同的第二类金融合约的供给者。第三条路径是监管供给与风险控制，即为避免政府主导信贷资源分配过程中形成大量的"权力租"，实施农村金融扶植和鼓励政策必须是鼓励竞争与加强监管相结合：除了通过有效的法律制度规范金融机构的准入、运作和退出外，还应考虑将广泛存在的非正规金融正式纳入监管框架和监测范围，通过审慎监管消除在相对宽松的政策导向下可能滋生的各种机会主义行为，真正做到积极推动和稳健发展相结合。

二、探索新型农村金融机构可持续发展的新机制

以农村小额贷款公司为主的农村新型金融机构作为"边际增量"出现的，其目标已不在于简单地增加农村资金投放，关键是要走出原有与农村市场格格不入的体制束缚，探索出一条真正符合中国农村金融市场需求的、能实现长期自我可持续发展的农村金融新机制。

（一）明确新型农村金融机构的法律地位

未来农村新型金融的主要形式之一是小额信贷公司。当前我国政府在法律上没有明确界定小额贷款公司的金融范畴，没有形成完善的监管体制，导致小额贷款公司界定模糊。针对小额贷款公司的快速发展，政府应

抓紧研究对小额贷款公司的立法问题。政府应修改有关金融监管法规，将小额贷款公司明确纳入金融监管范围。要尽快完善小额贷款公司相关的配套法律法规，明确其金融机构地位，让小额贷款公司的发展有法可依、有章可循，提供必要的政策支持。

出台法律和政策把小额贷款公司纳入金融机构行列。小额贷款公司不管从业务还是从设立的作用来看都与银行等金融机构类似的企业。所以，应该逐步调整相关法律，将小额贷款公司纳入金融机构行列。目前山东省出台的《关于促进小额贷款公司健康发展的意见》对小额贷款公司"以服务'三农'和小企业为宗旨，从事小额放贷的新型农村金融组织"的定位，并将小额贷款公司涉及的财务报表、财务核算、信贷等业务参照金融企业执行。这种定位是一种很好的探索，下一步规定小额贷款公司享受金融机构的税收优惠政策，减轻其税收压力和降低其运营成本，并进一步以法规或法律的形式明确小额贷款公司法律地位。建议从国家的层面研究出台相关法律法规，如出台《小额贷款专项监管法》，让小额贷款公司运行和监管有法可依。

（二）探索建立独立的地方金融监管模式

为加强新型农村金融机构监管与规范，除了明确农村微型金融监管主体之外，可以通过成立农村微型金融行业协会作为政府的监管的必要补充。成立农村微型金融行业协会有三个方面的好处：第一，小额贷款公司等农村微型金融机构可以借助协会作用进行行业自律、提高自身标准；第二，农村微型金融行业协会可以代表小额贷款公司更多地进行呼吁和解决一些普遍遇到的发展难题，争取一些政策上的支持和突破，同时可以联合小额贷款公司开展业务合作，如建立"小额贷款公司同业拆借利率"、联合贷款等；第三，政府可以借助农村微型金融行业协会更好地积累开展监督和管理的经验及做法，积极提供必要的培训。小额贷款公司的信贷人员面临的经营环境与商业银行相比更加复杂，风险更大。因此，对小额贷款公司信贷人员的培训是十分重要的。各地金融办应当在小额贷款公司的人员培训方面承担起一定的责任，定期邀请一些专家进行讲授与交流，同时开展小额贷款公司之间的业务交流，提高小额贷款公司的经营管理水平。

使地方政府真正承担农村中小型金融机构的监管职责是未来农村金融改革难以绕开的一个问题。从监督效率的角度来看，现有农村金融机构如商业银行缺乏明显的监督比较优势，由其组建的村镇银行和贷款公司将难以长期持续经营（洪正，2011）；小额贷款公司因需要全部自有资本运营，对民营资本监督效率提出了过高要求而难以在农村地区普遍设立①；农村资金互助社从农户生产经营中内生出来能有效实施相互监督，与专业合作社或龙头公司联合发展时可显著改善农村融资状况。对农村微型金融机构的监管主要还是建立在农村微型金融机构自主经营、自我约束的基础上。加强和改进农村微型金融机构监管主要有以下几点：一是针对农村微型金融机构的监管指标设计一定要适应微型法人的特点，应借鉴国外微型法人机构风险评价的经验，结合中国的实际状况，逐步完善监管指标体系。二是农村微型金融机构监管一定要围绕农村微型金融机构的发展过程和客观实际。农村微型金融机构是弱势群体且千差万别，如果与国有四大银行等金融机构等用统一的监管标准，对机构水准、高级管理人员、内控制度、会计标准进行与大银行没有区别的监管，那么农村微型金融机构目前的情况很难达到。三是对农村微型金融机构的监管同样要与时俱进，不断创新，思想上不断有新解放，理论上不断有新发展，实践上不断有新创造。四是对于在农村地区新设机构的商业银行，对其在城区机构和业务准入方面给予便利。免征农村资金互助社的监管费，对其他农村金融机构的监管费减半征收。

（三）拓宽新型农村金融机构的融资渠道

为审慎监管和控制风险，小额贷款公司的融资渠道受到了严格控制。其最大融资杠杆只有 1.5 倍，其融资杠杆和担保公司的 10 倍、银行平均的 12.4 倍相差甚远。虽然小额贷款公司未来有转为村镇银行从而吸收存款的可能性，不过目前针对那些经营业绩好、诚信记录好、内控水平高的小额贷款公司，可以适当扩大其融资来源。目前小额贷款公司的资金主要为注册资本金以及从银行融入的不得超过公司资本净额50%的资金，这种只贷不存的方式造成了小额贷款公司的资金紧张。以山东省为例，尽管当前已出台了相关的文件适度放宽融资比例，但是与"三农"和中小企业的资金需求相比，还是不能完全解决资金供需矛盾，所以必须探索拓宽融资渠道。一是进一步放宽融资比例。对于在年审中评价优良、分类评级中在一类等级的信用良好的小额贷款公司，可允许其银行开展进一步的合作，适当提高融资比例，可以将融资比例提高到注册资本的100%～200%，进一步支持"三农"和小微企业的发展。2012 年 7 月，海南省下发《关于深入推进小贷公司改革发展的若干意见》率先提出适当提高小额贷款公司

---

　　① 洪正：《新型农村金融机构改革可行吗？——基于监督效率视角的分析》，载《金融研究》2011 年第 2 期。

的融资比例，最高可至资本净额的 200%，可以说是极大的突破，值得借鉴和推广。二是鼓励小额贷款公司与银行合作放贷。小额贷款公司可以筛选信誉优良的客户与银行共同对其贷款，并由小额贷款提供反担保，以避免银行的风险来提高银行参与的积极性，这样在解决小贷公司自己的问题的同时，也解决了银行对"三农"和小微企业放款的信贷风险。三是探索建立小额贷款公司信贷批发机制。在每个地级市成立由"金融办＋商业银行＋各小额贷款公司"共同组成的小额贷款公司融资平台，平台由金融办具体运作，资金由商业银行、有剩余资金的小贷公司、民间资本共同出资，平台可以向有资金需求的小额贷款公司提供批发资金。四是逐步允许小额贷款公司吸收贷款。尤努斯曾提出小额贷款必须又存又贷不然如"砍掉一条腿"无法运转。尽管禁止小额贷款公司吸收存款是为了防止出现非法集资和运行风险，但在同时也"锯掉"了小额贷款公司可持续发展的"一条腿"，所以可以有条件的逐步放开小额贷款公司吸收存款的限制；允许小额贷款公司从银行通过转贷形式获得资金，或将低风险贷款资产卖给合作银行，快速盘活小额贷款公司资产；允许其通过债券融资方式扩大资金来源。同时，鼓励小额贷款公司与具有一定资金实力的民营企业合作以拓展融资渠道。这种正向激励规则可以将优质小额贷款公司逐步筛选出来，使这些机构的经营者能够逐步扩大他们的资本回报率。

（四）创新对新型农村金融机构的扶持方式

以农村小额信贷公司为例，可从以下七个方面对新型农村金融机构进行扶植：一是可以充分发挥财政政策的作用，在税收政策上给予优惠。如在公司开办之初给予减免税待遇，待其发展成熟后按照全额征税。二是提高小额贷款公司的风险准备金覆盖率以提高其抗风险能力；小额贷款公司的经营风险远大于大型银行，必须保持合理的风险覆盖率。三是监管上实施比正规金融机构更宽松的政策，而不是复杂的谨慎监管规则。四是使小额贷款公司尽快接入中国人民银行征信系统，降低贷款调查成本，缓解小额贷款公司在发放贷款过程中与借款人存在的信息不对称问题，从而减少信用风险的发生，为其所覆盖的广大农村地区的农户信用体系建设提供可能。五是对服务"三农"和小企业贡献突出的小额贷款公司给予奖励。六是出台小额贷款公司扶持政策。各个省市对小额贷款公司的扶持具有不同政策。例如，江苏省《关于开展农村小额贷款组织试点工作的意见（试行）》规定小额贷款公司的税率参照农村信用社税收政策，所得税税率为12.5%、营业税税率为3%，并于2009年出台性规定，对小额贷款公司等新型农村金融机构，财政按照所得税地方留成部分和营业税的50%予以奖励。山西省规定小额贷款公司成立后两年内所得税、营业税全部免除，第3年所得税、营业税按50%征收，年度被评为五星级的小额贷款公司，由所在的市财政奖励20万元等。七是成立支农基金分散农户小额贷款风险。"三农"贷款供应不足的主要原因是农户贷款成本大、风险大、收益小，农村小额贷款公司作为一般性的商业企业，以追求利润最大化为经营目标，在没有任何支持补助的情况下只会倾向于风险较小收益更大的中小企业。所以可由财政出面建立一个支农风险基金，使风险不再集中于小额贷款公司一家身上。对一笔不良贷款，小额贷款公司需提交贷款相关的材料，经财政审核确认属小额贷款公司尽职的，按一定比例给予风险补偿，从而由政府和小额贷款公司共同分担，分散风险。

（五）提升新型农村金融机构自身竞争力

1. 提高小额信贷自身经营效率和营运能力

一是加快小额信贷资金周转以提供资金使用效率：保证一定量的短期贷款有助于加快资金周转回笼；加强小额信贷和银行的合作，如强化银行融资以争取可以在需要资金时方便及时融入款项；及时对贷款进行追踪分析能够减少不必要的风险损失。二是扩大宣传、提高公众认知度，使社会公众熟悉其性质和运作模式，增强对于小额贷款公司的信任度，通过宣传能有效地扩大小额贷款公司自身的业务范围和社会认知度。三是规模化经营，可通过低成本收购和扩张运作发展成为跨村、乡、区、省的大型小额贷款公司。利用经济上的规模优势使小额信贷资金实现优化配置，使利用资金的成本降低和监管的费用下降，从而提高利润率，使专业型小额贷款公司能做大做强。四是引进专业人才、加强员工培训。小额贷款公司可以引进有银行类金融机构相关经验的专业人才，或利用高校资源选拔优秀人才作为公司发展的骨干力量和人才储备。政府部门应加强对小额贷款公司现有人才和员工的培训力度。加大员工相关法律、法规的培训，保障公司及员工合法、合规经营相关业务。

2. 加大产品创新和机制创新

一是在控制小额信贷风险的前提下，开展信贷资产转让业务以扩大小额信贷资金来源并做大资产规模。小额贷款公司可以针对当地有特色、有优势的养殖、种植、运输等农户以及生产经营有基础有潜力的行业进行重点扶持，形成信贷经营上的特色和差异化。通过有效的辨别、筛选、指导、事后监控等经营措施保证资金投向及运用的合理性。二是改变目前信贷政策僵化的局面。目前农村小额贷款公司过于追求足额的担保抵押，重视贷款风险防范措施的把关而忽视对农户经营情况及资金使用效益等"软实力"考虑，致使农户因担保抵押不足无法获贷。三是通过完善公司制度提高内部管理治理能力。建立健全公司治理结构和股东管理制度，使农村小额贷款公司的风险状况和经营水平对于每个股东是透明的；建立健全稳健高效的决策程序、内部控制制度、内部审计制度，提高公司治理的有效性。完善的公司管理制度还包括建立适合小额贷款公司业务特点和规模的薪酬分配制度、正向激励约束机制；建立适合自身业务发展的授信工作机制，合理确定不同借款人的授信额度；建立信息披露制度，及时披露年度经营情况、重大事项等信息。

3. 将部分农村小额贷款公司逐步改制为村镇银行

村镇银行相比农村小额贷款公司存在明显优势：一是村镇银行在法律地位上优于农村小额贷款公司。2007 年中国银监会颁布的《村镇银行管理暂行规定》明确了村镇银行的法律地位，村镇银行是指经中国银行业监督管理委员会依据有关法律、法规批准在农村地区设立的主要为当地农民、农业和农村经济发展提供金融服务的银行业金融机构。村镇银行可以在农村地区开展各种银行业务，这不仅使得村镇银行拥有丰富的资金来源，增强其服务"三农"的实力，而且有利于村镇银行按照安全性、流动性、营利性为经营原则开展业务，有助于村镇银行增强风险意识及防范金融风险的发生。由于农村小额贷款公司在法律上不能吸收公众存款，所以尽管二者都主要针对农村市场，为"三农"发展提供小额贷款和相应的服务，但是由于法律地位的差异，使得村镇银行在利润空间、控制风险和服务"三农"上更具优势。二是村镇银行能获得更多的政策优惠。村镇银行在税收和利率方面都能享有一定的政策优惠，各地根据自己的实际情况规定了相应的优惠减免。但农村小额贷款公司难以享受政策优惠和支持，如农村小额贷款公司仍然按照普通公司来缴纳所得税和营业税，而大多数村镇银行在这两项都享受相应的优惠政策予以减免。

目前农村小额贷款公司转为村镇银行的门槛也较高。为了提升小额贷款公司服务农村金融的水平，2009 年中国银监会出台了《小额贷款公司改制设立村镇银行暂行规定》（以下称《暂行规定》）。《暂行规定》中的部分硬指标对成立不久的小额贷款公司还有难度，如持续营业 3 年以上且最近两个会计年度连续盈利、资产风险分类准确且不良贷款率低于 2%、贷款损失准备充足率130% 以上、最近四个季度末涉农贷款比例占全部贷款比例不低于 60%、抵债资产余额不得超过总资产的 10% 等。较高的准入条件主要是出于审慎监管原则和基于防范金融风险、保护存款人利益而考虑的，从而有助于保证农村金融服务的质量。但目前多数农村小额贷款公司很难满足上述所有条件，如"三农"贷款因风险大、资金分散、成本高、不可预测性，使得农村小额贷款公司涉农贷款发放比例很少能达到60%，但这也是使农村小额贷款公司回归政策目标的必要约束。《暂行规定》还要求：农村小额贷款公司转型村镇银行必须由银行业金融机构作为主发起人，且单一非金融机构企业法人、自然人及关联方持股不得超过10%，也就是说转制以后的村镇银行必须由金融机构控股，私人投资者只能作为小股东存在，这一点对于不愿意交出控股权的投资者来说可能是无法接受的。如果民营资本让位于国有资本就失去了让民营资本与"三农"经济、中小企业资金需求对接的现实意义。因此，降低农村小额贷款公司转为村镇银行的部分标准有利于增加农村金融服务的供给能力。

4. 强化大型商业银行与新型农村金融机构的合作

我国农村金融市场资金供给不足问题由来已久，依靠央行、政策性金融发放支农再贷款等政府补贴措施不能从根本上保证农村金融市场资金供给的可持续性，且存在着严重的道德风险问题。大型商业银行、农村信用社在服务"三农"的过程中责无旁贷，但存在着信息不对称等劣势。新型农村金融机构规模小但具有信息优势，于是二者需要其在组织体制和经营机制上进行合作创新。单海东、刘亚相（2014）运用非对称性鹰鸽博弈模型说明了拥有资金优势的大型商业银行与拥有农户信息优势的新型农村金融机构合作供给的可能性[1]。商业银行有效地进入小额信贷市场对于帮助解决我国农户贷款难问题、深化农村金融改革具有重要意义[2]。大型商业银行与新型农村金融机构综合非对称强度越大，二者合作以及合作成功的概率就越大。

（六）探索农村新型金融风险控制机制

1. 推广完善农户联保贷款制度

根据我国农村地区的文化传统和社会习惯特点，农户联保贷款模式属于更好地适应微型金融的运作模式，即通过利用社会担保和连带责任，以及客户自愿结合而成的信贷小组向金融机构借款。农户联保贷款能有效解决农村信贷市场逆向选择和道德风险问题，并且有效地减少了赖账现象的发生。因为农户之间相互较为了解，所以可通过构建完全信息动态博弈模型研究农户联保贷款的机制和制度设计问题。

---

① 单海东、刘亚相：《农村金融市场资金供给问题的博弈分析》，载《浙江农业学报》2014年第2期。

② 湛东升、刘健：《大型商业银行与新型农村金融机构合作模式研究》，载《农村金融研究》2011年第5期。

2. 通过动态激励机制和信贷合约设计防范金融风险

动态激励机制是小额信贷制度的重要内容之一，也是小额信贷制度可持续运行的关键环节。监管微型金融在克服农村金融信贷市场信息不对称方面具有显著的优势，但是借贷双方不可能完全消除信息不对称。所以，分别通过不完全信息动态博弈模型和完全信息动态博弈模型来研究微型金融机构和农户决策行为，并可以此来设计农村微型金融市场有效运行和可持续发展的政策建议。

3. 合作开展贷款业务

在小额贷款公司资金实力有限的制约下，为避免信贷风险过于集中的弊端，小额贷款公司还应积极与有客户资源优势、资金技术优势的同业、银行、保险公司等机构合作开展贷款业务以分散农村信贷风险。

三、激发农村合作金融内生化潜能

（一）激发农村合作金融内生化潜能

激发农村合作性金融"内生性"潜能是增加农村金融供给的基本出发点。长期以来，农村分散化的经营模式必然导致农户的组织弱势及市场弱势，并最终转化为农户的经济弱势。因此，解决"小生产"和"大市场"之间的矛盾的关键是真正建立起以农民为主体的互助金融组织与制度，激发农户的经济协作能力和农村金融的自我发展能力。由于农户合作的意识和能力是合作性金融赖以存在和发展的基础，而当前中国农户的信用总体上正处于从亲缘信用向契约信用过渡的关键转型期。因此，在农业市场化进程中如何通过合适的制度安排，建立起既能巩固农户个人信用又有利于农村社会横向信用发育的"市场载体"，就显得尤为重要。作为促进合作性金融发展的"市场载体"，既包括新生的合作性金融组织或机构，也涵盖了依托现有组织或机构的金融产品创新，而金融产品创新在现阶段具有较强的实践性操作价值。从长期发展的角度来看，金融产品的设计也应更多地体现出合作性思路，这种合作性既包括农户之间的合作，也包括农户与企业、社区、政府和社会组织之间的合作，既可以是各个主体之间的横向合作，也可以是基于产业链延伸的纵向合作。

激发农村合作性金融"内生性"潜能首先要积极推进以新型合作金融为主的金融组织创新。加快发展以新型合作金融、小额信贷和村镇银行等新型区域性商业金融为主的新型农村金融供给主体，广泛开展互助业务和带有扶贫开发特征的小额农户贷款，弥补当前农村金融供给的真空地带。积极培育新型合作金融组织，发挥合作金融在农村金融供给体系中的主力军作用。从产权角度上说，合作制是联合起来的个人占有制，是以私人占有为基础的共有制。一般由农民个人成员和集体成员入股组成，具有资本自聚功能和内生性，又是因农民的生产生活需求而产生的农民资金互助合作金融组织，所以具有强大的生命力。从国际经验看，合作金融在满足农业再生产的基本金融需求方面具有交易成本低、管理成本低等天然优势，是农村金融供给体系的重要组成部分。因此，应按照公认的国际信用原则，参照新中国成立初期农村信用社的发展思路，给予政策扶植和政策优惠，如自由的存贷款利率、一定的预算资金支持等，积极培育新型农村金融合作组织。并在其发展到一定程度后，参照欧洲模式，按照其发展的内在要求允许其联合。合作性金融机构应给予一定政策支持。合作性金融机构是农村金融体系的重要组成部分，应对其有一定的政策支持。农村金融市场理论认为非正规金融是农村金融市场的有效组成部分，非正规金融与正规金融应结合起来发展。以农村信用社为主体的农村正规金融主要覆盖直接为农民和农业服务的资金需求。鉴于之前农户融资渠道的分析，以民间金融为代表的非正规金融是农户获取资金的主要渠道。因此，应当规范发展民间金融使其作为农村金融体系的有效补充。相比于正规金融，民间金融解决了信息不对称的问题，并进一步降低了交易成本。规范民间金融的基本思路是引导民间金融向农村新型合作金融方向发展，引导培育一部分民间借贷试点小额贷款公司以及一些小额互助式信贷组织；促进农业合作金融的机构改革和服务创新，并逐步放松农村金融市场准入的标准，但必须要对借款上限、借款人数上限、注册原则、地域范围进行限制。

中国各地农村经济发展水平和生产经营具有较大差异，应根据农村金融需求多样性的特点，在加强监管、防范风险、总结试点经验的基础上，鼓励和支持适合农村需求特征的金融组织创新。在金融组织创新试点过程中要合理设计"止损机制"和试点方案，严格控制创新过程中产生的风险。从农村金融创新的国际经验来看，越来越多的先进技术被运用到金融创新中来，如手机银行的诞生、先进信用系统的应用等。鼓励各地探索与先进技术结合的金融创新方式，以此来降低金融机构的运作成本并提高其抵御风险的能力。孟加拉国格莱珉银行首创的小额信贷模式是新型商业化金融组织的发展方向，中国应借鉴其经验，坚持商业可持续原则，放开农村金融的市场准入限制，积极引导和鼓励各类资本进入农村金融市场，促进小额信贷公司、民营银行等多种区域性金融组织形式的发展，规范引导民间金融发展，创造各类金融市场主体公平竞争的体制环境，增加对农村多元化、多层次、多样化的金融服务供给。同时，应同时建立起市场准入、监管和推出的各项规章制度，防范化解农村金融风险。

（二）继续深化农村信用社改革

1. 完善农村信用社治理结构

按照双重委托—代理理论的要求设计和构建一种主要针对以股权相对集中或高度集中为主要特征的农村信用社治理问题的分析框架，研究中国农村信用社治理结构和治理机制更有利于促进中国农村信用社治理的完善和治理水平的提升。

（1）深化农村信用社产权改革和产权结构优化。西方传统委托—代理理论本质上是一种单委托—代理理论，主要是针对以股权分散为主要特征的上市公司而构建的一种公司治理理论，尽管暂不适合作为以股权相对集中或高度集中为主要特征的上市公司治理问题的分析框架、也暂不适合未上市的农村信用社的治理问题，但对于完善和改革农村信用社的治理问题具有重要的借鉴价值；从双重委托—代理理论的要求设计和构建农村信用社治理结构和治理机制，更有利于实现降低以股权相对集中或高度集中为主要特征的上市公司的代理成本和全体股东利益的最大化。所有者功能的弱化是内部人控制生成的前提条件。由于农村信用社资产产权主体虚置，也就相应的缺乏来自初始委托人的硬性约束。所以，要在对农村信用社全面清产核资的基础上对边界模糊的产权进行界定，有效地确定入股社员的资产价值总量并分解到每个具体股东。经济较发达地区的农村信用社可以按照股权结构多样化、投资主体多元化原则进行股份合作制改革；要通过合理的增资扩股、引进战略性投资者等渠道解决农村信用社股权过于分散的问题。控股股东在对管理层监督方面具有直接性和高效性，农村信用社要实现控股股东或大股东对经营者进行有效监控、降低代理成本。农村信用社股权的适度集中及股权结构的优化有利于改变目前过于分散的股权结构、有利于弱化农村信用社内部人控制问题及促进法人治理结构的完善。

（2）合理解决农村信用社增资扩股的问题。双重委托—代理理论对完善农村信用社治理有着重要的指导意义，这主要是基于以下两个理由：第一，中国目前大部分农村信用社股权结构的主要特征都是股权高度分散；第二，由于因资本市场还不发达而导致小股东"用脚投票"机制缺失，保护投资者特别是保护中小投资者利益的法律体系还不健全，良好的公司治理文化还未形成。所以，在今后相当长一个时期内，中国农村信用社只能选择依靠控股股东或大股东内部治理为主导的公司治理模式。

完善中国农村信用社治理要合理解决农村信用社增资扩股问题。控股股东的内部治理策略在对管理层监督方面所具有的直接性和高效性，这也决定了控股股东将成为解决全体股东和管理层间的代理问题的主体，全体股东与管理层间的代理问题也由此转化为控股股东和管理层间的代理问题。要有效降低该种代理成本，就是控股股东或大股东必须是一个有效的投资者和委托人。世界各国公司发展的实践已证明：在竞争性领域，最有效的投资者是私人投资者，其次是机构投资者。因此，农村信用社要实现控股股东或大股东对经营者进行有效监控以降低第一种代理成本，可以考虑尝试引进私人战略投资者、机构投资者，真正改变目前农村信用社股权过于分散的股权结构格局。如果不进行上述改革，控股股东或大股东缺位就不可能对经营者进行有效的激励和约束，因而降低第一种代理成本就会成为一句空话。机构投资者对农村信用社入股有助于改变分散小股东的"搭便车"心理，在一定程度上有助于约束"内部人"控制，同时也能有效阻止"外部人"干预。这种若干大股东并存的寡头竞争型的股权分布格局使得机构股东之间相互竞争、相互监督和相互制约，这种股权格局是农村信用社实现有效公司治理的发展方向。"寡头垄断股权结构模式"更为适合中国农村信用社及农村其他中小型金融机构。"寡头垄断股权结构模式"中的大股东可以相互制衡，所以这种模式一般比股权高度分散或"一股独大"的股权结构模式更有利于减缓控股股东或大股东对中小股东利益的损害。

（3）发挥中小股东成为一个有效的委托主体的作用。根据双重委托—代理理论，如果农村信用社"外部人"干预及"内部人"控制的问题不能得到有效解决，简单的"增资扩股"势必流于形式，除了暂时增强资本实力外并不具有改善农村信用社治理的效果。有效降低代理成本的前提是中小股东必须是一个有效的委托人，否则就难以对其代理人进行有效的激励与约束。然而现实中的情况是，农村信用社中小股东是一个松散的且非常不稳定的群体。如果不通过适当的组织形式，众多的中小股东就无法成为一个有效的委托人。所以，如何使农村信用社中小股东成为一个有效的委托人就成为农村信用社有效降低第二种代理成本的关键。可以设想在各省市成立一个挂靠中国银监会或中国人民银行的农村信用社中小股东代理人管理协会，由该协会代表农村信用社中小股东对其代理人进行选择、任命和监督。这样做的最大好处至少有两点：第一，使松散的农村信用社中小股东有了自己的代表，从而有可能成为一个有效的委托人；第二，可以摆脱控股股东或大股东对中小股东代理人人选的操纵和控制，从而保证农村信用社中小股东代理人的独立性。农村信用社无论是选择何种委托—代理模式，其根本目标就是要能够充分保证农村信用社中小股东成为一个有效的委托人。

有效降低农村信用社的第二种代理成本还必须界定清楚控股股东或大股东与中小股东利益的界限和范围。否则，就难以对农村信用社中小股东代理人履行职责的履行状况进行较为准确的考核与评价。以上市公司为例（尽管我国农村信用社还没有上市），中国参照美、英等国的做法建立了独立董事制度以保护中小股东的利益不受损害。中国证监会在 2001 年制定的《关于在上市公司建立独立董事制度的指导意见》中明确指出：独立董事应"维护公司整体利益，尤其要关注中小股东的利益不受损害。"尽管几年来的实践证明，独立董事在维护中小股东的利益不受控股股东或大股东损害方面并没有有效地发挥作用。导致这种状况的原因是多方面的，但很重要的一个原因就是一直没有明确界定控股股东或大股东损害中小股东利益的基本界限和范围，从而一方面造成独立董事不知从何处维护中小股东的利益不受损害；另一方面也造成难以对独立董事履行职责的状况进行考核，进而滋长了许多独立董事在维护中小股东利益方面的机会主义行为。

（4）强化对中小股东代理人的有效激励与约束。为了有效降低公司治理中的第二种代理成本，还必须对中小股东的代理人进行有效激励与约束。这与单委托—代理理论中的全体股东或双重委托—代理理论中的控股股东或大股东对经营者的激励与约束的道理相类似，只不过是各自考核的内容、激励与约束手段不同而已。对中小股东的代理人如何进行考核、激励与约束的关键是考核中小股东代理人的主要内容必须和维护中小股东利益的效果相联系。根据前面的设想，对中小股东代理人的具体考核、激励与约束，可借助于中小股东的代表—中小股东代理人管理协会来进行。至于对中小股东的代理人以及中小股东的代表—中小股东代理人管理协会如何进行有效激励与约束，即谁最适合充当股权相对集中农村信用社中小股东的代理人呢？从中国的现实情况来看，独立董事相对是比较适宜的。假定独立董事比较适宜作为中小股东的代理人，则前面所说的代表中小股东监控其代理人的中小股东代理人管理协会也可称为独立董事管理协会。

总之，农村信用社的利益是各利益相关者的共同利益，而不仅仅是社员股东的利益；农村信用社的各项制度安排尤其是财权安排要平等地对待每个利益相关者的产权权益。对于以股权相对分散的农村信用社而言，应主要按照双重委托—代理理论的要求设计和构建农村信用社治理结构与治理机制。降低农村信用社双重代理成本和完善农村信用社治理的基本思路与设想：为了有效降低第一种代理成本，中国必须下决心改变目前的大部分农村信用社股权过于分散的格局，并提出经济转轨时期的中国农村信用社的股权结构模式应以"寡头垄断股权结构模式"为主导；同时，还应强化对经营者的激励与约束力度；为了有效降低第二种代理成本，必须努力使农村信用社中小股东真正成为一个有效的委托人，为此提出各市县可成立一个独立董事管理协会或其他形式的组织，并由其来代表所在市县各个农村信用社的中小股东行使对中小股东代理人的监控权；还应积极探索有效激励中小股东代理人的途径与方式。

2. 完善农村金融市场退出机制与金融机构的信息披露制度

随着存款保险制度的实施，在分类改革的基础上应尽快推出规范化的农村金融市场退出机制以化解由"政府兜底"的惯性预期所引发的金融道德风险。我国金融市场化改革的逐步深入使得农村信用社金融风险逐步暴露，如何有效防范金融风险、建立完善的金融机构处置机制成为我国金融业发展所必须面对的一大课题。从维护金融稳定的角度出发，长期违规经营、不良资产居高不下、亏损严重的农村信用社予以取缔是必然结果。金融当局要严格资本监管、建立规范的最后贷款人制度、信用救助和信心救助同步进行的基础上，尽快建立农村信用社市场退出的具有可操作性的规程、尽快制定《金融机构破产条例》等相关政策法规。作为农村信用社市场退出的结果是防范农村金融风险的无奈选择，前提是要加强农村信用社风险控制。

强化农村信用社信息披露制度和管理制度建设包括：建立一系列风险监管识别、风险度量、风险监测、风险控制的程序、规章制度和方法，以强化对农村信用社内部控制和外部监督；强化农村信用社信息披露制度并及时向社员（股东）公开农村信用社财务信息与管理方面的重大事项，完善财务审计制度和加强审计监督。信息披露是衡量农村信用社治理结构是否有效的重要因素之一，也是防止农村信用社内部人控制的有效手段。农村信用社高管人员掌握着农村信用社的大量信息，如果缺乏透明度就可能出现管理层的"内部人控制"现象；强化对农村信用社高管人员行为的约束。通过建立农村信用社高管人员的约束机制并加大对高管人员违规经营的惩治力度，同时还要加大对严重"违规经营"的查处力度和惩罚力度，使高管人员违规经营及财务造假的成本大大提高。为此，可以通过适当修订相关法规的相关条款直接加大对农村信用社高管人员违规经营的惩治力度。这一方面有利于保护农村信用社的及全体社员（股东）合法权益，另一方面也可以成为降低违规行为合法化的利益诱因。

3. 明确农村信用社定位

（1）要巩固农村信用社在农村的地位。基于农村信用社当前在农村金融供给中的特殊地位，仍要沿着"定位明晰、职能分明"的方向继续推进农村信用社改革。农村政策性金融和商业性金融的边界必须界定明晰。为促进农村信用社健康发展和增强其服务"三农"的能力，国家对农村信用社给予了一系列优惠政策，农村信用社不能再以服务"三农"作为政策性负担的借口开展业务。农村信用社是主要为社员（股东）提供金融服务的合作性农村金融组织，其入股社员（股东）主要是农民和农村经济组织。定位于服务"三农"是农村信用社的自然属性和内在要求，如在农村地区拥有最多的分支机构和代办网点，熟悉农村经济特点、农业生产状况和农户信誉，能够为"三农"提供便捷的金融服务。另外，由于农村信用社的管理层次呈扁平化结构、管理层次少且经营方式灵活和特殊的地缘优势，其平时对已有客户和潜在客户都已经积累了大量的信用信息资源和其他有用信息。因此，在向农村经济体和农户提供信贷等金融服务时，农村信用社无须再耗费过多成本去搜集和处理借款人的信用信息就可以为客户提供金融服务；农村信用社具有快速的决策能力和灵活的处置能力能够及时满足农村中小企业的贷款需求，在与其他商业银行争夺市场时取得先人一步的优势；农村信用社小范围的信息资源和自我雇用使其在减少摩擦和监督成本的同时，还具有小规模、小范围经营信贷的天然优势。农村信用社要坚持面向农村才能实现其自身的可持续发展。从实践情况来看，农村信用社与"三农"经济之间的关系绝非简单的支持与被支持，而是共生共荣、相互依存、共同发展的相互依赖关系。

（2）健全和完善农村信用社的法律法规及法人治理结构。农村信用社的法律法规要明确地保护入股社员的产权和其他合法权益；以法律形式确定农村信用社的性质、地位、组织形式、权利义务及其社会各方面的民事关系，这有助于明确规范农村信用社的法人治理结构；以法律的形式赋予社员代表大会在农村信用社管理中的最高权力、规定社员代表的产生办法和比例结构；明确任何非正当渠道产生的社员代表为非法，并追究主事者的法律责任。我国最新一轮农村信用社改革强调按照股份制和股份合作制的方式来改革农村信用社。中国农村金融体系中主力军仍为农村信用社，中国未来的农村信用社改革应以转制为核心内容。在中国市场经济体制的逐步完善、农村市场化程度的日益提高的现实情况下，农村信用社必须进行制度创新来适应新时期农村经济发展的需要，才能够进一步发挥促进农村经济发展的积极作用。现有的部分农村信用社应继续按照合作金融理念运作以外，农村经济发达地区的农村信用社可按照商业性、可持续性原则深化改革，使其逐步直至完全脱离合作制的内涵。具体做法：农村信用社可以仿照城市信用社的出路统一改造为农村商业性银行机构，其服务领域向地方性乡镇企业集中；农村信用社应尽快让出合作社组织的名号，为新型合作金融机构的政策出台创造空间。加快农村信用社管理体制的改革必须坚持为农业、农村和农民服务的方向，建立明晰的产权关系并完善其法人治理结构，落实防范和化解金融风险的责任，建立健全激励约束机制，充分发挥其在农村金融服务中的主力军和联系农民的金融纽带作用。农村信用社改革的主要任务就是要通过深化改革以不断完善产权制度，进一步发挥农村金融的主力军作用。无论是股份制、股份合作制还是合作制，农村信用社都要通过改革达到明晰产权关系、强化约束机制、增强金融服务功能的目的。因此，农村信用社产权制度建设目标是要把农村信用社建成符合市场经济规律、适应不同农村地区发展状况和市场条件的"自主经营、自负盈亏、自我约束、自我发展"的农村金融组织。要不断完善并实现"三会"有效制衡机制；按照"三会分设、三权分立、有效制衡、协调发展"的基本原则健全和完善农村信用社的法人治理结构及内部治理的组织结构和恰当的制衡机制，明确权力关系并形成权力制衡机制；对部分产权明晰、治理结构健全的农村信用社应尽快促成其向农商银行的过渡。

四、区域差异条件下农村金融供给模式的选择

农村金融供给模式决定着农村金融制度安排。农村金融供给模式大体有市场主导型、政府主导型和市场与政府机制相结合的混合模式三种。我国不同地区间农村资金分布的不平衡、农业资源禀赋差异及区位差异导致了地区间农村经济的非均衡发展，而经济发展的非均衡又加深了地区间资本形成的非均衡性。中西部农村地区在资本形成与经济落后之间形成了一个恶性循环，使得地区间经济发展的差距不断扩大。因此，促进区域农村资金供给的协调增长对统筹区域农村经济增长就具有十分重要的作用。基于区域农村经济社会发展差异的视角，从金融制度与财政政策及农村土地制度改革等方面提出促进区域农村资金供给协调增长的对策建议。

（一）农村金融供给模式区域差异化的必要性与可行性

国外农村金融发展的实践表明：依赖纯市场机制或由政府机制培育和发展农村金融市场的模式在现实中并不存在，采用区域差别化的金融政策和金融供给模式是许多国家共同的做法。政府机制与市场机制的作用力度必须由一个国家或地区农村经济现状及综合金融环境情况来决定。

我国区域农村经济发展差距极大，区域农村经济及区域金融呈现东强西弱的格局，这决定了在全国采用单一的农村金融供给模式并非最优，应结合区域农村经济金融差异采取不同的农村金融供给模式，多元化农村金融体系是我国协调区域经济发展的必然选择。① 新经济地理学理论及缪尔达尔的"循环积累因果关系"原理均认为：单纯依靠市场机制则会导致区域间的差距逐渐拉大，欲实现区域经济的协调发展则需要发挥政府对市场的调节和干预作用。因此，政府对区域农村金融的发展也应采取区域有别的干预措施。政府干预是对市场机制的补充，即在市场机制的基础上通过优惠的区域政策引导要素与农村资金自由流动的方向，而并非要阻碍要素与农村资金自由流动。政府机制与市场机制相结合的混合型农村金融供给模式是我国未来农村金融发展的可行性选择。

（二）我国农村金融供给模式的区域选择

1. 发达地区宜选择市场导向型农村金融供给模式

我国东部农村非农产业发达，农村金融供给的市场化程度和开放度较高、市场竞争对微观经济主体行为有较强约束力。东部农村地区或城乡边缘地区对资金价格具有较高敏感性、区域金融辐射能力较强，能通过外溢效应和示范效应促进欠发达地区的经济发展。因此，东部地区适合采用市场导向型农村金融供给模式，即市场机制在农村金融市场成长中的作用要大于政府机制的作用。农村金融的发展主要通过供求机制、利率机制、竞争机制、退出机制等市场基本制度配置农村金融资源。政府的职责是维护金融安全，为区域农村金融营造良好外部环境、培育市场、扩大开放，并辅之以必要的产业政策和财政金融支持政策，以政府的力量弥补市场机制的不足。另外，由农村金融结构与经济结构错位导致体制内金融对农村民营经济的排斥问题在发达地区尤为明显，政府应适当给予政策引导来逐步淡化所有制金融的概念。同时要加快实施农村金融对内开放，允许民间资本进入金融领域以建立起与多元化的农村经济结构相适应的金融组织结构。

2. 经济相对发达的农村地区宜选择政府适度导向型金融供给模式

在我国农村生产力相对发达的中部和部分相对发达的西部地区，区域农村金融市场竞争不太充分的情况下，农村金融结构仍应该在一定程度上延续传统布局。政府通过矫正市场间接约束微观金融主体行为，使农村金

---

① 任碧云、刘进军：《基于经济新常态视角下促进农村金融发展路径探讨》，载《经济问题》2015 年第 5 期。

融市场在资金配置中发挥重要作用。因此，该类农村地区适合采用政府适度导向型农村金融供给模式。这一模式与政府导向型模式相比，政府机制在农村金融市场成长中的作用同样大于市场机制的作用，但政府干预农村金融市场的程度要低一些。在政府适度导向型区域金融供给模式下，区域金融结构政策的重点是通过培育金融市场及完善金融体系加快与发达区域的金融一体化进程。由于适用该模式下地区有条件、有可能赶上东部地区，所以该区域的农村金融政策应更加灵活。在不破坏竞争规则的前提下，政府尽可能改善农村金融市场生态环境和金融基础设施，使处于劣势的地区有条件参与金融竞争。如在市场准入方面给予适当金融优惠政策，对不同金融机构设置不同资本金要求；通过培育若干县域农村金融中心的方式形成县域农村金融增长极以带动周边区域金融增长。

3. 欠发达地区的模式选择——政府导向型农村金融供给模式

在自然条件恶劣、农业生产力极度不发达的西部欠发达农村地区，农村金融发展的外生性极强，主要依赖外部资金输入。由于区内金融功能不健全，只能通过以政策性金融为主的体系扶植来承担融资职能，并待条件成熟后发展其他金融形式。因此，这一地区适用于政府导向型农村金融供给模式。政府的作用是扶持而非垄断，即在市场缺位情况下对市场行为的替代，其根本目的在于为农村金融市场的发育创造基础外部环境。这种扶持只能发挥推动作用而不宜成为一种长期的依赖。该模式下区域农村金融供给政策的重点应是培育并维持区域农村金融功能的正常运转，由于这些地区不具备商业性金融机构生存条件，政府应建立完善的农村政策性金融体系，使极度欠发达地区摆脱因缺少资金而导致的农村经济发展的恶性循环。在其经济增长过程中逐步培育起农村商业性金融需求，为农村合作金融和中小型商业金融体系的构建打好基础。

参 考 文 献

［1］华东、何巍:《美国农村金融体系的特点与启示》,载《国际金融》2012 年第 5 期。

［2］苏静:《中国农村金融市场成长机制及模式研究》,载《特区经济》2011 年第 5 期。

［3］赵建梅、刘玲玲:《信贷约束与农户非正规金融选择》,载《经济理论与经济管理》2013 年第 4 期。

［4］饶华春:《信贷市场的逆向选择风险与银行贷款策略的博弈分析》,载《江西金融职工大学学报》2008 年第 2 期。

［5］温红梅、姚凤阁、常晶:《基于四阶段 DEA 的农村金融效率评价——来自中国县域数据的实证分析》,载《苏州大学学报》2014 年第 1 期。

［6］黄贺方:《我国农村信贷市场信息不对称问题及对策研究》,载《时代经贸》2007 年第 5 期。

［7］张龙耀、江春:《中国农村金融市场中非价格信贷配给的理论和实证分析》,载《金融研究》2011 年第 7 期。

［8］易超琴、万建平:《逆向选择下的委托—代理模型分析》,载《数学的实践与认识》2008 年第 1 期。

［9］许新霞、王学军:《双重委托代理下的治理策略与内部控制》,载《会计研究》2007 年第 2 期。

［10］杜兴端、杨少垒:《农村金融发展与农民收入增长关系的实证分析》,载《统计与决策》2011 年第 9 期。

［11］姚耀军:《中国农村金融发展状况分析》,载《财经研究》2006 年第 4 期。

［12］陈雨露、马勇:《地方政府的介入与农信社信贷资源错配》,载《经济理论与经济管理》2010 年第 4 期。

［13］谢玉梅:《农村金融深化:政策与路径》,上海人民出版社 2007 年版。

[14] 邱杰、杨林：《农村金融发展与经济增长关系的实证研究》，载《工业技术经济》2009年第8期。

[15] 戈德·史密斯：《金融结构与金融发展》，上海三联书店1994年版。

[16] 林强：《我国农业信贷增长与农业经济增长的关系研究》，载《福建论坛》（人文社会科学版）2008年第8期。

[17] 姚耀军、和丕禅：《基于面板数据的中国农业信贷绩效研究》，载《中国农业大学学报》（社会科学版）2004年第3期。

[18] 常青：《西部民族地区农村金融结构与经济增长——基于1997～2009年省际面板数据的研究》，载《西北师大学报》（社会科学版）2013年第3期。

[19] 翟印礼、谢海军：《农村经济增长的Panel Data模型分析》，载《农业经济问题》2009年第4期。

[20] 陈合营：《农民专业合作社的内部人控制问题研究》，载《理论导刊》2007年第5期。

[21] 陈福成：《农村信用社法人治理结构研究》，载《金融研究》2005年第1期。

[22] 范淑莲：《完善农村信用社法人治理结构的政策建议》，载《经济研究参考》2006年第95期。

[23] 何广文：《合作金融发展模式及运行机制研究》，中国金融出版社2001年版。

[24] 冯根福：《双重委托代理理论：上市公司治理的另一种分析框架》，载《经济研究》2004年第12期。

[25] 刘纯彬、桑铁柱：《农村金融发展、金融中介、效率与农村经济增长》，载《产业评论》2011年第5期。

[26] 杜雨、焦彬雪：《中国农村金融供给：分层结构及其FIR比较与评价》，载《湖北经济学院学报》2012年第9期。

[27] 任碧云、刘进军：《基于经济新常态视角下促进农村金融发展路径探讨》，载《经济问题》2015年第5期。

[28] 付俊文、李琪：《信用担保与逆向选择：中小企业融资问题研究》，载《数量经济技术经济研究》2004年第8期。

[29] 郭斌、刘曼路：《民间金融与中小企业发展：对温州的实证分析》，载《经济研究》2002年第10期。

[30] 何德旭：《中国金融服务理论前沿》，社会科学文献出版社2006

年版。

[31] 何广文：《处理好农村金融发展与农村经济增长的关系》，载《经济研究参考》2002年第7期。

[32] 党文：《新型农村金融机构可持续发展研究——基于广西农村金融机构的实践中国农村经济增长研究》，载《学术论坛》2013年第6期。

[33] 郭梅亮、徐璋勇：《分工演进、交易效率与中国农村非正规金融组织变迁》，载《制度经济学研究》2010年第7期。

[34] 李刚：《农村金融深对农村经济发展的相关性分析化》，载《财经科学》2005年第4期。

[35] 李木祥等：《中国金融结构与经济发展》，中国金融出版社2004年版。

[36] 李锐、李宁辉：《农户借贷行为及其福利效果分析》，载《经济研究》2004年第12期。

[37] 陆磊：《以行政资源和市场资源重塑三层次农村金融体系》，载《金融研究》2003年第6期。

[38] 彭志超：《海南省农村金融发展与农村经济增长的实证研究》，载《西北农林科技大学学报》2004年第12期。

[39] 彭志坚：《中国金融前沿问题研究》，中国金融出版社2003年版。

[40] 汪小亚等：《农村金融改革：重点领域和基本途径》，中国金融出版社2014年版。

[41] 史清华等：《沿海与内地农户家庭储蓄借贷行为比较研究——以晋浙两省1986～2000年固定跟踪观察的农户为例》，载《中国农村观察》2004年第2期。

[42] 孙庆文等：《不完全信息条件下演化博弈均衡的稳定性研究》，载《系统工程理论与实践》2003年第7期。

[43] 阿玛蒂亚·森（Amarty Sen）：《论经济不平等，不平等之再考察》，社会科学文献出版社2006年版。

[44] 王爱俭、张全旺：《中国地下金融：发展现状与理论思考》，载《财贸经济》2004年第7期。

[45] 王曙光：《金融自由化与经济发展》，北京大学出版社2003年版。

[46] 王志强、孙刚：《中国金融发展规模、结构、效率与经济增长

关系的经验分析》，载《管理世界》2003年第7期。

[47] 刘磊、韩晓天：《新型农村金融服务体现构建研究》，中国物资出版社2011年版。

[48] 武翠芳：《中国农村资金外流研究》，中国社会科学出版社2009年版。

[49] 傅昌銮：《县域农村金融结构与经济增长——以浙江省的为例》，载《农村经济观察》2014年第7期。

[50] 谢识予：《经济博弈论》，上海复旦大学出版社2002年版。

[51] 王曙光、乔郁：《农村金融机构管理》，中国金融出版社2009年版。

[52] 曾康霖：《我国农村金融模式的选择》，载《金融研究》2001年第10期。

[53] 张兵、朱建华、贾红刚：《我国农村金融深化的实证与比较研究》，载《南京农业大学学报》2002年第2期。

[54] 张杰：《中国农村金融制度：结构变迁与政策》，中国人民大学出版社2003年版。

[55] 王静：《农村经济组织的融资及信贷配给》，载《财经科学》2007年第7期。

[56] 陆强：《拓展政策性金融支农方式研究》，载《经济体制改革》2013年第3期。

[57] 张玉：《农信社贷款客户违约问题分析》，载《中国农村金融合作》2007年第7期。

[58] 李喆：《城镇化进程中农村金融供需体系的博弈分析》，载《中央财经大学学报》2013年第4期。

[59] 赵振全、薛慧丰：《金融发展对经济增长影响的实证分析》，载《金融研究》2004年第8期。

[60] 柳松、程昆：《中国农村非正规金融：绩效、缺陷与治理》，载《农业经济问题》2011年第8期。

[61] 中国人民银行石家庄中心支行金融研究处：《河北省农村金融调查》，载《华北金融》2005年第4期。

[62] 中国人民正规金融机构广州分行课题组：《从民间借贷到民营金融：产业组织与交易规则》，载《金融研究》2002年第10期。

[63] 中国社会科学院农村发展研究所农村金融研究课题组：《农民金融需求及金融服务供给》，载《中国农村经济》2000年第7期。

[64] 钟笑寒、汤荔：《农村金融机构收缩的经济影响：对中国的实证研究》，载《经济评论》2005 年第 1 期。

[65] 卓凯：《非正规金融契约治理的微观理论》，载《财经研究》2006 年第 8 期。

[66] 丁汝俊、段亚威：《农村金融体系构建：加快我国城镇化发展的重要推动力》，载《财经科学》2014 年第 1 期。

[67] 施东晖：《目前公司治理研究的新发展》，载《中国金融学》2004 年第 9 期。

[68] 张兆国：《中国上市公司资本结构治理效应研究》，中国财政经济出版社 2004 年版。

[69] Jensen, M. & Meckling, W. Theory of the Firm, Managerial Behavior, Agency Costs and Capital Structure [J]. Journal of Financial Economics, 1976 (9).

[70] Williamson, O. The Institutions of Governance [J]. American Economic Review 1998 (9).

[71] Berger. Allen. Udell. Gregory. Small Business Credit Availability and Relationship Lending: The Importance of Bank Organizational Structure [J]. Economic Journal, 2002 (2).

[72] Diamond. D. W. Monitoring and reputation: The choice between bank loans and directly placed debt [J]. Journal of Political Economy, 1991 (8).

[73] Levine Ross. Financial Development and Economic Growth: Views and Agenda [J]. Journal of Economic Literature, 1997 (7).

[74] Stiglitz & Weiss. Credit Rationing in Markets Imperfect Information [J]. American Economic Review, 1981 (3).

[75] Patric. Hugh T. Financial Development and Economic Growth in Underdeveloped Countries [J]. Economic Development and Cultural Change, 1996 (2).

后　　记

　　本书是国家社会科学基金后期资助项目"中国农村金融供给状况及制度创新"的研究成果。该项目的研究建立在我以及部分研究生以往相关研究的基础上，没有前期研究成果的积累也不可能完成该项目的研究和本书的写作。回顾三年来该项目的研究及本书的写作过程，在自己深感艰辛之余向所有支持本书写作和出版的人表示感谢。

　　首先，感谢山东大学（威海）科研处的领导与老师、商学院的罗润东院长。在国家社会科学基金后期资助项目的申请和项目研究过程中，山东大学（威海）科研处的吴玉阁副处长、邹晓光老师、商学院的罗润东院长等给予了大力支持和帮助。在此对他们表示衷心感谢。

　　其次，感谢项目组全体成员及我的研究生。在该项目的子课题研究过程中，项目组全体成员马万里老师、耿进昂老师、樊敏老师等付出了艰辛的劳动。山东大学商学院硕士研究生国慧同学、王晓霏同学、安冬同学等做了大量资料整理和数据处理工作。感谢项目组成员及研究生们的辛勤劳动。此外，在项目研究的实地调查过程中，我们得到了山东省部分市县的金融办、农村信用社、农户和乡镇企业的积极配合。没有他们的帮助，项目的研究和本书的写作不会这么顺利完成，在此对他们表示由衷感谢。

　　本书的出版得到了经济科学出版社的大力支持和帮助，吕萍老师、宋涛老师在出版过程中提出了很有价值的建议，对他们表示由衷感谢。

山东大学　张建波

2016 年 5 月

图书在版编目（CIP）数据

中国农村金融供给状况及制度创新/张建波著 .
—北京：经济科学出版社，2016.8
ISBN 978 - 7 - 5141 - 3721 - 7

Ⅰ.①中…　Ⅱ.①张…　Ⅲ.①农村金融 - 供给制 -
研究 - 中国　Ⅳ.①F832.35

中国版本图书馆 CIP 数据核字（2016）第 187164 号

责任编辑：于海汛　宋　涛
责任校对：靳玉环
版式设计：齐　杰
责任印制：李　鹏

中国农村金融供给状况及制度创新
张建波　著
经济科学出版社出版、发行　新华书店经销
社址：北京市海淀区阜成路甲 28 号　邮编：100142
总编部电话：010 - 88191217　发行部电话：010 - 88191522
网址：www. esp. com. cn
电子邮件：esp@ esp. com. cn
天猫网店：经济科学出版社旗舰店
网址：http://jjkxcbs. tmall. com
北京汉德鼎印刷有限公司印刷
三河市华玉装订厂装订
710×1000　16 开　17.5 印张　330000 字
2016 年 9 月第 1 版　2016 年 9 月第 1 次印刷
印数：0001—3000 册
ISBN 978 - 7 - 5141 - 3721 - 7　定价：64.00 元
（图书出现印装问题，本社负责调换。电话：010 - 88191510）
（版权所有　侵权必究　举报电话：010 - 88191586
电子邮箱：dbts@ esp. com. cn）